U0060489

大學堂叢書

人文修養・通識必讀・宗教・社會文化關懷

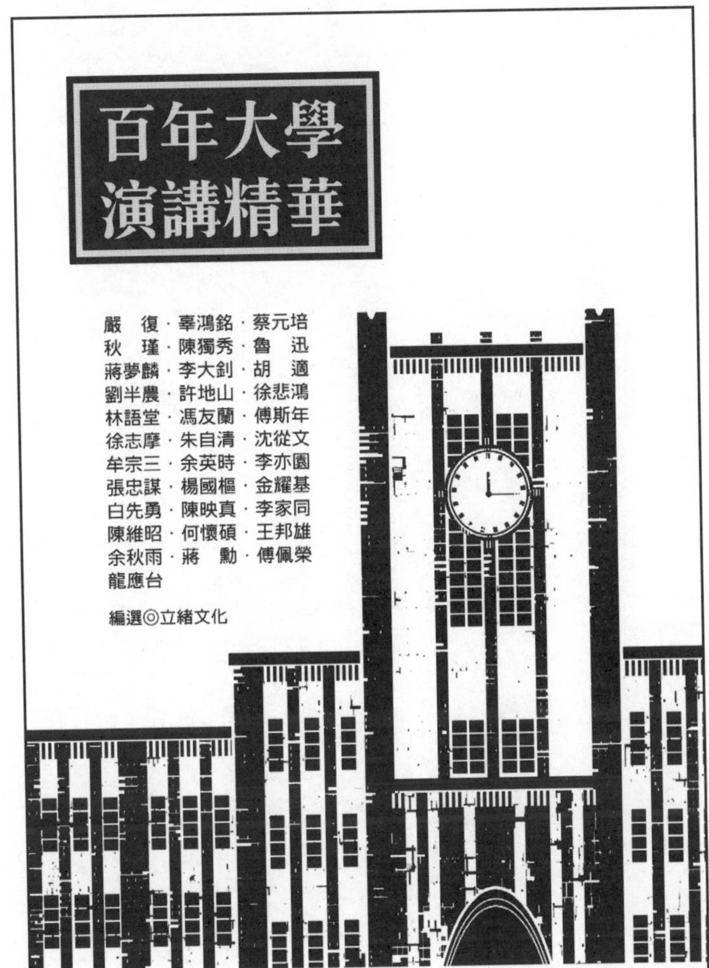

〈編按〉

本書以《百年大學演講精華》名之，主要是演講的地點或對象是以青年大學生為主，並以之收編入本社「大學堂」系列。百年是一段完整的歷史過程，時間是整整的二十世紀。最早的一篇是嚴復先生發表於一八九八年的演講，只差二年即進入二十世紀，在概念上應可屬於二十世紀。最晚的一篇則是龍應台女士發表於一九九九年的演講。

這本書的內容集中在文化思想方面，演講者皆是在某個歷史階段中對青年學生有一定影響作用的。但是我們的編選並不是很完善的，不敢說是完全的具有代表性，因資料來源以及取得授權刊登方面，不免有些困難，我們只是盡力而為。

在排序上我們以演講者出生年之順序為根據，但有少數幾篇則依發表的年代為順序。內容上我們也略作分類為知識、史哲、文學、美學、民族、大學六類，大約在文史哲社會思想範圍內皆有所羅列，俾使我們這一代的讀者們略略能探觸百年來的文化思想脈絡。

在列位先賢前輩之前，我們不宜說太多話，謹就編輯方面略做說明如上。

百年大學演講精華

【目錄】本書總頁數共384頁

1 說知識

2 說史哲

3　說文學

4　說美學

5 說民族

6 說大學

1

說知識

敬告中國二萬萬女同胞

本文完成於一九〇四年，演講地點不詳

秋　瑾

唉！世界上最不平的事，就是我們二萬萬女同胞了。從小生下來，遇著好老子，還說得過；遇著脾氣雜冒、不講情理的，滿嘴連說：「晦氣，又是一個沒用的。」恨不得拿起來摔死。總抱著「將來是別人家的人」這句話，冷一眼、白一眼的看待；沒到幾歲，也不知好歹，就把一雙雪白粉嫩的天足腳，用白布纏著，連睡覺的時候，也不許放鬆一點，到了後來肉也爛盡了，骨也折斷了，不過討親戚、朋友、鄰居們一聲「某人家的姑娘腳小」罷了。這還不說，到了擇親的時光，只憑兩個不要臉媒人的話，只要男家有錢有勢，不問身家清白，男人的性情好壞、學問高低，就不知不覺應了。到了過門的時候，用一頂紅紅綠綠的花轎，坐在裡面，連氣也不能出。到了那邊，要是遇著男人雖不怎麼樣，卻還安分，這就算前生有福今生受了。遇著不好的，總不是說「前生作了孽」，就是說「運氣不好」。要是說一二句抱怨的話，或是勸了男人幾句，反了腔，就打罵俱下；別人聽見還要說：「不賢慧，不曉得婦道呢！」諸位聽聽，這不是有冤沒處訴麼？還有一樁不公的事：

男子死了，女子就要戴三年孝，不許二嫁。女子死了，男人只戴幾根藍辮線，有嫌難看的，連戴也不戴；人死還沒三天，就出去偷雞摸狗……

諸位，你要知道天下事靠人是不行的，總要求己爲是。當初那些腐儒說什麼「男尊女卑」、「女子無才便是德」、「夫爲妻綱」這些胡說，我們女子要是有志氣的，就應當號召同志與他反對，陳後主興了這纏足的例子，我們要是有羞恥的，就應當興師問罪；即不然，難道他捆著我的腿？我不會不纏的麼？男子怕我們有知識、有學問、爬上他們的頭，不准我們求學，我們難道不會和他分辯，就應了麼？這總是我們女子自己放棄責任，樣樣事體一見男子做了，自己就樂得偷懶，圖安樂。男子說我沒用，我就沒用；說我不行，只要保著眼前舒服，就作奴隸也不問了。自己又看看無功受祿，恐怕行不長久，一聽見男子喜歡腳小，就急忙忙把它纏了，使男人看見喜歡，庶可以藉此吃白飯。至於不叫我們讀書、習字，這更是求之不得的，有什麼不贊成呢？諸位想想，天下有享現成福的麼？自然是有學問、有見識、出力做事的男人得了權利，我們做他的奴隸了。既做了他的奴隸，怎麼不受壓制呢？自作自受，又怎麼怨得人呢？這些事情，提起來，我也覺得難過，諸位想想總是個中人，亦不必用我細說。

但是從此以後，我還望我們姊妹們，把以前事情一概擱開，把以後事情盡力做去。譬如以前死了，現在又轉世爲人了。老的呢，不要說「老而無用」，遇見丈夫好的要開學堂，不要阻他；兒子好的，要出洋留學，不要阻他。中年做媳婦的，總不要拖著丈夫的腿，要他氣短志頹，功不成、名不就；生了兒子，就要送他進學堂，女兒也是如此，千萬不要替她纏足。幼年姑娘的呢，若能夠進學堂更好；就不進學堂，在家裡也要常看書、習字。有錢做官的呢，就要勸丈夫開學堂、興工廠，做那些與百姓有益的事情。無錢的呢，男人就要幫著丈夫苦做，不要偷懶吃閒飯。這就是我的望頭了。諸位曉得國是要亡的了，男人自己也不保，我們還想靠他麼？我們自己要不振作，到國亡的時候，那就遲了。諸位！諸位！須不可以打斷我的念頭才好呢！

一九〇四年十月

秋瑾（一八七五—一九〇七），浙江紹興人，自號「鑑湖女俠」，提倡女權，宣傳革命，一九〇七年七月十五日於紹興軒亭口就義。著有《秋瑾集》。

編按：關於本篇「陳後主興了這纏足的例子」一句（見第四頁第五行），纏足究竟始於何時，莫衷一是尚無定論；在本文中，秋瑾採始於陳後主一說。

男女平等的問題

三八婦女節演說詞，演講地點不詳

蔡元培

爲什麼我們要特別提出國際婦女節？這是因爲世界上全體婦女有一種問題要求解決。這一種問題，既然關於婦女界全體，那就是與男子相對待的問題，就是男女平權的問題了。

男女平權，不但我們婦女所標榜，就是開明一點的男子，也何嘗不是這樣主張？但是主張了幾十年，在政治上，婦女在立法、行政上效力都有若干人？在經濟上，婦女能獨立者有若干人？在教育上，婦女服務於初等或中等教育的雖日漸加多，而在高等教育上，如法國居里夫人的有若干人？科學的發明，文學藝術的貢獻，固亦有若干婦女，並不遜於男子，然而人數的多少，尙不能相等。所以，男女平權的主張，現在還是準備時期，不是完成時期。

準備的方法，固然要向政治、經濟、教育、學藝方面同時並進，而最要關鍵，則在婦女界互相親愛，同心協力，來把自身最切要的問題，做一個總解決。

在家庭中，做母親的，果沒有偏愛男兒、薄視女兒的麼？鄉間尙有養媳婦的制度，有幾個是不受苛待的？妯娌間、姑嫂間，果沒有爭執意氣、挑撥是非的麼？各機關、各商店的女同事，果沒有因競爭生存而互相嫉妒、互相傾軋的麼？畜婢爲法令所禁，但屢有私置而虐待的新聞；有犯罪嫌疑的女子，未判決前，爲什麼偏受獄老婦的虐待？娼妓是最不幸的，販賣的雖有時由於男子，而多爲鴇婦所逼勒。總之，不幸的婦女受害於男子的固多，但是受害於婦女的也不在少數。我們若在自己婦女界裡面，若還沒有達到互相親愛、一體平等的狀況，我們怎麼責備他們這些男子呢？

我因爲婦女節的名義，第一感覺到的，是婦女界自己要實行平等，眞有天下一家、中國一人的樣子。那時候，對於婦女界所需要解決的問題，用全體的力量來解決它，還怕不能解決麼？這個問題解決了，合全世界人類都是一家、一人的樣子，連婦女節名義都可以不要，那就是婦女節的大成功了。

一九二九年三月八日

蔡元培（一八六八——一九四〇），浙江紹興人，中國近代民主思潮先聲、教育思想家。一九一七年開始擔任北京大學校長。

論東西文化的幽默

曾於一九七〇年於國際筆會第三十七屆大會發表

林語堂

各位女士和各位先生，我得以「論東西文化的幽默」這個題目向本屆會議所特出的主題發表演說，深感欣幸。記得伯格森說過，「幽默可使緊張的情緒疏散，神經鬆弛。」我希望我們在討論這一主題之後，大家不至於再犯上過分緊張的錯誤。

幽默是人類心靈開放的花朵

一般認爲哭是一切動物所共有的本能，笑卻只是猿猴的特性；這種特性只有我們和我們的祖先人猿才有。我不妨補充一句，思想是人的本能，但對一個人的錯誤，以微微一笑置之卻是神了。

我不否認海豚很會嬉戲作樂。至於象和馬會不會笑，我卻不知道了。即使他們會的話，似乎也不能很明顯地表現出來。我認爲幽默的發展是和心靈發展並進的。因此幽默是人類心靈舒展的花朵，它是心靈的放縱或者是放縱的心靈。唯有放縱的心靈，才能客觀地靜觀萬事萬物而不爲環境所囿。

維多利亞女王的遺言

這可以算得是文明的一項特殊賜予，每當文明發展到了相當的程度，人便可以看到他自己的錯誤和他的同人的錯誤，於是便出現了幽默。每當人的智力能夠覺察統治人們的愚行；政客們的僞善面孔與陳腔濫調，以及人類的弱點與缺失；徒勞無益的努力與矯揉造作的情態，我們自己的夢想與現實之脫節，幽默便必然表現於文學。

故幽默也是人類領悟力的一項特殊賜予。我特別欣賞維多利亞女王臨終前的最後遺言。當她知道她的死期已到，這位大英帝國統治者的最後一句話：「我已盡力而爲了。」她知道她不是完人，只不過是已盡了她一生最大的努力。我喜歡那種謙虛，那種健全的熱情的和具有人情味的智慧。這就是最好的一種幽默。

搔癢是人生一大樂趣

有時我們把幽默和機智混爲一談，或者甚至把它混淆爲對別人的嘲笑和輕蔑。實際發自這種惡意的態度，應稱之謂嘲謔或譏諷。嘲謔與譏諷是傷害人的，它像嚴冬刮面的冷風。幽默則如從天而降的溫潤細雨，將我們孕育在一種人與人間友情的愉快與安適的氣氛中。它猶如潺潺溪流或者照映在碧綠如茵的草地上的陽光。嘲謔與譏諷損傷感情，輒使對方感到尷尬不快而使旁觀者覺得可笑，幽默是輕輕地挑逗人的情緒，像搔癢一樣。搔癢是人生一大樂趣，搔癢會感覺到說不出的舒服，有時眞是爽快極了，爽快得使你不自覺地搔個不休。那猶如最好的幽默之特性。它像是星星火花般的閃耀，然而卻又遍處瀰漫著舒舒的氣息，使你無法將你的指頭按在某一行文字上指出那是它的所在。你只覺得舒爽，但卻不知道舒爽在哪裡以及爲什麼舒服，而只希望作者一直繼續下去。

朋友之間會心的微笑

因此，我們必須把幽默的眞諦與各種作用混淆不清的語意加以區分，正如我們要將哄笑與冷笑，捧腹大笑和淡淡的微笑，或者嗤嗤譏笑加以區分一樣。我喜歡一個作家含有淡淡帶哀慟的微笑，那會給我們一點甜蜜的憂鬱，就像葛瑞那首〈墓園的哀歌〉。絕妙的一種微笑是兩個朋友相對「會心的微笑」，即一般所謂「相視莫逆」、「心照不宣」的淺笑。當愛默生和卡萊爾初次見面時，他們未發一語，而只像「心心相印」般發出微笑。這便是中國人所最欣賞的「會心的微笑」。

佛祖與基督的愛與恕

各位女士和各位先生，我認爲最精微純粹的幽默便是能逗引人發出一種含有思想並發人深省的笑耍。如果我們是天使，便不需要幽默，我們將整天翺翔在空際吟唱讚美詩。不幸我們生存在這人間世，居於天使與魔鬼之間的境界。人生充滿了悲哀與憂愁，愚行與困頓。那就需要幽默以促使人發揮潛力，復甦精神的一個重要啓示。

它表現在一種廣大無垠的哀憐中——以一種悲慟且富有同情的態度來洞察人生。這唯有人類中最偉大的人物始克臻此，正如佛祖和耶穌。我想，佛祖的教訓可用五個字總括，即「憐天下萬物」。而耶穌對那個被捉住的淫婦正受猶太村民包圍投石時說：「慢著！且讓那些沒有犯過罪的人投擊第一塊石頭。」這就是表現出一種寬宏的哀憐並教眾人反省的警惕。也就是崇高的洞察力，對全人類的一種包含著慈悲與仁恕的諒解。

且讓我們再舉幾個胸襟偉大的人所流露出來的一種幽默實例——一種由於承受這人間世所不可避免的事情，或者克服一種缺憾，藉以表現內在潛力的幽默。

蘇格拉底潑辣的妻子

諸位都知道蘇格拉底有一位潑辣的悍妻。蘇格拉底每當受到太太一連串的責罵後，他就走出屋子去找寧靜的地方。他正跨出門外一步，他的悍妻便把一桶冷水從窗口倒在他的頭上，淋得蘇格拉底渾身濕。他卻毫無慍色，而自言自語地說：「雷聲過後必然雨下來了。」這樣，便泰然自若地走向雅典市場去了。

他嘗把結婚比擬為騎馬。如果你想練習騎馬，應當選擇一匹野馬，要是你想駕馭一匹馴良的馬以策安全，那就根本不須練習了。

很少人明瞭希臘哲學中逍遙學派的興起係由於蘇格拉底太太的功勞。倘蘇格拉底沈醉在一個疼愛他的妻子的溫柔懷抱裡，恩愛纏綿，他絕不會遊蕩街頭，拉住路人問一些令人困窘的問題了。

林肯太太好吹毛求疵

另一個偉人，林肯，大概也是由於他那個嘮叨而又容易激動的妻子促使他做了美國總統。林肯經常坐在酒吧裡跟別人開玩笑。據替他作傳記的人說：每當週末的夜晚來臨，大家都想回家，獨有林肯是最不願意回家的人。他寧願在酒吧和人廝混，藉以增強他的機智。因而使他獲得那種純樸自然的幽默感，並成爲一個精通英語的人。

有一天，一個年輕的報童送報紙給林太太，因爲遲到一刻，林太太就痛罵他一頓。嚇得那報童抱頭鼠竄而逃，奔向他的老闆哭訴去了。那是一個小市鎮，人人都彼此互相認識。日後報館經理遇到林肯便說起這件事，而林肯回答他說：「請你告訴那小夥計不要介意。他每天只看見她一分鐘，而我卻已忍受十二年了。」

從蘇格拉底與林肯這兩個例子，我們也可以看出表現在他們幽默中的一種精神慰藉，任何一個能容忍他的妻子一桶水淋頭的人便必能成爲偉人。

老莊是我國大幽默家

在中國，有好多大哲學家都是富有幽默的機智。與孔子同時代的老子便常向孔子開著玩笑講，因爲孔子的主張要人經常修養不斷地求進步；老子則主張反璞歸眞。在老子看來，像孔子那樣忙著到處亂跑，滿口仁義道德的人，不免顯得有點滑稽可笑。老子說：「失道而後德，失德而後仁，失仁而後義，失義而後禮……」因此，他說：「知者不言，言者不知。」又說：「聖人不死，大盜不止。」

老子對孔子的批評雖很尖刻，但他的語調還是很婉轉柔和，是從他的鬍鬚裡面發出來的。跟亞里斯多德同一時代，且爲老子傑出門徒的莊子，他那種粗壯豪放的笑聲，卻使歷代均深受其影響。

莊子看到當時政治混亂的局面，曾經說過：「竊鉤者誅，竊國者侯。」

莊子有一則關於寡婦的故事。使我聯想起皮特羅尼斯（西曆紀元一世紀羅馬諷刺家）所著那本《艾菲薩斯的寡婦》。

一天莊子從山林中散步歸來，神情顯得非常悲傷。他的門徒問道：「先生爲何顯得這麼悲傷呢？」於是他便說：「我在散步的路旁，看到一個服喪的婦人跪在墓地上，手裡拿著一把扇子用力搧一座新墳，而墳上的泥土還沒有乾呢。我就問他：『你爲何要這樣做呢？』那寡婦回答說：『我曾應允我親愛的丈夫，我要等到他的墳土乾了以後才會改嫁。現在你看，這可惡的天氣！』」

我很快慰，我們有老子和莊子那樣的聖人，如果沒有他們，則中華民族早已成爲一個神經衰弱的民族了。

孔子對挫折付之一笑

現在來談孔子。孔子曾經被人描繪成一個道貌岸然、規行矩步的學究。其實他根本不是那種人。他能笑他自己所以失敗和挫折的遭遇。孔子表面上雖像是個失敗的人，他離鄉背井，出國遠行，周遊列國十四年，想尋找一位樂意將他的主張付諸實施的統治者。他從一個城市走到另一個城市，他的門徒跟隨著他，卻一路上老是受到嫉妒他的小政客痛恨。有好幾次他被敵人在路上加以攔截，甚至有一次被圍困在郊外一家小客棧中絕糧七日。當他的門徒開始發出怨聲時，孔子卻在樹下唱起歌來。孔子到鄭國，有一天他和門徒走散了，孔子獨自個站在城東門。鄭人或謂子貢曰：「東門有人，其顙似堯，其項類皋陶，其肩類子產，然自腰以下不及禹三寸，累累若喪家之狗。」孔子欣然笑曰：「形狀未也，而似喪家之狗，然哉然哉。」你們看他泰然自若的態度多有趣。

新儒家特別缺乏幽默

我想在結束這篇演說時再說明一點，每當人的精神頹廢而退化，僞善而誇大的陳腔濫調，甚至殘酷，便會再度抬起頭來。孔子的容忍、幽默，和富於人情味的熱情便被忘卻了，於是一些新儒家便把他的教訓納入一套嚴厲的道德法典中，諸如女人纏足，寡婦守節，一個女子在其未婚夫於婚前夭折，即不得改嫁他人等等，竟成爲一種崇尚的婦德，非常受到新儒家的鼓勵和欽佩。在這些學者論道德的文章中，就找不出一點人情味和幽默感。而在一些匿名作家或者不敢將其姓名簽署於文學作品的作者所寫的小說中，我們才再度找到幽默和一種比較能眞實反映人生，符合一般人思想、知覺與情緒的東西。

林語堂（一八九五—一九七六），福建龍溪人，世界著名作家、散文家，著有《生活的藝術》、《蘇東坡傳》、《京華煙雲》等。一九二三年任北京大學教授，一九五四年任南洋大學校長。

知識分子、通識教育與人類前途

台灣大學《知識分子與二十一世紀》系列講座

李亦園

自從虞兆中教授出任台大校長以來，本校推廣了十多年通識教育，目前已蔚爲風氣，很值得高興。通識教育課程雖涵蓋了許多方面，但我個人覺得仍缺少對我們自己、對整體人類的理解關懷這方面。用寬廣的立場去看全人類，不是只看台灣，只看中國，只看遠東，而是放眼全世界。不僅僅是有形的世界，而是整個人類的存在與其文化的永續發展，目前雖很少有這樣的課程，但卻極其必要。通識教育，是要培養學生成爲全人，那麼全人就應該了解自己，也了解整體人類的來龍去脈及其將來的發展。所以重點在於跳出「此山中」的觀點，由「凌空」的觀點，來看看如何由「全人類」的立場從事通識教育。

作爲一個現代知識分子，負有許多對國家社會的義務，但前此也比較少去談到這些義務。之前有許多講座談到對知識分子的反省、批判等，但比較少用全人類的角度來談到如何用更寬廣的視野來了解自己的責任。作爲一個知識分子，觀點不應狹隘，不是只注意到自己本身，而是要從寬廣的境界來看。不只是要談人類本身，而且要把人類及其文化合在一起談。

當前的世界面臨很多問題：種族偏見、宗教衝突、生態破壞、環境危機、新疾病產生等等都使我們覺得人類已陷入了困境。除開枝節性的解決方式外，也應該由更寬廣的立場來了解人類的問題，才能使我們跨進二十一世紀，迎接二十二世紀。有長遠觀點的知識分子，才是現行通識教育所要培養的全人。而這樣一種全人類的觀點，主要是要從「人類學」出發。

如何由人類學的立場來看問題，使通識教育更寬廣，使知識分子的立場能更有世界性，有長遠的觀點？以下將用具體的例子說明，不做一般的泛論。以「山外」的立場，取代「此山中」的立場看人類及其文化的問題。

第一個論題，要談到人類的起源，以及人類與文化共同發展的問題。一般人常將人類的生物體和人類的文化當作兩個範疇來看，這是一個錯誤的觀點。人和文化，是密不可分的，從生物學的立場來看，人類和其他動物的不同，即在於文化的有無。因爲有文化，所以人才成爲人。

根據古人類學的研究，大約在四百萬年前，人剛跟他的人猿共祖分開時，最主要是因爲他有文化，才成爲人。但人之所以有文化，實際上是非常微妙，也可以說是非常偶然的事情。理解這整個機制，才能知道人與文化密不可分互爲增長的關係。在四百萬年前，我們和猿類一起的共同祖先，大半是生長在樹上，即所謂的樹行動物——他不常在地下行走，大多只能用手抓著樹枝爬行。而人類祖先的第一個特徵，就是能夠直立，能夠下地走路。四百萬年前，人類祖先是如何由樹上到地下的呢？科學家並不完全理解，目前的一個推測是最初在東非洲那一帶，人類祖先出現的時候，或許是一個氣候的大變遷，使得樹木都枯萎了，人不得不下地走路。爲了要適應沒有樹木的環境，就慢慢發展成站直的能力。站直了以後，可能有很多變化。但是最重要的變化——可能是偶然，也可能是必然——就是使人類的雙手得以解放出來，不必用於攀樹，並開始能用於製造工具。而工具的出現，就是文化出現的第一步。猴子的手雖能持物，但必須用於攀樹，所以無法像人那樣技巧地拿東西。工具的出現，是文化的濫觴。而後經過四百萬年的進化，工具愈趨精密，頭腦更爲進化，交互刺激之下，成就了今日的科技文明。人由此與動物分野，故而人與文化的互動關係非常重要。

就如前面所說的人類下地的原因可能是非常偶然，既是偶然，則不可能重複再出現。因爲偶然下地、直立、使用雙手製造工具，形成文化，都是可遇而不可求的。故而人類起源於東非，才慢慢演化繁衍遷播成世界各地的各種種族。所以人與文化是等義的，是不能分的。人源於共祖，爾後各自發展，所以全人類都來自同一個種族，因此所有種族都是平等，而無階級上下、智商高低之別，這是人類學給現代知識分子的重大啓示。

人類的ＩＱ測驗是人類文化分歧後產生的測驗方法，所以帶有很強的文化標準，原則上只能用在同一文化的區域內，而很難用來測定不同族群的智力。我們可以說，若把一個紐約市民放到非洲叢林，不出三天就無法活下去，但若把一個非洲部落人放到紐約去，他也很難生活下去，這並非智商高低的問題，而是因爲他們適應環境的知識不一樣。這差異是文化後期所產生，並不是導因於種族智能的差異。這種觀念，才是現代人應有的基本知識。這樣的基本知識，應該在通識教育的一開始就教給大家，以消弭種族、族群有差異的觀念。這第一個例子在說明，具備對人類起源、人類族群與文化本質的了解，以及全人類的廣闊關懷，才是一個健全的大學生。

再講第二個論題，同樣來自人類與文化的演化問題。弔詭的是第二個論題雖與第一個論題相關，卻看似互相矛盾。不過仔細研究，就可發現它們其實是一體的兩面。前面說過人與動物不同的地方在於人類有文化，能製造工具。但一般人都以爲，人因爲有了文化，能控制環境，甚而創造新環境，所以他與動物不同，可以擺脫生物進化的限制。其實這種想法是錯的，雖然人類擁有別於其他動物的文明與科技，但他的生物體仍須服從自然的規律。也許有部分學者誤解了這一意義，但一個人類學者卻不能不認清這種普遍的謬誤，也應宣揚較正確的觀點，將使人類能有所警惕，而對於人類文化的存在，也將會產生重大的意義。

從達爾文開始，大家開始了解到生物演化過程中的物競天擇、適者生存的道理。但同爲適應，卻有兩種不同的方法。一種是太過完全的適應（fittest），另一種則是一般性的適應（fit）。大家都了解，所謂適應生存，是由生物無意識地繁衍留有適於環境的子嗣，而達到種族延續的功能。但有時生物體太過適應環境，卻因此而僵化了，一旦遇上環境改變，就可能因缺乏應變的彈性而慘遭滅絕的命運。這種可稱爲「過分的適應」，在生物學上又稱爲「特化」（specialization）。太特化的生物種族，在生存上經常會反而造成不良的適應，現在已經滅絕的北美洲大角鹿就是一例。

大角鹿的滅絕過程有如寓言一般，牠們靠著又大又硬的大角，來戰勝其他的動物，以及在同種族中取得優勢。打贏的公鹿，較有機會將牠的基因傳給下一代，注入基因池，於是下一代的小鹿就越來越趨向於擁有大角。經由一代代的傳衍，角越大越取得優勢，於是子孫的角越來越大，但是，最後卻大到了超過所需的程度，形成特化。大角固然能打勝仗，但因爲角太大，跑不快，在遇到其他跑得快的肉食動物時，就容易因爲行動遲緩而被吃掉。於是，原本是環境適應佼佼者的大角鹿，就因爲「特化」，變成適應失敗者而滅種了。經由大角鹿的眞實故事，我們可以警覺到，雖然適應環境是件好事，但是發展到最特別的時候，反而容易因爲「特化」轉爲不能適應。

反觀人類，我們不必直接用生物體的本身作爲進化的武器來和大自然對抗，我們有種種的文化設施，種種的科學發明，以至於人類的身體不需要十分的發達，不需要有很長的手指，不需要有很大的耳朵，也不需要有很敏銳的眼睛，因爲我們已經有雷達、收音機，以至於各種現代通訊科技幫助我們接受訊息，也有現代的醫學來保護我們的身體，使我們不需要直接用我們的生物體來適應外在的環境。對人類學家來說，「文化」實是一種「體外器官」，這是非常特別的名詞「exteral organ」，但也是非常關鍵的一個觀念，因爲有了這無形的器官，所以人類就不需要如其他生物一樣用身上的一部分來對抗自然。不過，文化雖是存在於人類生物體外的器官，但它仍應看作是器官的一種，所以這種「體外器官」的發展，在相當程度上還是要服從「演化」的規律。我們的論點在相當程度上關鍵即在此，文化固然能讓我們適應環境，但是環境什麼時候會變遷，我們卻不知道，人類雖然較其他生物能知覺、預視到二十一世紀的到來，大部分的人卻未察覺到我們文化已經像大角鹿一樣特化了。我們的文化幾乎已經發展到死胡同裡去了，種種自然環境的變遷，生態的不均衡，種種新的發明，已經反過來限制了人類的發展。別的不說，單指人類特別依賴石油這件事來說，就是一種特化的現象。台北市今天假設沒有石油，我們幾乎沒有辦法生存下去；反之，住在嘉義、住在台東鄉村的人，他還可以找柴火來燒。像石油這些燃料不是永遠用不完的，也許不到一個世紀以後就用完了。這是人類文化特化現象最明顯的例子，更不用講人類其他種種的發明。譬如藥物的發明，藥物幫助人類去除很多疾病，但是藥物又倒過來引起了很多新的疾病。使我們這個種族本身，又受到另外一種的限制。藥物的發明，幾乎也是一種特化的現象。又如原子彈的發明，核子燃料的發明，這都是一種特化。人類看得到二十一世紀，卻看不到文化的進展也是一種特化的過程，這是非常危險的，人類的文化繼續特化下去，很可能沒有二十二世紀的到來！

如果我們能夠從這樣寬廣的立場來思考問題，也許多少可以挽回滅絕的命運，也許我們可以延長到二十三世紀，讓二十三世紀的人再進一步體會：他還是生物體的一部分，不能再繼續特化，他還可以移民到另一個星球，這樣才能夠把這一個種族延續下去。這樣的觀點使我們更有立場來理解整個人類前途的看法，不只是想他的「生物體」，也想他的「文化性」。人類與文化是不能分開的。平常我們都認爲人是人，生物是生物；生物科學是歸理學院或生命科學院管的，文化是人文科學，歸文學院或社會科學院管。身爲一個知識分子，不應該囿於學科之間，而應該站在整個人類往前發展的立場上遠眺，這才是通識教育課程設立的目的，也才是作爲一個二十一世紀知識分子要往前邁入更遠的世紀所該持有的立場，所以應該多開授有關這一類的課程，使大家能夠面對這一個問題。

第三個論題，要從「人類與文化」的「生物面」，再深入到「文化面」的層次。不妨以一個複雜的例子來說明。人類社會種族與種族間的矛盾衝突，也是我們文化發展的一個「特化」現象。這種種矛盾衝突，大部分是因爲沒有跳出自己的文化立場來看問題。例如今天的西方社會，對自己的成就非常驕傲。他們以爲自己的科技超越了所有，代表了人類文化最先進的一部分。這種錯誤的觀點，就是因爲不曾特別去理解關懷人類四百萬年來文化的發展過程。西方文化不過三百年的發展，較諸人類四百萬年的歷史，實際上非常的短。假如人類發展到公元三千年的話，觀點也許就會不同了。從人類的文化史來看，西方社會當然不是人類永久的主流文化，它只是個很短的主流文化。

人類文化的發展過程中，最重要的一個過程是所謂的「產食革命」（Food production revolution），能把自然界的東西變爲人類所有，馴「野生」爲「家生」。如果不能把野生的動植物變成是馴養、種植的，那麼人類永遠是處在蠻荒的階段。這個階段的重要程度絕對不比現代科技發展遜色，它是這麼關鍵。但是在這「產食革命」的過程中，西方人可以說對此毫無貢獻。說來世界上有七個所謂產食革命的中心，沒有一個是出現在西方世界的，在那個時代的文化發展過程中，西方絕不是文化主流，而且也非文化發展的關鍵。我們並不知道，公元三千年究竟是哪一個民族會成爲文化的主流，但從長遠看來，人類文化是全人類共同合一的文化，絕非某一特定民族的文化，絕沒有哪個民族是比別的民族較優秀的。

比如說最早的七個產食中心，有一個是位於今天的伊拉克。大家都知道伊拉克的海珊被美國人認爲是「壞蛋」，但他的國家卻是最早的文明發源地之一。姑不論兩河流域古代文化對西方文化的貢獻，即使在一萬年前在伊拉克的北邊，土耳其的南邊，兩河流域最上游的地方，是最主要的一個豢養動物、種植植物的地方，在那個時候他們已開始種植現在的大麥和小麥，最先養馬和羊，這些發明對人類文明貢獻至巨。再說第二個產食革命出現的中心，才是在我們的黃河流域，在這裡種植小米和一種黍類植物，開始養牛、及其他也許包括雞鴨一類的動物。第三個中心，是在長江流域以南，到今天的中南半島一帶。這一帶首先發明種植稻米，而豬也是在這個地方出現的。此外在東非洲也是產食革命另一個主要發生地，他們種植高粱，豢養東非洲的牛。這是四個舊世界的產食中心。

一般人總以爲，新世界在白人移入以前，是完全沒有文明的地方，其實這是錯誤的。新大陸在白人移入以前，有三個重要的種植中心。第一個就是墨西哥的馬雅文化（Maya），馬雅文化的貢獻是種植玉米，他們也種南瓜、種豆子。此外，他們豢養一種舊世界從沒有的東西——火雞，沒有火雞，美國人過聖誕節就要失色得多了！其次，在馬雅以南，在秘魯一帶有所謂「印加文化」（Inca）。印加文化發展什麼呢？他們種植現在的蕃薯、紅薯及樹薯。他們也豢養兩種舊世界沒有的動物：美洲駝和美洲羊。蕃薯在人類食物史上是很重要的，麥子、稻子都需要很好的環境才能生長，蕃薯卻對生長環境不苛求。它在濕地、沙地都能生長，飢荒時是救命的關鍵。這是印加人對人類的一大貢獻。

附帶補充一點，長江以南種的塊根植物是芋頭，所以是亞洲本土的植物，而蕃薯才是四百多年前移入的外來者。所以用「芋仔」比喻外省人，蕃薯比喻「在地人」，在人類學家眼中是很可笑的。因爲芋頭才是本地植物，蕃薯反而是外來者。

言歸正傳，第七個產食革命的中心，在密西西比河流域，他們種植一種很特別的植物——向日葵，向日葵的葵瓜子摘下來磨成粉做饅頭很好吃。當地的印地安人，就是最先種植向日葵的民族。

以上的叙述，目的在以實例說明：種植作物，是人類文明發展進程中很重要的關鍵。在此進程中，現代的西方人對此毫無貢獻，他們當時還處在野蠻時代。所以，不能說哪一個時代是文化的主流。人類的文化常因環境而變遷，公元三千年，說不定文化的主流會在非洲大陸。我們必須了解，能有現今的西方主流文化，是奠基於早期的七個產食中心；是因爲他們共同的文化貢獻，才有現今的文化。這樣的一個觀點，是現代知識分子所應具備的。

在此我要插入一個小故事，是有關人類前途的探討。前面已說過在一萬年前，在伊拉克北邊小亞細亞南邊開始了大麥、小麥的種植。一直到今天，小亞細亞的南邊還採得到兩種小麥的野種：Emmer 和 Ancon。一萬年前的當地人就是採這兩種野種小麥回家培植，慢慢變成家生的小麥，再逐漸繁衍出許多不同的品種。Emmer 的染色體有七對，Ancon 的染色體是十四對，而當初最早的家生小麥的染色體竟然有二十一對之多！一萬年前當然不可能有像台大農化系的實驗室，居然能夠把兩種小麥的原種交配繁殖成家生的小麥，這是非常神奇的。家生和原生的小麥最大的不同，在於野生的小麥成熟後，麥子的穗粒會一顆一顆地掉落在地，那麼一天不過撿收幾千顆麥子。但是家生的小麥成熟後，麥子的穗粒不會一顆一顆地掉落下來，便可以很輕易地用石刀割下來收成。爲什麼野生的小麥會掉麥粒呢？因爲野生的小麥必須自我繁殖，藉風的力量把成熟的麥粒送到遠方來繁殖下一代。反觀家生的小麥不需要靠自己的力量來達到繁殖的目的，人類把家生的小麥帶回選種，再重新種植，藉此小麥可以散播到全世界的每一個角落，無須憑藉風力散播，這就是關鍵所在。

我們爲什麼將植物的繁殖叫做 cultivation？因爲 culture 與 cultivate 是起於同語源的，只是一個是名詞，另一個是動詞。所謂家生的小麥是因爲已經「人工化」，完全掌握在人類的「文化」控制下，除非經由人類協助，否則無法自行繁殖。相同的，動物在經過人類豢養之後，也會失去野外求生的能力。家生的小麥雖不用自力繁殖，但依賴人類的結果，就是整個被人類所控制；野生的植物對人類較無助益，卻可以憑藉自己的力量散布開來。由此可以窺出一個很重要的觀念：人類種植植物，是把它家生化了。人類自從下地、製造工具、開始有了文化以後，是否也把人類本身家生化了？我們掌控家生植物在我們能力所及的範圍內，是否也把我們種族自身約束在文化的範圍內？靠我們的聰明才智，可以創造出一條小麥的發展道路，可以創造出所有家生動、植物的未來道路，但誰來引導人類的前途呢？我們已經把動植物家生化了，不能再靠自己的力量繁衍；人類主宰了動植物，那麼誰來主宰人類呢？也許這是人類發明了「上帝」的原因，希望上帝作我們的主宰，不過我想這條路只有靠我們自己了。這是很嚴肅的問題，也是整個人類前途之所繫。我們自己豢養我們自己，我們自己指定我們的道路。但我們卻自己走進了「特化」的道路。特化，是一條邁向滅種的道路。若要不特化，就必須擁有「一般的適應」。「一般的適應」，就是要擁有更多的變異（Variety），更多的種族特性，而不單單只朝一方面發展。我們要尊重各種不同文化特性的發展，更要尊重各種不同的文化的表達。這就是我們現代社會標榜的「多元文化」，和「多元意見」的人類學基礎。「多元」這兩個字不是政治家宣傳才用的口號，不是經濟學家或社會學家一種意識形態的論題，這個「多元」是人類發展具體的科學根據。人類把握自己前途的方法非常清楚：不使人類走向特化、維持多元、不同的意見、保持Variety，以便當環境變遷時能夠有些儲存的因子，能夠適應新環境的出現而存活下去，不致走入特化的死胡同。在這一點上面，我們人類學對於全人類的理解，就有一套很清楚的觀念，倒過來思考我們自身的問題。這是我們知識分子應有的責任。既然我們不但將其他生物，也將我們的未來都掌握在自己手裡，那麼我們就不應該蒙昧無知地隨波逐流，而應該要好好地思考如何去發展我們的未來。

最後一部分的論題，才是談到更真正的文化。「文化」是一個非常大的議題，每一個民族都有很不同的發展。人類學者把握了四千五百多種人類文化的資料。所謂human relation area files。我們在這些不同的資料裡，找出了各種不同文化的歧異現象，並欣賞它的Variety。有Variety才有能延續文化發展的基因。在文化的發展裡，必須要有這些不同、這些歧異，我們才能保證不會走入特化。但人類各文化間，常因爲各種奇奇怪怪的不同風俗而彼此歧視、譏笑或壓迫，導致不同民族，甚至同一民族不同省分的人彼此嘲弄、攻擊或產生偏見，殊為可嘆。

文化之間差別經常很大，但經過理解之後，卻往往很有意思。還是用具體的例子說明。南美洲亞馬遜河流域的印地安人，有一種習俗叫做「產翁」，當太太生完小孩——尤其是第一胎——之後，太太就出門去上工了，反而是丈夫留在家裡坐月子，一個月不能出門，別人也不能來看他。所以我們叫他「產翁」。這種風俗對我們來說，眞是滑天下之大稽！應該是太太在家調養，吃痲油雞才對。太太生產，丈夫有坐月子的必要嗎？當然沒有必要嘛！人類學家最喜歡這種奇風異俗，並不是喜歡它的特別，而是希望在它的特別之下，能夠理出一些頭緒，闡明它底下所蘊含的眞正的意義。這種「產翁」的習俗對人類學家來說，不但不奇怪，而且很合理。婦女生完小孩雖然會虛弱一些，卻也不一定是那樣虛弱，很多民族的婦女生完小孩就去工作了，她們也一樣很健康。中華民族特別重視婦女產後虛弱的問題。其實坐月子不僅是關心產婦生產後的健康問題。在研究中發現，坐月子，也是婦女藉以獲得家庭中尊敬與奉養的時機，具有其社會上的意義。

印地安人的部落裡不認為婦女的生理問題如此重要，他們比較重視的是社會意義。一個男人在家庭裡開始扮演一個「父親」的角色，在這個社會中是非常重要的。由一個沒有什麼責任的人過渡到必須肩負家庭責任和社會地位的人，心理上的調適殊為不易。「產翁」坐月子的設計，即在於利用這一個月的期間作為緩衝，以便於男人調適心理，成為對家庭、社會具有責任感的「成人」。在一個月之後，再用盛大的儀式將男人的新身分——父親——昭告全村。在階段的轉換上，儀式是很有用的辦法，比如說很多民族中都有的

「成人禮」，也是同樣提供少年仔一個緩衝的儀式。人生有許多「關口」必須跨過，人類社會經常設計不同的儀式，幫助其成員易於度過這些關口，這就是一般所說的「通過儀式」或「生命禮俗」，藉這些儀式，以緩衝轉變的心理困境。所以，透過文化的內在意義來了解所謂的奇風異俗，經常會有恍然大悟之感。

我們中國文化，也常會使用這種「時空轉換」的方式，來分隔前後兩個階段。這是人類文化中很特別的一種辦法。因爲時空實際上是連結在一起的，人類卻用「象徵」將它劃分開來。一、二十年前，我曾帶學生到埔里進行一次民間風俗的田野調查，那次的調查是關於一個祭典，這種祭典閩南語叫「作醮」。作醮有很多種週期，最長的是六十年一個週期，也有三十年、五年、三年一個週期的，甚至也有不定期舉辦的。當村落裡發生災害，諸如火災、瘟疫、或是重大的事故時，就舉行作醮。因爲他們想擺脫以往不好的階段，進入一個好的、繁榮的階段，所以，要在宗教上舉行一個作醮的儀式，利用這個儀式，將新的階段和舊的階段分開來，讓後一個階段有新的發展。這種文化的設計，在每一個民族中經常出現，用以轉換時空，使新階段到來。在新階段和舊階段之間一定要有一個分界的時間，他們就規定，在儀式的前三天，絕不能殺生。全境的人大家都齋戒茹素。這三天齋戒實際上是用「乾淨」、「空白」的辦法，來分隔新與舊的階段。在那三天內，市場裡看不到雞、鴨、魚、肉等葷食的蹤影，以期順利地完成儀式。但是在這期間內卻發生了一種不幸的事情，一個謠言或傳聞——我們沒有去看，也不必去看，但這傳聞卻一直存在——有一個外省人——請注意，他一定是一個外省人——以殺豬爲業。他因爲不參加拜拜，所以照常殺豬，照樣賣豬肉，但是第三天就傳出那個外省人的手指已被自己屠刀砍斷的消息。這一傳聞雖然眞假難辨，其實也不必辨明是眞是假，反正大家都深信不疑，因爲有這樣的現象，更能增加祭儀的眞實感，再加上族群習俗的不同，其色彩就更鮮明了，更加強了儀式的眞實性了，但是如果大家可以從文化的角度去了解，「不殺生」只是一個「象徵」，與印地安人「產翁」一樣，都是一個分隔時空的儀式，一個讓舊階段過渡到新階段的手段，只是一種象徵手法，就不會有這樣的謠言傳聞了，也就不必產生族群的誤解了。如果一般人能夠像人類學家一樣心平氣和地去看待這些所謂的「奇風異俗」，也就不致視其爲神秘或迷信，反而能加以欣賞其設計之巧妙。若大家都能互相欣賞，偏見和誤解就不存在。

人類學家不但認爲全世界的民族沒有智愚之差，也認爲全世界的民族各有其文化特色。保存這些文化特色，是人類必然的責任，爲的是避免走入特化的死胡同。要避免人類族群之間產生誤解，就應當使他們了解這些人類學的觀念。對於全世界人類的理解與關懷，正是一個二十一世紀知識分子，必然要通過的一個關口。

一九九六年五月十六日，原刊於台大出版《知識份子與二十一世紀》

李亦園（一九三一——），福建泉州人，人類學者、台灣中研院院士，曾任中央研究院民族學研究所所長、清華大學人文社會學院院長，著有《文化與行為》、《文化的圖像》、《宗教與神話論集》、《田野圖像》等專書十數種。

我的學思歷程

台灣大學《我的學思歷程》系列講座

張忠謀

大時代的兒女

今天很榮幸也很高興到這兒來，和大家談談我的學思歷程。我的學思歷程應該要從我自傳中的第一句話：「我們生長在大時代裡」談起。在自傳發表之後，很多人問我，尤其是年輕人，他們不知道「大時代」是什麼意思？那到底是一個什麼樣的時代？那是一個跟現在很不一樣的時代。我出生兩個月以後，九一八事變發生，東北被日本人占領；六歲的時候，盧溝橋事變引爆了中日戰爭，中國全面展開長達八年的對日抗戰；隨後就是第二次世界大戰，全球都被捲入戰爭之中。所以我六歲到十四歲都是在戰爭中逃離、躲避轟炸與槍砲，生活非常苦。可是那個時候的精神，是我們現在很難想像的，也很難再重新找回來。那時候，不論是年輕人或年老人都有一個想法，就是爲什麼要有戰爭？爲什麼大家這麼苦？那個時候談到未來的抱負，很少人會想到如何賺更多的錢，大家想的是要把這個國家建立起來。大家都認為國家這麼弱，主要原因就是不夠團結。中國人常被批評是一盤散沙，但當時大家卻很重視團隊合作，在乎的是「大我」而非「小我」，這是那個時代的精神。雖然生活非常清苦，可是大家的精神卻非常高昂，很多人都稱那個時代為「大時代」，我也認為如此。

「允公允能，日新月異」

一個人的性格大概十幾歲開始成形，而我就是成長於那個大時代。我在重慶的南開中學念初中跟高一，到現在我還記得學校的校訓是「允公允能，日新月異」。我把這八個字當作台積公司的一個訓示，而且相當恰當。「允公」主要就是指大我，而「允能」則是個人的貢獻；至於「日新月異」，英文是Innovation，這些都是現在西方國家所特別強調的。在當時，這種愛國精神可以從一件事看出來。一九四四年，也就是戰爭勝利的前一年，我在南開中學念書，當時戰爭的情形並不樂觀，國民政府打算徵召十萬青年軍，對象主要是大學生，此外也要徵召一部分的高中生，主要是以高二、高三的學生為主。我到現在還記得那時候的口號：「一寸山河一寸血，十萬青年十萬軍」，雖然家長們想盡辦法要把他們留下來，但是這個運動仍然號召了很多年輕學生去當青年軍。

現在再回想起來，那時候的社會也有它的黑暗面，有貪污、有奸商，可是絕大多數國民的心是很純的，他們對「大我」的看法也比現在看重得多，如果要重新捕捉那個時代的精神，我個人覺得很難，而那個時代就是我人格與心智成形的年代。

童年起就著迷於中國文學

小時候的我並不知道長大以後要做什麼，但是我非常喜歡看書，特別是中國文學讀物。我還記得那時候父母親買了一套兒童文庫給我，一共有幾百本書，有當代文學，也有古代文學，適合小學、初中程度的人閱讀。我也讀過很多小說，例如：《三國演義》、《水滸傳》、《西遊記》、《紅樓夢》等等。在我看過的長篇小說之中，最喜歡的還是《紅樓夢》。小時候讀的多是自己喜歡的書，尤其是中國文學或者小說。

哈佛第一年受到西洋文化的啟蒙

到了美國，在哈佛大學的第一年，可以說是我的西洋文化啓蒙年。假如要我為自己的人生找出最有意義的一年，我想就是十八歲到十九歲之間，進大學的第一年體驗到 What a college! 在外國生活的第一年感受到 What a country! 五十年以前的美國與現在的美國有很大的不同，我小時候雖然接受中國大時代的教育與薰陶，但是所形成的價值觀其實與美國社會的價值觀並沒有太大差別。中國儒家的道德觀念，與美國民主科學守法的道理並不抵觸。儒家的理想社會是「路不拾遺，夜不閉戶」，這完全適用當年的美國（一九四九）。我想很多人都到過美國，你們或許會覺得現在的美國亂象很多，這是美國五十年來改變太大太快所造成的。前不久，上一任美國共和黨的總統候選人杜爾到台灣來，跟我見面聊天，他說他自己生長在經濟蕭條的時代，在大戰中當兵，經歷過戰後美國的極盛時期。到了一九九六年，他在政界的聲望與影響力達到巔峰，被共和黨提名爲美國總統候選人。他在競選時曾說，他年輕時代的價值觀，在現在的美國已經蕩然無存了，因此，他要建立一個橋樑，找回那個時候的價值觀，把那個時候的價值觀轉移到現在的美國社會。他一講那樣的話，民主黨就拿來大做文章，說：「這個人老了，他要建立回到過去的橋樑，而我們民主黨是要建立通往未來的橋樑。」但問題是，未來的橋樑會導引我們到什麼地方去呢？是不是更多的犯罪？是不是更多的離婚？是不是更多對政府的依賴？我跟杜爾談起來，聊到他競選時的價值觀，他眉飛色舞但又非常感慨地說：「爲什麼現代人看到一件不對的事情（指柯林頓的桃色事件），連憤怒都沒有了？」一九九六年的選舉，他的得票率遠不如柯林頓，他把這個結果歸罪於經濟，但是我相信不只是經濟的問題，幾十年來價值觀的改變，也是主要的原因。

為了確保出路而選擇工程學科

我在哈佛的第一年，受到西洋文化的啓蒙，我用「文化」兩個字來形容，因爲這並不只是西洋文學，除了文學以外，還包括音樂、藝術、政治、社會理念等等……，各方面我都有接觸，對我來說這好比是一場盛宴，對科技的興趣也是從那時候才開始的。在哈佛那年，雖然知道自己想當工程師，用「想當」兩個字其實是有語病的，因爲自己其實並不想當工程師，可是想到將來出社會找工作，就認爲工程師是唯一的途徑。不過，念工程的確要付出相當大的努力，如果你想要念到頂尖，是需要花費相當大的功夫，因此也不容許再去發展文學、經濟等其他的愛好。

我在大學第二年轉學到麻省理工學院，幾乎將百分之八十的時間用在工程學科，對於剛剛開始有濃厚興趣的西洋文化，以及童年時代所喜歡的中國文學，都只好壓縮分配在剩餘的百分之二十的時間裡，可是那百分之二十的時間卻是我最快樂的時光。我從麻省理工學院畢業後工作了幾年，公司又送我回學校念博士。我從三十歲開始攻讀博士，到三十三歲才念成。所以從十九歲離開哈佛、轉學至麻省理工學院，到三十三歲完成博士學位的這段時間裡，科技是我的第一生命。

父親贈送IBM股票，因而對企業經營產生興趣

我大概在二十四、五歲左右對企業經營產生興趣，為什麼會對企業發展有興趣呢？可能與父親在我念大學時，送了我幾張IBM股票有關。美國公司股東的權力比起台灣股東要大得多，美國公司每一年都會寄年報給股東，但是在台灣，一般股東除非去參加股東大會，不然是拿不到年報的。我始終覺得台灣這個制度不好，對股東不夠尊重。在美國，只要是股東，就一定會收到公司寄的年報，甚至絕大多數的公司還會發行季報。我雖然是很小的股東，可是在收到季報時，也會看看它的業績。年報中刊有公司的資產負債表，而季報通常只列出損益表。損益表很容易閱讀，當然這裡頭也有比較重要的部分，但這需要深一層了解才能真正懂得欣賞。至於資產負債表也是企業非常重要的一份報告，但是一般股東都不求甚解。如果各位對企業有興趣的話，我建議各位要看懂公司的資產負債表、現金

流量表、損益表。有智慧的投資人，這三個表都要看，而且還要看這三個表的附註，附註比正表更重要，但前提是要經負責的會計師簽證，假如會計師不負責的話，這個附註也就沒什麼用處。我成爲IBM的小股東後，至少皮毛地看懂了這些東西，後來就對企業的盛衰產生了興趣。爲什麼有些公司原本經營得很好，可是後來很快就衰弱下來？這種情形在五十年前就有，近二、三十年來更多。例如：IBM一直到十幾年前都還很神氣，可是這十幾年來可以說是一蹶不振；我服務了二十五年的德州儀器公司（TI），在一九六〇至七〇年代，也是一家頂尖的公司，那時候它的地位絕對不亞於現在的英代爾，可是後來也衰弱了。

當我在觀察企業的盛衰時，同時也對企業人物，尤其執行長（CEO）開始發生興趣。因爲美國公司執行長對企業的權威，絕對不亞於美國總統之於一個國家的權威，甚至不輸當年李光耀在新加坡的權威。我在這段時間開始學看報表，開始研究企業的盛衰、企業的歷史、企業的執行長以及企業的策略。其實每個企業都有它的策略，即使這個策略往往是機密不能對外公佈的，但是過幾年後，這個策略無論是成功或失敗，還是會顯現出來。

我在交通大學開授企業管理課程，但是我不太喜歡「管理」這兩個字，「管理」二字給人的感覺是靜態而被動的。我認爲企業是建立在三大基石上，一是願景（Vision），它是動態的，遠遠地走在前方，公司要設法達到這個永遠處於動態的願景；第二是價值觀（Value），它是比較靜態的，甚至可以永遠不變。譬如杜爾的價值觀幾十年來都沒變過，而我的價值觀，幾十年來也許有一點不同，但其實變得並不多。第三是企業的策略（Strategy）。這三個基石當中，願景雖是動態，但是不該經常變動，它是隨著企業的成長而成長。如果這個企業只是一家剛成立的小公司，那就不應該好高騖遠；可是一旦達到一定的成長規模後，就必須提升公司的願景。至於價值觀通常不太變動，而策略則是隨時隨機而動。

被動但不成功的生涯規劃

我對科技企業的興趣，剛剛開始是因爲科技，但很快的，我對企業的興趣慢慢超過了我對科技的興趣。三十歲以後，在史丹佛大學攻讀博士，有一件事影響了我的人生觀。我在史丹佛念博士之前，已經在外面工作了好幾年，待過兩家公司，第一家公司並不是很好，我就換工作到德州儀器公司，那時的德儀正處於黃金時期。我在德儀表現得不錯，但還只是一位中級經理，不太接觸業務方面的事情。有一天公司的副總來找我，他說：「Morris，公司認爲你表現得很好，所以決定送你回學校念博士，我們相信以你的潛力，日後一定可以做到全公司的主管，也就是副總階級。」我聽了以後受寵若驚，當下就決定攻讀博士。念完書回到公司，當年認爲我有潛力的副總已經離職，但是他對我講的那些話並沒有改變，我一回來就被派到研發部門工作，三個月之後升任總經理，再來又升到德儀集團的副總。

集團副總位階在總裁之下，總裁又在董事長之下，所以董事長、總裁下面有好幾位集團副總，而我是最大的集團副總，全公司有一半業務由我的集團負責。我升了集團副總後不到一星期，我的上司，也就是總裁告訴我：「公司幫你做了生涯規劃，再過幾年，你很有希望坐上我這個位置。」但是幾年過後，要坐上他的位置，希望似乎非常渺茫，所以我就離開了德儀，到另外一家公司擔任總裁。

這些對我的人生觀產生了什麼影響呢？就是人生無法預先規劃。現在很多人喜歡談生涯規劃，但是我認爲生涯規劃這個觀念是一群人力資源工作者想出來的，我個人則是從來不相信。我做事秉持的原則就是儘量把事情做好，事情做好了，自然會有人告訴我下一步再做什麼。到現在爲止，我一生當中只做過一次生涯規劃，而且是被動的，但這唯一的一次生涯規劃，卻又是失敗的。

再回到我剛剛所講的，我一直認爲科技就是我的生涯，以爲技術、製造、管理就是我事業生涯的方向，甚至念博士，也是公司認爲將來需要我做這方面的事情。可是拿到博士學位的幾個月後，公司竟要求我去做生意，把之前的規劃完全推翻。所以這件事對我的人生觀影響很大：第一，不用做生涯規劃；第二，人生總是「塞翁失馬，焉知非福」，本來以爲大概是走這條路，可是一下子就換了另一條路，也許當時很失望，事後反倒發現這是一個好的轉變。

苦思的孤獨者

剛剛已經聊過我的成長背景：小時候愛好文學，尤其是中國文學，十八歲時受到西洋文化的啓蒙，之後有十幾年過著以科技爲主的生涯。可是在那十幾年當中，我已經萌生對企業的興趣，所謂對企業的興趣就是研究企業的盛衰、人物、策略之類等等，這些都讓我的學習生涯相當忙碌。假如大家看過幾篇關於我的文章，就會知道我是一個很孤獨的人，我只有在上班時間不孤獨，也就是從早上八點半到晚上六點半左右，幾乎都在與人接觸；可是一天中的其他時間，我是一個很孤獨的人，交際應酬可以說非常少。

通常我一下班就回家，主要的時間都在看書。有人說我有沈思的習慣，我從來沒有想到「沈思」二字，我自己都是用「苦思」來形容，平均每天總有一個小時左右，什麼都不做，就坐在椅子上想，唯一陪伴我的，就是一張紙與一枝筆。但我不常用紙筆，因為我想的東西大都記得住，除非是一定不能忘記的事情，我才會用筆記下來。週末苦思的時間則較長，週六、週日加起來大概有三至四小時左右，很多決定，尤其是策略、人事案，都是苦思的結果。至於其他的時間，我大多是看自己有興趣的書、雜誌、報紙……，但是科技方面的資訊就不太看了，因為在上班時間已經接觸相當多了，可是對於企業方面的資訊，我讀得蠻多的，經濟、文化方面則在其次，有時間會再多涉獵。

一生未曾放棄中西文學欣賞、科技研發、企業經營等多重興趣

有一點我覺得非常幸運的是，自己從小培養出來的興趣，幾乎沒有放棄其中任何一個。雖然去國多年，我並沒有放棄中國文學，儘管十幾歲後不再有時間創作文學，因為文學的東西寫起來非常花時間，所以只有欣賞的資格，西洋文學也是同樣的情形。至於其他經濟、政治之類的興趣，也都是以旁觀者的角度投入。儘管如此，對於這些興趣，我一個

都沒有放棄。事實上，這些興趣是一個一個加上去的，從文學、西洋文化、政治、經濟、科技，到後來的企業。現在的我變成一個興趣很廣的人，但是每個時期的優先順序都不一樣，現在的優先順序是企業第一，科技也許可以算是第二。上班的時候，科技占去大部分的時間，可是其他的興趣卻使我的生命更為豐富。雖然文學跟台積電似乎沒有直接關係，可是我還是花蠻多時間欣賞文學。我相信對我而言，今天我在台積電的所有作為，完全是所有興趣的總合影響，假如我對文學從來沒有產生過興趣，那麼我在台積電會展現一樣的經營模式嗎？我相信是不會的。

一九九八年十一月二十五日，原刊於台大出版《我的學思歷程》

張忠謀（一九三一——），出生於浙江鄞縣，台灣半導體之父，台灣積體電路公司董事長。著有《張忠謀自傳》等。

四十年一覺學術夢

台灣大學《我的學思歷程》系列講座

楊國樞

首先想跟各位談談，我這四十年來的學術生涯中，有些什麼樣的轉折、挫折、樂趣，以及一些自己覺得失敗或成功的地方，這可能是各位同學在書本或論文裡看不到的。其次，我也想跟各位談談五個重要的基本觀念，這些都是我在四十來年的教學與研究工作當中所體認到的，在這裡提出來就教於各位。

我是一九五四年進入台大，一九五九年畢業，期間我留級了一年。留級的原因並不是功課不好，而是因爲我在大二的時候得了肺病，休學一年，所以一九五九年才畢業。我們當時就有大學聯考了，但是因爲從大陸來台的過程中耽誤了一年，而大學又休學了一年，所以本來應該在一九五八年畢業的，反而拖到一九五九年才畢業。從我畢業到現在（一九九八），還差一年就四十年了。在這四十來年中，我可以說完全都是在學術界。但其中有一段時間，我也曾把部分心思放在政治、社會、教育的關懷與批評上，因爲我認爲作爲一個知識分子，應該要關心社會上的大事，當然也包括政治。事實上，當時的政治環境並不開放，所以我也經歷了不少危險。雖然中間有一段很長的時間，我把部分心思放在社會上、政治上所發生的一些大事，但是大部分的時間還是花在學術上面。

大二病中反思中國積弱不振之因，決定研究心理學以改變人心

我之所以會走上心理學，是在一個很特別的情況下決定的。一九五四年我考進台大森林學系，但是大二的時候生肺病休學，因爲家境不好，所以並沒有讓家人知道，就在鄉下一個朋友的家裡養病。在這養病的一年中，我想了很多問題。當時中國社會積弱不振，出現很多問題，許多熱情的知識分子都想改造社會、挽救民眾，這股熱情一直從大陸延續到台灣。我當時有一個想法，認爲社會改革應該從人的方面去著手，因爲我們可以看到當時西方有很多很好的制度，如政治制度、經濟制度、社會制度，一旦傳入中國人的社會以後就變質了，所以我認爲這基本上是一個「人」的問題，也就是「人心」的問題。因此我覺得要改造社會、幫助社會，最重要的就是要學心理學，其實當時我對心理學的了解是很膚淺的。

想了一年之後，我覺得我要學我想學的東西，並不在乎將來是否能夠找到職業，於是就下定決心學心理學。休學回來之後，我去見森林系的系主任王子定教授，當面跟他說：「我的肺病雖然好了，但是醫生勸我不要爬山，我想申請轉往心理學系。」當時王主任愣住了，不肯簽字讓我轉心理系，他要我繼續留下來唸。但是我心意已決，爭論了半天，後來他大概覺得我心意已決，只好嘆口氣同意了。我又去見心理系蘇薌雨主任，要求轉系。

後來他跟我談起當時的情形，他說當時看我一副很誠懇的樣子，本來就已經打算讓我進來了，但是他想測試一下我的動機強不強，就先拒絕了我的要求，後來看我流了眼淚，知道我是認眞的，所以就同意讓我進來。轉進心理系之後，我唸得很認眞。我之所以跟各位同學強調我唸心理學唸得很認眞，而且不在乎將來有沒有出路，這跟我最後要講的「志業」跟「職業」有很大的關係。

畢業之後，我留在台大心理系擔任助教，四年之後擔任講師，後來快升副教授的時候，就出國進修。在國外待了一段時間，獲得博士學位後，就回來當副教授。以下想將我的學術研究生涯分成幾個階段來跟各位談談。

一九五九至一九六六年，我探索心理學之「山」何在

第一個階段是從一九五九年到一九六六年，可以稱爲「探索期」。一九五九年從台大畢業，我並沒有馬上出國，因爲我不喜歡跟著世俗的潮流走，當時很多人一畢業就出國唸書，但我反而認爲在國內好好做研究就可以了。那個階段我做的是比較心理學（comparative psychology）中的動物行爲的研究，完全是個實驗心理學者。但此後轉而探討學習心理學，最後又改爲人格心理學與社會心理學的研究。這個時期我稱之爲探索的階段。用一個比較詩情畫意的講法來說，假如心理學是一座山的話，我那時候還不知道這座山在哪裡。我一直搞不清楚心理學是什麼東西，所以我很認眞的做研究，也發表了不少論文。後來一九六六年我到國外唸書，進入了我的學思歷程的第二階段。

一九六七至一九七三年，我看心理學是「看山是山」

第二個階段是從一九六七年到一九七三年，可以稱爲「仿效期」。一九六六年我到國外唸書，對於知識的求取非常飢渴，就好像一塊乾海綿一樣，努力的吸收一切水分，什麼都學而且非常用功，所以我花了三年就把博士學位唸完了。當時我是拿行政院國家長期發展科學委員會（國科會前身）的獎學金出國，在時間上有很大的壓力，因爲外交部在我的護照上打印了「該員出國期間三年，期滿不得以任何理由加簽」，這幾個字我現在都還記得清清楚楚。但是後來我很後悔，因爲這就跟煮咖啡一樣，火候不夠、時間不足，雖然我完成論文取得學位，但是我對美國的社會文化還沒有什麼深入的了解。

我出國唸的學校是美國伊利諾大學，她的心理系當時在美國排名在前五名，教授群有七十幾位，內中大師級的教授不少，是一個龐大而相當不錯的心理系。系中教授的科目很多，我學到了不少東西，於是我自覺懂得什麼是心理學了。將心理學比作一座山的話，我從一九六七年就覺得看山是山了，看心理學已經知道這就是心理學。我在一九六九年返回台大心理系，擔任副教授，士氣高昂，日以繼夜做研究，論文產量不少。但到了一九七三年，我的心情出現了一個很大的轉變，對我的學術生涯產生了巨大的影響。

一九七四至一九八〇年，我看心理學是「看山不是山」

第三個階段是從一九七四年到一九八〇年，可以稱爲「懷疑期」。一九七四年我忽然不想做研究了，我問自己：「爲什麼以前那麼熱衷做研究，現在卻又不想做了？」我開始檢討自己，想想是不是入錯行了，在考慮了軍人、商人，及公務員等種種行業之後，還是認爲做學者比較適合我。其實從當初養病期間開始，我就希望自己將來能做個學者，所以我認爲問題應該是出在自己的研究方面。我又去了解其他學科，我想既然以前已經轉過一次系，現在還是可以再轉系，但是最後發現我的興趣還是在心理學。就這樣，我花了很久的時間去思考，當時也沒有人可以請教，自己也不知從何說起。在經過一番反覆思考之後，終於發現我研究心理學的方式出了問題。我回顧自己以前所做的研究題目，發現這些題目都是美國心理學者做過的題目。他們研究的題目對他們的社會而言，意義非常重大，但是這些題目在我們的社會不一定有多大意義，我們卻還是照抄照搬，根本沒有思考過在中國人的社會裡，到底什麼樣的研究課題才是最重要的，才是值得優先研究的。但我覺得問題不只如此，還有其他問題存在。於是我回想自己如何做研究，在做研究時的思路歷程究竟是怎樣的，這時我才發現自己過去都是套用美國心理學的方法，而且在做研究的時候，我都會有意無意的壓抑自己作爲中國人的觀點。知識製造業裡的學者，在從事研究的時候，會問爲什麼要研究這個問題，從什麼角度去研究這個問題，用什麼概念去概念化這個問題，它會形成什麼理論，以及發展出什麼方法，這些都跟研究者自己的社會文化背景有關。研究者的思維方式、社會觀、價值觀等，都會影響他會提出什麼樣的問題、形成怎樣的理論、發展出怎樣的方法。但是我們這邊的研究不是這樣，我們在做研究的時候，都把自己的這套東西給壓抑下去，不讓它反映在自己做研究的思考過程中，結果是我們研究的課題跟我們的社會文化沒有什麼相干，對中國人的心理、行爲及生活的了解，也沒有多大幫助。

當時也有學生問我：「我們上課用的是英文課本，所敘述與討論的都是有關美國人的心理知識體系，但是他們的文化跟我們的差異相當大，怎麼可以一視同仁呢？」也有學生向我們反應，說他到廣告公司工作以後，發現大學所唸的東西都沒有用處，他無法提出一個很切合實際的方案給老闆。當時只有台大有心理系，我也不敢把這些問題提出來，因爲系內同仁向來以實驗心理學爲榮，而且是唯美國實驗心理學馬首是瞻，所以我還不太有信心去講這件事。我不敢跟別人說：我們的根本問題，在於我們沒能有效的、完整的去研究或了解中國人自己的心理及行爲，我們只是一味的套用西方的理論、方法、及結果，所以也只能探討到我們跟西方人相同的心理，其他不同的地方就研究不到了。我們跟西方人一樣具有屬於人類共性的心理，但是在那個年代，我們中國人還是跟西方人有很大的不同，而影響我們生活最大的可能就是中國人的特殊心理。我們只是盲目的套用西方的理論、方法、工具、及概念，最後所做出來的研究根本是一種西化的心理學研究，從而建立的心理學也不過是一個西化的華人心理學，這種心理學根本無法有效反映出我們中國人的心理與行爲，我們也不能根據這樣的心理學知識來了解社會問題，更不可能提出有效的改革建議。於是我就到中央研究院民族學研究所去，接觸一些人類學者，告訴他們我的想法，他們卻都相當認同。

事實上，我出國進修以前，就已經開始跟中央研究院民族學研究所的人類學者接觸與合作。人類學家在做研究的時候，相當重視所研究的當地文化。他們認為要真正了解一個文化，一定要進入那個文化裡面，甚至娶一個當地人作太太，或嫁給一個當地人。他們可能花了一輩子的時間，只研究一個文化、一個社會，而且都不會是一個很大的社會，了不起也只能研究兩個、三個，一生的學術生命就結束了。所以他們的研究通常都相當貼切，他們能夠融入當地人的生活，用當地人的思維方式，用當地人的價值判斷，懂得當地人的語言，而語言跟思考有相當大的關係，所以他們的研究才能做得那麼貼切。但我們心理學的研究卻不是如此。所以我找了幾位人類學者和社會學者，就在民族所討論這個問題，大家都有一個共識：社會及行為科學的研究不能照抄照搬西方學者概念、理論、方法、工具、及程序。那個時候，我們將這種新的研究取向稱為「社會及行為科學研究的中國化」。一九七八年，我到香港中文大學擔任社會學系心理學組主任，邀約了校內十來位學者，如金耀基、喬健、李沛良、何秀煌等先生，組成一個討論會，每個月聚會一次，一起來討論社會及行為研究中國化的問題。基本上，大家都覺得我提出來的這個問題是對的，是應該認真思考的。一九八〇年，我們在中研院民族學研究所舉行了一次「社會及行為科學研究的中國化」研討會，邀請了台灣、香港以及新加坡的華人社會科學研究者，發表了二十幾篇論文。一年後，民族所出版了一本頗有影響力的書，書名是《社會及行為科學研究的中國化》。

我在第二個階段（一九六七年到一九七三年）已經進入了「看山是山」的境界。但是好景不常，從一九七四年我突然不想做研究開始，卻又是「看山不是山」了，發現這並不是我想追求的心理學，它只是洋人的心理學。從一九七四年一直到一九八〇年開了那個會，甚至到一九八一年我們出書提倡心理學、社會學、及人類學研究的中國化，都是屬於「看山不是山」的階段。當時李亦園先生、文崇一先生跟我三個人，大家在一起做了很多有關學術的事，一直到現在我們都還是很好的朋友，也繼續保持合作的良好關係，後來研究台灣社會科學發展史的人稱我們是「鐵三角」。

一九八一至一九九二年，我看心理學是「看山又似山」

第四個階段是一九八一年到一九九二年，可以稱爲「轉換期」。一九八七年，我休假到美國進修一年，第一個學期我是在洛杉磯加州大學（UCLA）的心理系。UCLA的心理系是個大系，有七十來位教授，當時我們全台灣的全部心理系也不過一百多位教授。第二個學期我到了康乃爾大學，有一位很有名的哈佛大學醫療人類學教授克來曼（Athur Kleinman），邀請我到哈佛大學去給一個教授定期討論會做一次演講。當時哈佛大學舉辦了一系列的「中國、日本及印度之人格討論會」（Seminar on Personality in China, Japan, and India）。Personality 指的是人格或性格，這個概念在美國心理學中是很重要的，在其他學科如精神醫學、人類學、社會學、政治學、人文學等，也常使用這個名詞。但是美國心理學者所說的 personality，所指的是個人內在之比較穩定的心理結構，這個概念的本身就充滿了個人主義之美國文化的特點。他們認爲 personality 可以孤立於社會脈絡，可以去研究它的內部特質、心理內涵、及深層結構。哈佛的相關學者發現了這個概念的局限，因此很想了解跟美國文化很不一樣的東方文化，是怎樣來看待這個問題。他們每個月邀請不同的外國學者來討論這個問題。我應邀去演講的那一次，大概有十幾位教授出席，各個相關的學系都有，像心理學系、精神醫學系、及人類學系的教授，還有社會學系、哲學系的教授。

我演講完畢後，有一位很有名的發展心理學教授凱幹（Jerome Kagan）發言說，他很同情並理解我們本土心理學的研究發展方向，因爲美國的心理學也是一種本土心理學，所以他說你們的方向是對的，而且老早就應該從這個方向去做。在會中，他問了一個問題：「我非常好奇的想了解一下，假如你們在沒有美國心理學或西方心理學這樣的優勢心理學的壓力之下，不必一開始便不動腦筋、不加批評的套用西方的理論，而是讓你們獨立發展出一套屬於自己的本土心理學，那麼中國人的心理學會是一個什麼樣的心理學？」我從來沒有想過這個問題。我記得很清楚，當時我自己愣了十來秒鐘之久，回答不出來。接著我就想到應該是集體主義取向的心理學，於是就「兵荒馬亂」的說明了一下：「你們美國的心理學是以獨立的個體爲主，而我們中國人則是重視社會關係，重視社會脈絡裡面人的心理及行爲的運作。在這個社會網絡中，個人是不可能太突出的。簡言之，中國人的心理學應該是集體主義取向的（collectivistic-oriented），它不同於美國人的個人主義取向的心理學（individualistic-oriented psychology）。」我非常不滿意這個答案，因爲它太粗糙了。我受了很大的刺激。回國之後，心裡常想：這個外國人怎麼看得這麼清楚，而我們這些人搞了很久的本土心理學，都沒想到這個假設性的問題，可見我們還是很依賴西方心理學。跟哈佛大學的學者多接觸幾次以後，我漸漸對他們深感欽佩，他們的思維彈性非常大，敢於質疑美國心理學的性質，敢於承認自己的限度。

從一九八一年到一九九二年，我覺得自己找對了大方向。台灣社會科學的其他學科在討論了很久後，卻還未眞正實行本土化的研究，可是我們心理學者則鍥而不捨，一直努力研究到現在。不過那時我們所做的研究爲數尚少，還沒辦法成氣候。但到了這個階段，我已看見了那座隱約現身的華人本土心理學之山，進入了「看山又似山」的境界。也就是在這個時期，我心目中的「山」，已從西化或美化華人心理學轉換爲本土化的華人心理學。

一九九三年至今，我看心理學是「看山真是山」

最後一個階段是一九九三年以後，可以稱爲「涵融期」。一九九三年，我們創辦了《本土心理學研究》的學術期刊。自此之後，我才逐漸覺得「看山眞是山」，感到這才是我所追求的眞正心理學。一九八一以來，我們開始追求一座「眞山」，而這座「眞山」一定要是本土化的。我們所強調的本土化研究取向，就是在研究任何一個社會中或文化下的心理及行爲時，必須深入到它們的社會文化的肌理裡去，在社會文化與歷史脈絡中探討它們的原理原則，而不是盲目套用西方的理論、方法或工具。我們不要從西方人的眼光來看，而是要以當地人的眼光來看。我們不應該壓抑自己身上的中華文化的特點，反而應該把它們反映出來，放在研究的思考歷程中，從而發展出本土化的概念、理論、方法、及工具。我們提倡本土化研究的意思，就是在研究當地人的心理與行爲時，首先要控制住自己，不要盲目的不經思考、不加批評，就套用外國心理學的東西。我們強調的是要浸潤到現象裡面去，以所要研究的當地人的心理與行爲現象爲師。深入現象後，需要相當的時間，才能充分了解現象的複雜性、具體性、獨特性、及內在邏輯。徹底了解之後，與現象高度契合的問題內涵與概念理路自然就會浮現出來。到了這個時候，再想套用外國的理論、方法、及工具就不容易了。但是我們過去並不是如此，我們只是把西方的東西強加到本土的現象上去，用現象來遷就西方的概念、理論、方法、及工具。我們台灣與大陸、香港等地都是同文、同種、同文化，所以我們台灣的本土化心理學研究成果，將來也可以跟大陸、香港的本土化心理學研究成果整合成「華人本土心理學」。

一九九三年以後，我越來越了解：只有將本土化的研究成果累積起來，所發展出來的知識體系才是眞正的華人心理學。現在，美國心理學者也開始承認本土心理學了，其實美國的心理學本身就是一種本土心理學，他們的心理學並不是放諸四海而皆準。這當中經過了很長的歷程，直到最近幾年，本土心理學才逐漸爲國際心理學界所承認，這當然跟各國本土心理學者在國際上所做的長期努力有關。所以，一定要是以本土化研究取向所建立的知識體系，對當地的心理學者而言，才是眞正的心理學，也就是眞正的知識之山。

一九九三年以後，我對本土化的研究取向信心大增，全力爲建立華人的本土心理學而努力。以前我還不敢說心理學不只一個，現在我可以說本土心理學可能有好幾個，甚至有多少個規模較大的文化就可能有多少個本土心理學。大大小小的本土心理學，就像座金字塔一樣，將來都會逐漸整合，從小區域到大區域，最後在較高的層次逐漸將各個本土心理學的理論與發現的異同之處整合在一起，就可以逐漸建構一種「全球心理學」（global psychology, universal psychology），這樣才能發展出一套眞正的人類心理學（human psychology），而不是以一個只代表基督教文化的支配性的美國或西方本土心理學爲基礎所建立的偏頗人類心理學。更具體的說，如果我們能在基督教文化圈的本土心理學之外，也發展出儒家文化圈的、佛教文化圈的、及回教文化圈的三種本土心理學，則以四者爲主要基礎所建立的人類心理學，勢必更爲堅實、均衡而有代表性。長期發展與整合全球的各個本土心理學，以建立全人類的心理學，是未來心理學長遠發展的康莊大道。總而言之，具有高度文化契合性之地區性的本土心理學可以有好多個，但是全人類的心理學則只有一個。以前我們不了解這些道理，現在還是有很多人不了解這個道理，特別是那些西方國家以外的西化心理學者。在這一方面，有些美國或西方心理學者反而比我們還認識得早，比我們還要淸楚，因爲他們有思想上的彈性，我們自己反而僵化了。

從一九九三年到現在，我們對本土化的研究工作更有信心，更有興趣，做的本土化心理學研究更多，也加強在國際上發表我們的研究成果。這時候我的心境是怎樣呢？我必須承認：在這個階段，我再度覺得「看山是山」了，感到這個就是我長久夢寐以求的眞山，也就是眞正的心理學。當此之事，我所看到的山，不再是華人的西化或美化心理學，而是貨眞價實的華人本土心理學。在此最後階段，我對本土心理學的眞髓頗能心領神會，對本土化研究取向的運用也已駕輕就熟，對本土化研究與西化研究之區辨更感到得心應手，算是有些「融」會貫通了。尤有進者，在此階段我不只關心華人本土心理學的研究與發展，而且關心其他國家的本土心理學的研究與發展，甚至關心全人類的本土心理學的發展，表現了很強的「涵」容性。所以，對我個人而言，這個時期可以稱爲「涵融期」。

以下我想總結一下自己四十年來從事學術研究的心路歷程。第一個階段是一九五九年到一九六六年，這段時期我在找「心理學在哪裡」，「心理學之山在哪裡」。我做了很多研究嘗試，換了很多研究題目，都是照著外國心理學者的研究課題與方式去做。第二個階段是一九六七年到一九七三年，就是「看山似山」的時期，此處只能用個「似」字，自己以爲找到了山，但事實上這個山只是個假象，它只是一種美化或西化心理學。第三個階段是一九七四年到一九八〇年，我覺得「看山不是山」了。當然這是從我的觀點來說，其他很多華人心理學者可能還是「看山是山」。在這七年當中，我覺醒了，開始找尋那座眞山，而且覺得這種找尋的努力是有價值的。在這個「看山不是山」的階段，我覺得眞正的心理學不應該是這個樣子，這不是我心目中的心理學。第四個階段是一九八一年到一九九二年，覺得「看山又似山」了。本土化研究取向所要建立的心理學應該就是我所尋覓的山了，但是還是看得不很淸楚，因爲做的本土化研究太少了。等到一九八八年受過哈佛經驗的刺激後，我就徹底改變了看法，開始明目張膽的搞本土心理學，努力予以推展，乃有更多年輕學者認同這個研究方向，並積極參加本土化的研究行列。在此期間，我們的研究增加得很快，如果畫一個曲線圖，你會看到最近幾年來所發表的論文數量，呈現一種非常陡的上升曲線，華人本土心理學的樣貌逐漸顯現。第五個階段是從一九九三年到現在，可以說「看山眞是山」了，所看到的是本土心理學的眞正之山。

職業與志業

接著，我想以這五部曲的學思歷程當作背景，來跟各位談談以下五個問題。

第一個問題是**職業與志業**。經過了很久，我終於弄清楚什麼是「職業」（occupation），什麼是「志業」（vocation）。我以前從來沒有懂過，要到第三個階段「看山不似山」的時候才弄清楚。當時我自己檢討，爲什麼本來那麼喜歡的心理學，後來卻不想做心理學研究了，那時才體會到我是拿心理學的研究工作當作自己的「志業」，而非「職業」。我可以拿研究「假山」爲「職業」，但卻不能拿研究「假山」當「志業」。我必須追尋一座「眞山」來研究，以作爲自己安身立命的「志業」。「志業」跟「職業」究竟有什麼不同呢？我可以告訴各位，其間的差異可大了，這是我從一生的學術生涯中所親身經歷的事。每當我看到別人在他們的「職業」中遇到困難，不是埋怨待遇不好，就是抱怨不喜歡那個工作或環境。基本上「職業」是一種工作，就好像上班一樣，有一份職業，朝九晚五領一份薪水養家活口。這還是比較正面的講法，也有比較負面的情形，例如：工作的時候不投入，上班時間遲到早退，工作是工作，我是我，工作跟我相距十萬八千里。但是「志業」並不是這樣，一個以志業爲主的人，根本不會想到「就業」的問題，他只是喜歡做這種工作或這類事情，根本不會去考慮工作時間的長短，只要有時間就去做，而且是不計成本的，有時候不但不賺錢反而還要賠錢，他也甘之如飴。他好像完全沒有上班下班的觀念，即使是整晚熬夜工作，不知「東方之既白」，哪怕身體會搞壞，他也照樣去做，整個人的身心都投入到裡面。因爲他覺得自己做這份工作，可以讓生命更有價值，生活更有意義，可以感覺到自己在其中找到安身立命的基礎，這就是「志業」。當然天下最理想的狀況，就是你的「志業」跟「職業」合而爲一，不但有薪水可以生活，又可在其中安身立命，覺得你的生命有價值，生活有意義，而又不會爲了工作斤斤計較時間。這可能是很多人的希望，但並不是人人都做得到。

其實，大部分人都不知道「志業」跟「職業」的差別。我們的家庭教育與社會教育就是如此教的。從小我們的父母跟老師所灌輸給我們的觀念，就是「職業」而非「志業」。我現在已經是六十多歲了，從來沒有聽到過有那個父母或老師會告訴小孩子「志業」的觀念，告訴子女或學生將來要去做自己覺得很有意思，做起來讓自己覺得很有勁的事，不必去計較待遇的好壞。很少有大人會告訴小孩子，最重要的是要找一種工作或事業，讓自己能夠眞正投入，甚至在裡面安身立命。通常，我們只有「職業」的觀念，而沒有「志業」的觀念。有的人很幸運，他的「職業」就是他的「志業」，但是這是可遇而不可求的事。

我覺得自己一直都很幸運，當初選擇了做個心理學者的「職業」，也就等於選擇了自己的「志業」。我大學二年級生了一年的病，看了很多人生觀的書，也寫了很多長信跟朋友討論人生，讓我對人生的事想得非常清楚。今天講這些話，是從我過去四十年來的經驗所體驗到的。我至今並沒有厭惡做一個心理學者或從事心理學研究，我現在反而有很多想做的題目。我的經驗比以前豐富，想法也有些開竅了。我總覺得自己在四十五歲以前所發表的論文，都可以丟到字紙簍裡去，只有在四十五歲之後所做的研究，我覺得還可以。我現在眞正有點懂得做研究了，只可惜夕陽無限好，只是近黃昏。我最近十年常常有時不我予的感覺，所以很希望社會及行爲科學的年輕學者能夠早點投入本土化取向的研究，不再蹉跎歲月，重蹈我的覆轍。我雖然自己年紀大了，體力不如以往，但是爲什麼研究的士氣還很高昂？就是因爲我一生選擇做個心理學的研究者是一種「志業」，而不只是「職業」。如果我所選擇的只是「職業」，則下班後我就可以去休閒與玩樂，而不必如此努力。這就說明了「志業」跟「職業」的不同。所以我奉勸諸位，如果要做學者或從事學術研究，一定要把它當作「志業」。不要因爲自己學業成績好就跟著別人唸大學，人家出國唸書也跟著出去唸書，回來後也跟著人家找個學校當大學院校的教師，當了教授之後就熄火了，甚至有的還沒當上教授就熄火了。我升教授以後，非但沒有熄火，反而越燒越旺。不過現在我的柴已經不太夠了，但是各位卻是春秋正富。我常常後悔自己爲什麼不早知道「志業」這種事，爲什麼我的教授不告訴我這些事？爲什麼我大學以前的老師不告訴我這些事？其實，做學者是如此，做其他的行業也是如此，一定要找到一個行業，它的性質是可以作爲自己的「志業」的。如果你發現你的「職業」不能當作「志業」，有機會的話一定要轉到一個可以當作「志業」的「職業」。那眞是一件好事，你會發現奮鬥起來一身是勁兒。我以自己四十幾年來的經驗告訴各位，「志業」跟「職業」有天壤之別，「志業」對自己的生活與生命的意義太重要了。

大學教授的四大功能或任務

第二點我要談的是自己多年來對大學教授的角色的體認。我個人認爲不論任何年齡、性別、種族的大學教授，都應該具有四種功能：第一，他是一個**知識的創造者**（研究），這是一個好的大學教授應該具有的一項重要功能。第二，大學教授的另一任務是**知識的傳播**（教學），他要把大學所創造、建構、發展的知識、觀念及思想加以整合，再有效的傳遞給學生。第三，大學教師除了從事研究與教學以外，他還應**將知識傳播到校園以外的社會**。他們要利用知識提出具體的建議，幫助政府機構或民間團體解決實際的重要問題。譬如，政府開會討論如何穩定匯率或是其他經濟問題，大學的經濟學教授就應運用自己的專業知識與學問素養，提出一套合理有效的建議。這是很重要的，是別的行業不易做到的，卻是大學教授可以做得到的。或是到外面去演講，努力推廣知識與觀念，把你的專業知識大眾化。這些回饋社會的事，也是大學教授應該做的。第四個要求更廣更高，就是要**成為一個「先天下之憂而憂，後天下之樂而樂」的知識分子**。所謂知識分子，他的知識領域與思想範圍超越了自己的本行。譬如一位扮演知識分子角色的社會學者，他所涉獵的不應只是社會學，還宜包括政治學、法律學、經濟學、心理學、教育學、哲學、歷史學、甚至自然科學等。他的知識、見識及思想要淵博，他所關心的不僅是自己行內的事情，還能關心整個社會大眾，甚至整個國家民族。他可以發表言論去分析、批判社會，當國家發生了重大的事情，不管是政治的、經濟的，還是文化的、教育的，他能敏銳的感受到問題，在大家還沒有弄清楚以前，他就能夠理解問題的癥結並提出批判。他不在乎行將面對的是一個威權政府或政黨。他是站在一個知識分子的立場，而不是一個狹義的專家學者的立場，來提出問題與批判，甚至為此失掉了職務，犧牲了性命，或者因此受到囚禁。這不論在西方或東方，都有許多斑斑可考的知識分子的實例。

一個大學教授必須具有這四大功能，才是一個四項全能的教授。大部分的教授都沒有辦法達到四項全能的理想，能夠把書教好已經很不容易了，如果能同時把研究做好，就已經是很好的教授了。要能夠做到第三項更是不可多得，因為你要口才好，能把自己的專業知識用別人聽得懂的語言表達出來。至於要做到第四項，也就是扮知識分子的角色，更是鳳毛麟角，因為他要冒險，他要涉獵那麼廣，本行的要照顧之外，還要懂得很多別的知識與觀念。

以上所說的跟今天所談的題目有什麼關係？因為我自己決心做個學者，做個大學教授，所以很早以前就想當一位四項全能的教授。不管做得好不好，至少我已盡己之心、盡己之力。當年我會轉心理系，是因為自己在高中時代就有改革社會的意念，這也是為什麼在當年強人政治的時代，我們台大還有幾位教授敢出來講話，就是因為這些教授責之所在，也就不在乎那些政治壓力。我個人在不同的階段對這四項功能的兼顧程度並不一樣，可以分成三個時期來說。從一九五九年到一九七〇年，我純粹是專心致力於研究與教學，少有對公眾事務發表言論的機會，所以我頂多只發揮了前兩項大學教授的功能。從一九七一年到一九八八年，將近十七年的時間，我相當努力的去兼顧這四項功能，主要還是因為在那個階段，社會中必須要有人去扮演第三、四兩項角色。一九八九年以來，我幾乎又回到第一個階段，我的教學與研究工作佔去了大部分時間。最近兩年因爲在中央研究院兼任學術行政的工作，研究的時間顯著減少，對我而言實在是一件憾事。

游牧型與安土型的學者

第三點我想談談**游牧型**的研究者與**安土型**的研究者。在上文所說的第一個階段，我做研究的題目換來換去，很像是游牧民族。一個題目我做了一、兩年就不想做了，發表論文之後就想做別的題目，而且完全是跟著美國心理學的腳步走，這可以稱爲「游牧型」的研究方式。但是有的階段我就盯住一個題目，花了相當長的時間來做研究，這可以稱爲「安土型」的研究方式。大學教授也有這兩種類型。一種是游牧型，他們常換研究題目，說得難聽一點是喜新厭舊，說得好聽則是才氣縱橫。另一種是安土型，他們選定一個研究領域，就一輩子做下去，不再轉到其他領域。也許有人要問：作爲一個學者，究竟是做安土型的好，還是游牧型的好？我個人的體認是這兩種人都需要。安土型的學者是從一而終，甚至一輩子都做同一個課題的研究，他的好處是可以有系統而能深入的做下去，研究的廣度可以擴展，深度可以加強，就成就的累積效果而言自然是好的，容易成爲大師。游牧型的學者就很不相同，當他做得有點成績的時候，卻又另起爐灶從頭開始，搞了幾年以後，他又換了。這有什麼好處呢？好處就是他能把一個研究領域裡面的研究觀念、理論、方法、工具、及看問題的方式，攜帶到另一個領域，從而刺激那個領域的研究，同時也容易看出新的研究課題。在一個領域呆久了，就不容易突破，研究者的思考會卡住，不容易想出新的花樣，因爲已經彈性疲乏了。假如現在有一個新的人進來，從另一個觀點來看這個問題，柳暗花明又一村，於是便打開了一個新的研究局面。這種人爲什麼會轉過來呢？就是因爲旁觀者清，他從旁觀察，看出了毛病，看出身在其中的研究者無法突破的地方，而他卻有把握可以突破，所以他進來了。他可以像蜜蜂一樣，把一種花的花粉攜帶到另一種花上去，使不同類別的花粉混合在一起，雜交出新的品種。這是安土型的學者做不到的。所以這兩種學者我們都需要。不過，需要的數量有多大呢？我個人覺得還是安土型的學者要多一點，游牧型的少一點。至於說做一個安土型的學者好，還是游牧型的學者好呢？我會說適性而爲，看個人的性格而定，因爲做研究本來就是一種志業或生活方式，那是勉強不來的。一個人的性格適合做哪一型就做哪一型，只要做得好，就可以在其中尋得安身立命之道。此處也應指出，還有第三型的學者，即混合型的學者。在他們一生的研究生涯中，有一些階段所表現的是游牧特型的研究方式，在其他階段所表現的卻是安土型的研究方式。我個人是比較接近這一型。

學者的自信心與創造力

第四個我要談的問題是學者的**自信心**與**創造力**。從一九七〇年代初期，我開始懷疑我們過分西化的研究取向。推動本土化的研究開始以來，我遭遇到的困難不少，其中最大的困難就是我發現我們的學者（不光是心理學者，還包括其他社會科學研究者）因爲長期套用西方的問題、概念、理論、方法、及工具，久而久之，就失去了獨立思考、獨立判斷、及獨立研究的自信心，最重要的是失去了創造力。失去信心茲事體大，但這不是現在才發生的事。在中國近代史中，自鴉片戰爭以來，我們中國人老是打敗仗，老是割地賠款，又經過五四運動等文化改革，我們對中國人自己的文化與學術失去了信心，認爲只有洋人的文化與學術才是優越的。在學術上，我們現在還是跟著美國走，認爲這樣就夠了，也不會去問究竟適不適合我們的情形？我們再也不動腦筋思考，失去了創造的潛能與動機。我常發現許多博士班的學生，你讓他們讀專書、讀論文，要求再多他們也能做得到，讀書報告也寫得還好，洋洋灑灑，充充實實。可是寫自己的學位論文並不是做苦工就可以了，如果做一個平平凡凡的題目，蒐集一大堆平平凡凡的資料，放進電腦以後輸出一大堆平平凡凡的數據，寫出一大本平平凡凡的論文，然後跟你說：「我沒有功勞也有苦勞。」這樣的論文放在你桌上，你能讓他通過嗎？我們的升學主義的教育使學生只會死背，他們既沒有自信心，也缺乏創造力。各位想一想，這樣的社會環境與教育制度所培養出來的學者，如何能有創造力？如何能有自信心？又如何能在學術研究上創新或突破？

我們常會覺得只有外國人才能做大師。我們心理學方面的大師也都是外國人。戰後台灣在心理學這個領域裡已經搞了五十來年，半個世紀不是一個小數目。心理學也不過創辦了一百多年，這樣算一算，西方人的心理學也不過領前我們五十來年，爲什麼我們還是這樣落後呢？當然，我們有很多理由，譬如台灣的心理學者人數太少，中間經過很多變亂等等，但是我們至少要有一些自成一家一派之言的心理學者，但事實並非如此，這是很可悲的事情。幸虧最近十幾年來我們大力提倡本土化的研究，努力鼓勵創新與突破，所以陸續有新的理論、概念、方法、及工具出現，有些已在國際心理學期刊與專書發表。這主要是因爲我們努力跳出外國學者的陰影，敢於犯錯，敢於獨立思考、獨立判斷、獨立找題目，盡心控制自己不直接套用美國心理學的理論、概念、方法、及工具。所以，我覺得我們的同學及年輕同仁，應努力培養自己的自信心，設法恢復自己的創造力，不要一直認爲我們只能跟在別人的後面走，只能拾人牙慧，只能做別人已經做過的題目，只能套用別人現成的理論，只能用別人已經用過的方法。只有恢復自信心與創造力，我們才能在學術研究與文化創造上追求卓越。

社會科學研究的本土化與國際化

最後我要講的是社會科學研究的**本土化**與**國際化**問題。很多人有一個觀念，認爲提倡心理學研究的本土化是義和團式的思想，是「關起門來做皇帝」。這純粹是誤解，純粹是望文生義。我們跟西方科學心理學的研究課題與範圍並不是完全一樣的，我們不希望全盤套用西方心理學的理論與方法，以致難以有效理解華人的心理與行爲。我們要像美國本土心理學當初發展的情形一樣，見賢思齊，也努力建立一套華人之心理與行爲的本土化知識體系。對於美國人之心理與行爲的知識體系（作爲一種本土心理學），我們毫無排斥的意思。要把自己的本土心理學做好，必須要對別的國家所做的研究有相當的了解，人家的方法與理論有的時候是可以作爲借鏡的，但是不能完全照搬照抄。有些人會說提倡本土化就不能國際化，提倡國際化就是跟本土化牴觸。我可以告訴各位並非如此。美國人的本土心理學不是已經國際化（甚至過度國際化）了嗎？我們越來越清楚國際化跟本土化不但不相牴觸，反而是相輔相成，因爲你要先有自己的東西，才能在國際上參與學術討論。我個人有一個親身的經驗。美國與歐洲心理學者從事他們自己的本土化取向的研究，發現歐美人有五大性格向度，他們認爲這五大性格向度是放諸四海而皆準的，所有世界各地的人都是如此。但是，我們以中國人爲對象所做的本土化取向的研究所發現的五個性格向度，與歐美人的五個性格向度之間並無一對一的高度相關係數。我們的研究成果在美國的心理學期刊發表後，一再引起國際同行學者對五大性格向度之跨文化普同性（universality）的質疑。在這個例子中，我們就是用一個本土化的研究所得的成果，來討論國際同行間所關心的一個重要學術課題，這就是國際化了。所以，我在這裡要強調：國際化跟本土化不但不相牴觸，反而是相輔相成。我們要在國際性的會議上發言，必須要有自己的東西，他國學者也很希望我們能提出跟他們不一樣的東西。

本土化與國際化是相輔相成的，在心理學是如此，在其他社會科學的學門中也是如此。

一九九八年三月九日，原刊於台大出版《我的學思歷程》

楊國樞（一九三二—），出生於山東膠縣，建立華人本土心理學的推手，台灣中央研究院院士。著有《華人心理的本土化研究》等，主編有本土心理學研究期刊《本土心理學的開展》、《本土心理學的方法論》、《親子關係與教化》、《中國人的人際心態》等。

我的學思歷程

台灣大學《我的學思歷程》系列講座

陳維昭

過去我經常演講，但是大部分的講題都是有關醫學專業的領域，不外是外科、營養，或是醫院管理等議題：像今天來談我的學思歷程，是過去從來沒有的經驗。台灣大學的通識教育講座請了許多校外的學者專家來演講，但是台大自家人不講好像也說不過去，所以今天是一個很好的機會，讓我來跟各位談談我的過去，也藉機跟各位互相勉勵。

童年最深的記憶——躲空襲警報

我是一九三九年出生於台中縣神岡鄉，那是一個鄉下純樸的地方。我的父親是一位小學老師，我們身處的時代，是一個戰亂、貧苦的時代。在我記憶中，小時候就是在躲空襲。我記得防空壕就在我家的前面，每次空襲警報響起，我們就躲進防空壕。還記得有一次空襲時，父親帶著我們準備逃到防空壕的時候，一顆子彈就在我父親頭上不到五十公分的地方飛過去，結果在牆壁上留下一個很大的彈孔，這件事我還記憶猶新。所以童年時光，除了躲空襲之外，好像也沒什麼太深的記憶。

問題學生、孩子王

台灣光復後我進入神岡國民小學念書，所以我算是沒有接受過日本教育。小學的時候，我不是很認眞，甚至可以說是個問題學生。那時候我很調皮、很貪玩，有一陣子還被有些家長列入拒絕往來戶。但是同學就是喜歡跟我玩，所以我們常常使用暗號，只要我做暗號，他們就會跑出來跟我玩耍。所以每次老師要來家裡做家庭訪問，我就先跑掉了，因爲他每次都會說，這個小孩子其實蠻聰明的，但是不用功，品行又不好，愛搗蛋等等之類的話。不過，其實我的功課都還不錯，記得小學考過最差的成績是第五名，這表示我平常還是蠻認眞的，玩歸玩，還是會念書。五年級的時候，這個情形大概就已經改過來，因爲覺得要考中學，不能再這樣好玩了，所以從五年級就開始認眞，之後的成績就一直維持第一名。那個時候我們念鄉下小學的孩子能夠考上大學的很少，甚至考到好的中學也是很難，因爲鄉下較偏僻，所以升學機會也就不多。

遇到貴人，張子邦老師

我認爲在人的一生當中，總是有幾個人會對你的一生影響很大，也就是我們常常說的貴人。小學六年級的時候，學校新來了一位級任老師，張子邦老師。他是剛剛從台中師範學校畢業，回到家鄉來教書，年紀輕，有熱誠。他覺得我們這些鄉下小孩子的天份其實都不錯，但是如果就這樣放任我們自由發展，那是絕對考不上好的中學，所以他就自願給我們補習。我還記得那是在中學入學考試前的短短一段時間，因爲補習到蠻晚的，鄉下地方晚上回去不方便又危險，所以我們就在教室裡面搭起蚊帳睡覺。那時候聽到補習都覺得好高興，就好像辦家家酒一樣，同學在一起讀書，還可以在教室裡面睡覺，又刺激又好玩；完全不像現在的學生聽到補習覺得是很大的壓力。所以在我的印象當中，補習是一件很愉快的事情，當然一方面也是因爲這個時間並不是很長，時間如果再長一點的話，可能感想又不一樣了。

在決定要考那個中學的時候，張老師跟我說：「陳維昭，你去考台中二中，應該考得上；但是考台中一中就不一定了。」可是我表示想考台中一中，他回答：「這太冒險了，因爲省立中學的考試是同一天，考不上台中一中的話，那就必須去念縣立中學。」他要我再三考慮，但是我還是堅持要考台中一中。後來我報考台中一中及縣立豐原中學。在台中一中還沒放榜之前，我考上豐原中學的狀元，豐原中學一直要我去念，甚至要提供獎學金給我，但我還是選擇了台中一中。所以在小學時候如果沒有這位張老師，我可能沒有辦法進入台中一中；如果沒有進入台中一中，我可能也不能進入台大念書，這其中的關鍵是很重要的。

初中亦曾走過求學的適應期

我因爲來自鄉下，總有一點自卑感，每到一個新的環境，都需要一段時間適應。進入台中一中以後，覺得城市裡的同學們好像跟我們都不一樣，所以也不常跟他們聊天。當然這其中還有一個原因，就是我每天早上都要坐一個鐘頭的巴士到學校上課，下課又要趕快坐車回家，通學的時間很長，也因此跟其他同學接觸的機會並不多。所以剛開始適應的階段，我的成績都不太好，但是適應之後我的成績就開始好轉了。大概到了初二、初三都能夠保持很好的成績，後來也就保送上了高中。

親身體驗「保送制度真的公平嗎？」

在高中階段，我一直都保持著第一名，應該是可以直接保送大學任何學系。當時台中一中的第一、二名是保送到台大醫學院，第三名則可以保送到台大化工系。可是在保送的時候，我明明是畢業第一名，卻保送到化工系，家人曾一度認爲是因爲我們沒有好的背景被犧牲掉了，但是學校解釋說，保送是以前五個學期的成績來計算，其中包含了美術、體育等等的成績，各科成績的比重也跟畢業成績計算方法不一樣，所以平均下來我就不是第一名了。雖然我相信也接受了校方的解釋，可是在這其中及以後的觀察，我也看到了保送制度其實還是有很多的問題。我們現在談大學入學改革，想要把聯考廢掉，但是我總認爲還是要維持有百分之五十到六十以上的學生，可以經過公平公開的考試進來，不能夠完全廢掉，如果完全廢掉，眞正占便宜的，還是那些有背景、有辦法的人；鄉下孩子或者是沒有背景的人，他們的聲音是不容易被聽到的。我常接到很多人的信，他們都很擔心這個問題，所以在大學招生策進會裡，我也跟其他學校的校長說，這些人的心聲雖然沒有辦法被反應出來，但是我們有義務來維持這些人的權益。所以不管聯考怎麼考，甚至用什麼名字都沒關係，至少要有百分之五十以上的名額，是經由公正、公平、公開的競爭，讓任何人都有機會。所以聯考是可以改，但不一定要全部廢掉，有一部分還是要維持。我個人是不太喜歡完全廢除聯考，這或許跟我早期接觸的背景有關係吧！

放棄保送，投入大學聯考

知道可以保送化工系之後，我本來是準備要去念的，可是我家人還是希望我念醫學，於是我放棄保送，參加了大學聯考。我還記得那一年是一九五八年，那是唯一一次聯考沒有分組的考試。我們那時候大專聯考的國文只考作文，而那一年的作文題目是「論大專聯考分組與不分組的利弊」。我記得那一天我帶著一枝舊毛筆，進入考場之後才發現毛筆有問題，它開叉了，寫「一」會變成「二」，我實在沒有辦法好好寫下去，所以我只想著要趕快開頭、趕快結尾，結果我很快就寫完了，一百分鐘的考試我大概二、三十分鐘就寫完了，我算一算字數，大概只有四百七十個字，我想這一科大概是不及格了。成績出來之後，沒想到我竟然拿了八十分，這個分數應該算是很好的，因為大一時能力分組我被編到A班，當時的國文老師就是葉慶炳老師。後來我想是不是因為閱卷老師看到每個人寫來寫去都是那一套，所以覺得很煩，一看到我的作文那麼短，又能夠切中問題，所以才給了我那麼高的分數。

大學聯考，選填三個不同領域的志願：台大醫學系、台大物理系、政大外交系

那一年因爲是不分組考試，所以我們可以塡好多的志願，我當時主要塡了三個志願，分別是台大醫學系、台大物理系、政大外交系，如果依照我們今日的分組，可以說是各組的志願都有。念醫學系主要是因爲家人的關係；念物理系則是因爲當時的楊振寧、李政道旋風，讓我覺得念物理可能蠻吃香的，還有就是我中學的時候對數理很有自信，甚至覺得自己是數理天才。但是現在回想起來，那時候成績好主要是因爲我常常跟另一位同學一起研究數學，這位同學就是後來台大數學系畢業，現任美國普渡大學數學系教授的莫宗堅先生。我們高一的時候把高二的數學念完了，高二的時候就把高三的數學念完了，所以會認爲學校的考試很簡單，而且那時候的數理老師在一次大部分同學都不及格的考試給了我跟莫宗堅同學一百二十分，更讓我對自己信心滿滿。另外我還塡了外交系，因爲那時候外交官給人的感覺很不錯。當時的國際政治形勢對我們很不利，我們常常在報紙上看到某某外交官如何如何，如蔣廷黻、葉公超等形象都很不錯，覺得他們對國家很有貢獻，所以也就想念外交系。不過最後我是選擇了醫學系，主要還是因爲家庭的影響與家人的希望。我們現在常常強調要順從孩子的志願，但是我覺得小孩其實是一張白紙，他的可塑性很大。我們大多數人在選擇未來道路的時候，還是會受到家庭及長輩的影響，但是並不表示這樣就不對，只要家長沒有壓迫，在適當時機給予指引，其實是有需要的。

暑假玩到忘了大學聯考放榜的日子

那年的大學聯考我考了全體第三名，那時候我們對考試並沒有像現在各位同學那麼緊張。我記得在放榜前不久，我跟弟弟到埔里國姓鄉山上一位兄長家中去住，那邊交通不便，也沒有什麼通訊設備，我們在山上玩得很愉快，都忘了什麼時候是聯考放榜的日子。後來下山到埔里車站準備搭車回台中的時候，剛好看到販賣店上掛著幾天前的舊報紙，發現自己的名字在上面，才知道自己考上了台大醫科（醫學系），所以那時候的考試我可說是以平常心去看待。

習醫之外，另自修外交與新聞學，並通過國家考試

進入大學之後，我覺得念醫學系有幾個比較大的問題，第一是課程比較繁忙，第二是課程比較枯燥。如果不是對醫學很有興趣的話，念起來也許會蠻痛苦的，所以有不少醫學系的同學在醫學以外還會念一些其他的課程。那時候沒有什麼輔系、雙主修，但是我們常常自己去探索其他領域的學問。我記得我在高中時代對章回小說相當著迷，如說唐全傳、羅通掃北、薛平貴征東等等都看過，三國、水滸、紅樓夢當然更不用說，後來慢慢的也喜歡去看世界文學名著。有一陣子也愛讀郭良蕙、孟瑤等的愛情小說，但是到了醫學院以後，好像浪漫的心情就比較沒有了，轉而傾向念一些比較實用的書籍，常常看的是一些經濟、國際現勢、法律、新聞學等等的書。念完以後為了驗收成果，我就去考外交官領事官

檢定考試，結果及格了，這相當於外交系畢業的資格，以今日雙主修的觀點來看，我等於是醫學系加外交系雙主修畢業。本來我還想去考外交官領事官特考，但是沒有多久我們就退出聯合國了，當時的外交情勢很差，甚至很多外交官都被調回，外交官領事官的特考也暫時停止，所以我就沒機會去考。但是外交官領事官檢定考試及格的資格如果就這樣放在那裡又很可惜，所以我就去考新聞行政高考，因爲外交官領事官檢定考試及格就有資格報考新聞行政高考。那一年高考錄取了五個人，其中一個是我，其他四位大都是政大新聞系畢業的。在那時候並沒有什麼輔系、雙主修，相關知識大多是自己自修來的。經過自修以及一連串的考試檢定，我大概也可以說自己是醫學系跟外交系的雙主修，或者是醫學系跟新聞系的雙主修了。這些是我在醫院以外，另外碰觸到的領域。

醫學系修德文，自行進修日文

在醫學系，德文是必修課程，日文則非必修課。但是由於我們老一輩的師長大多是受日本教育，平時講話都會夾用日語，你如果聽不懂就會損失很多東西。而且台灣跟日本接觸很頻繁，如果不懂日文的話就看不懂很多的日本醫學雜誌，所以我就去補習日文。有點日文基礎了，再到法學院去旁聽曹欽源教授的「日文名著選讀」，結果慢慢的就對日本文化等各方面產生興趣。在我們那個年代裡，大部分的人都是留學美國，醫學系畢業的只有我一個到日本去留學，其實這也是因爲語言的影響。雖然後來也到美國去念書及研究，但是就整個過程來看，還是覺得在日本的三年半對我的影響最大。在美國作研究，設備、制度都很好，很快就可以進入情況，也很快就可以有成果出來；但是在日本的情況就不一樣，必須要投入更多的心力，很多事情要靠自己動手、自己摸索，而結果也往往不會很快就出現。但是長久看來，這樣對一個人的影響反而是更大的。

年歲半百，為改善台大醫院管理問題，負笈美國當老學生

從日本返台之後，就到台大醫學院服務，直到五十歲左右才又到美國約翰霍普金斯大學念書。爲什麼會在五十歲又出國去念書呢？主要因爲當時社會上對台大醫院有一個批評：台大醫院有一流的人才、二流的設備、三流的管理。那時候台大醫院林院長、醫學院黃院長與幾位醫學院的前輩在考慮如何改善醫院的管理問題時，覺得必須要培養人才才是。不知什麼原因他們想到了我，決定讓我先接醫院的副院長，然後再去國外學習現代化的醫院管理。所以，我是在已經升任台大醫學院教授，又擔任醫院副院長，將近五十歲的時候，才再出國去念醫院管理的。

前面談到的是我的學習過程，接下來我還有幾個階段想跟各位報告。各位可能會問我爲什麼最後選擇學醫、爲什麼選擇外科、而且是小兒外科。後來又是如何走到行政工作方面。此外，就是有關我的研究。以及我在行醫過程中的一些感想。事實上我畢業將近三十五年了，在行醫過程中我也不斷的在學習，這裡面有很多的事情，很多的感想可以跟各位分享。

為什麼學醫?

爲什麼會學醫，我剛才已經講過了，是因爲家庭的關係。我們家過去只有兩種職業，一個是醫生，一個是老師，台語稱醫生、老師都是「先生」，所以鄉裡的人說我們家代代都是先生。我祖父是位很有名的中醫，據說醫術相當高明。我父親原來是念台中一中，本來也想念醫學，繼承我祖父的衣缽。但是很不幸的，我祖父很早就過世了，本來家裡多少還有一點財產，但是因爲祖母不識字，家財都被弄光了，導致父親被迫中途休學，到中藥房去當學徒，透過自己自修，才又考上台中師範學校，當上小學老師。因爲這個關係，父親希望我能夠完成他未能達成的願望，我當然也非常希望能夠完成父親的心願，這也是爲什麼我堅持要考上台中一中的原因。我因此把醫學擺在第一位，雖然還有其他的興趣勝過醫學。所以在我們選擇系所的時候，家庭的因素、父母的影響是蠻大的，但這並沒有什麼不好。前一陣子，教育部長吳京在提倡「選系不選校」的時候，我非常反對，因爲我認爲在中學階段很多人不可能完全確定自己的興趣，我們也不知道現在的興趣，將來是不是會持續。事實上孩子的興趣是會改變的，最好能夠在父母的引導下，去摸索發掘自己的興趣。如果要同學在高中以前就決定自己的興趣是什麼，然後只可以選系不可以選校，我是絕對反對的。或許有些人能夠很清楚知道自己的興趣，那當然沒問題，但是一些不太確定自己興趣的人，也要讓他們可以先選校，必要時也有轉系的機會，所以我覺得各種途徑都應該要保留。

為什麼選擇外科？

至於我爲什麼會走入外科呢？在我們念書的那個時代，外科是最熱門的，每一個學生只希望把書念好，然後進入外科，那時候聽說沒有前十名是進不了外科的，我們每個人都有虛榮心、榮譽感，大家都擠破頭的想進外科；我也一樣，這是一個原因，但最主要的契機還是在我當兵的時候。畢業以後，我一直猶豫選科的問題，後來在預備軍官服役的時候，抽到了桃園空軍基地醫院，那裡沒有人要當外科醫官，就由我來負責外科。當時醫院才剛啓用，要進行外科手術可以說什麼都沒有，但是我還是很認眞的籌備。首先和護理部主任及幾位士官們從紗布的摺疊和消毒等開始，逐漸充實各項器械、物品，到最後終於可以開刀了。每次開刀前，我都會把手術的步驟再好好研究一遍。那時候做手術只有我一個醫官，其他就是衛生兵來幫忙，結果慢慢的我就在那邊出了名，眷村裡的人都認得我，慕名前來求診的人很多，甚至連婦產科的刀也來找我開，所以那時候我是無刀不開的，到了要退伍的時候，部隊和眷村的人都覺得依依不捨。就這樣，讓我覺得自己在外科方面應該有點天份，也就決定到外科。

為什麼投入小兒科？

回到台大醫院外科服務以後，有些人怎麼看我都不像個外科醫師。我現在是六十三公斤，一百七十公分，依照中華民國營養學會的標準是標準體重；但是那時候我的體重很少超過五十幾公斤，人是又小又瘦，大多數的人都認爲外科醫師應該是高頭大馬的。其實外科醫師跟身材、體力沒有什麼絕對關係，重要的是技術與耐力，但是被講久了，好像也覺得自己不是很適合。剛好那個時候小兒外科開始發展，我覺得蠻有前途，而且自認爲對小孩的處理，以及跟孩子的接觸應該不是問題；同時我也體認到一項開刀對小孩的影響遠比成人大，如果解決一位剛出生小孩的問題，影響的是他的一生而不只是幾年或數十年而已，所以我就決定專攻小兒外科。

為什麼跨足行政事務?

爲什麼會走入行政呢?這也是我始料未及的。我記得上次張忠謀先生演講的時候提到，不可能做細部的生涯規劃，因爲很多事情是你想像不到的。在我念醫學院的時候，只想著趕快念完書，趕快出去開業當醫生；後來到日本留學拿到博士學位以後，又覺得對研究很有興趣，希望能夠在大學服務。所以能夠留在大學當教授，便是最大的希望。我剛從日本回來不久，台大醫院一位副院長開始注意我。有一次我舉辦一個研討會，請了日本專家來演講，研討會中我發現耳鼻喉科的杜詩綿教授，也是當時的副院長，也來聽講，我就覺得奇怪，耳鼻喉科跟臨床營養一點關係都沒有，他怎麼會來聽呢?後來才知道他是來觀察我的，看看我適不適合做行政。本來他是希望我擔任醫院醫務秘書的職位，但是我覺得才剛回國不久，整個研究系統都還沒有建立，就沒有答應。一九八三年我升任教授，到了一九八七年學校認爲有必要培養醫療管理的人才，台大醫院林國信院長徵詢我的意見，他希望我先擔任副院長（台大醫院原有兩位副院長，爲此又增設了一位），然後再到國外進修醫院管理。想到可以有機會再去念書，當然很樂意，所以就答應了。擔任副院長的第一年，並沒有太多工作，主要在了解醫院整個運作情形和幫忙監督新醫院的整建，第二年就到美國去念醫院管理了。雖然已年近五十歲，我還是蠻認眞的。有些人認爲我已經當到台大醫院副院長，再到美國讀書就好像老爺學生一樣，只求畢業就可以了，其實我並沒這樣想。我記得那時候常常爲了打字寫報告而忙到很晚，流行病學的期終考試甚至還拿了一百分，這表示我雖然近五十歲，還是非常用心，非常努力。

無心插柳，一路自台大醫院副院長，選上台大醫學院院長，再遴選上台大校長

從美國回來之後，繼續擔任醫院副院長，是最年輕的副院長，很多人認爲將來我應該有機會出任醫院院長的；但我個人則希望學以致用，致力於醫院管理的改善。次年，醫學院通過了一個辦法，規定醫學院院長必須經由教授遴選產生，不久院方開始接受推薦。有幾位前輩要出來參選，我也簽名聯署支持。後來有人主張不同年代都應該有代表參選，而我們這個年代的教授群裡，因爲我擔任醫院副院長，算是職位最高者，所以就被推薦出來陪榜參選；結果意外地竟被選上，而由醫院副院長轉任醫學院院長。我是一九九一年就任醫學院院長，一九九三年台大校長首次經由遴選產生，這時醫學院又決定推薦我出來參與，沒想到醫學院院長任期還沒屆滿，就選上了台灣大學校長。這整個過程完全不在我的規劃之內。其實早期生涯規劃，不外是自己開醫院，再就是留在學校當教授，至於其他的

都是當初沒有想到的。

在日本主攻「靜脈營養」博士研究時，所有實驗與研究都得靠自己摸索、自己動手

接下來我想跟各位談談我的研究。大學畢業後，先受四年住院醫師的訓練，再擔任二年主治醫師，隨即至日本東北大學攻讀博士學位。

我做的研究，在日本應該可以說是蠻受重視的，我常常想，雖然那時的研究都是要自己動手，也相當辛苦，但是從這當中我也得到許多寶貴的經驗、獲得很好的發現。假如是到美國做研究的話，恐怕結果又不一樣。因爲美國大學的研究是一系列的，你參與進去，就好像工廠的生產線一樣，你只是套進去某一階段跟著一起做，也許很快就可以有結果，但更進一步去發現、去突破的機會有時反而更少。所以我覺得雖然是辛苦了一些，但是值得。最近我們在校園內推動服務課程，希望每位同學都能親身動手做事，事實具有很深的意義。這些年我一直持續在做研究，在臨床營養研究方面也有點成果，直到今日爲止，我的研究室每年還有多篇的論文發表在國際期刊上。在國內只要談到靜脈營養，大家都會想到我；這與只要講到連體嬰就會想到我的道理一樣。因爲在這些方面，我都下了很大的功夫。

日本教授一席話，讓我決定放棄台灣其他學校副教授的位子，而重返台大自講師做起

接著我想跟各位談談我在行醫過程中的一些經驗和感想。我到日本東北大學留學，是

考取日本政府獎學金去的。我爲什麼會去考日本政府獎學金又能順利的考上呢？主要是因爲我念過日文又剛考過高考。所以部分科目我已經考過了，不需要太多的準備，所以一考就中。在日本拿到博士以後，本來是很難再回到台大醫學院任職，因爲當初我出國留學的時候，已經辭掉台大的兼職，要再回台大是很難的，因爲國內的競爭已經非常激烈。那時候高雄醫學院、中山醫學院都曾跟我接觸，可用副教授以上的職位聘任，條件相當優沃。就在舉棋不定到底要回台灣教書，還是繼續留在日本的時候，台大醫學院李鎭源院長請秘書陳春雄先生寫了一封信給我，表示外科有缺，如果要回台大醫學院就儘快跟他聯絡，但是回到台大，必須從講師做起；換言之，要當上副教授的話至少還要等三年以上。這跟其他學校的待遇相差甚多，當時眞有點躊躇。後來我去請示葛西教授，他說：「一個人很快就爬到高點並不是一件好事。一個人腳踏實地，從一個階段做起，到達了某個程度，得到了大家的肯定之後，再去爬第二步，這樣一步一步的走，會是比較眞實。」聽了這些話後，我就決定回台大。葛西教授的話讓我永記心頭，一個人眞的不必太計較剛開始的位置是什麼，你如果眞正好好去做的話，自然會受到肯定，一步步的走來，確實是比較踏實。前一陣子教育人員任用條例尚待修正通過前，依本校教評會的規定，拿到博士學位但是沒有教學經驗的老師，一定要先擔任至少一年講師，第二年以後才可以申請升等副教授。於是很多老師來跟我表示異議，我常常以自己爲例子，勸他們不要太計較那一年，大部分的人聽了之後，也都還能接受。

生命無權被輕言放棄——無肛症小寶寶

我行醫三十幾年，在臨床經驗上，處理過的案例非常多，不過今日我只能挑幾個比較特別的來談。記得我剛從日本回來，有一天在急診室，一位父親跟小孩的祖母帶著剛出生兩天的小寶寶到急診室求診。我檢查過後告訴他這個小孩得的是無肛症，可以治療，但是要經過三個階段，前後大約要花十萬元。這位祖母聽到之後嚇了一跳，就跟小孩的爸爸說：「不行啦！我們回去再生一個好了。」這個爸爸聽了祖母的話，也不敢違背她，帶著孩子就要走了。當時我想如果讓他們就這樣走出去，這個小生命就完了。我趕緊拉住他，突然義正嚴辭的把這個爸爸訓了一頓，要他必須有責任感，負起為人父應有的責任。同時我跟他說：「你的問題到底在哪裡，如果是錢的問題我可以幫你想辦法請社會服務部幫忙；如果是其他的困難，我們也可以再商量協助解決。」這個爸爸大概是被我講得不好意思，就鼓起勇氣做了決定要留下來治療。這時，孩子的祖母也沒有再表示反對。幾年之後，這位祖母帶著小孩回到我的門診接受追蹤檢查。從祖母的態度可以感受到她對這位小孫兒非常疼愛，也讓我不禁回想起她當時曾經想放棄治療的往事。這時這位祖母突然鄭重其事的跟小孩說：「你這條小命是陳醫師救的，你要感謝陳醫師喔！」聽了這話之後，身為一位醫師，有再多的辛苦都是可以忘掉的。我覺得每一個人都有他的天職，任何的生命都不可以隨便的被放棄，我們也沒有權利去放棄任何一個生命。這對從事教育工作的我們不也是一項基本守則嗎？

林天佑教授啟發式的外科師徒制

在醫學院，特別是外科，師徒制是相當明顯的，外科是一代傳一代，如果師長前輩不把技術傳給你，你就不能學到手術的技巧。記得我們的老師林天佑教授，每次進開刀房時，如果跟刀的醫師沒有把一切準備工作做好的話，他就不會把這台刀放給他開，學生們也就失掉主刀的機會。如果你把一切都弄得井然有序，他就會讓你執刀。我那時爲了能多爭取執刀的機會，都會提早到手術房做好應有的準備。以前也曾認爲老師怎麼那麼愛耍派頭，後來才領悟到這種作法其實有它的啓發性。因爲如果你眞的想學，想得到開刀的機會你就會早點來準備，同時因爲預期會有執刀的機會，你對病人的病情就一定會事先去了解，病人的各種情況就比較能夠掌握，如此開起刀來自然順利，學到的東西較多，學習的效果也較佳。林教授的這種做法無非是要引發學生養成積極主動的學習態度、具備詳密的學習方法，以提升教學效果。

醫學院前幾年開始推動啓發式的小班教學，從黃伯超院長開始推動，推展初期，學生、老師都有所反彈，主要是因爲課程的設計有些問題，老師大多不肯放棄原來的課程，讓同學除了原來的課程之外，又增加了許多新的課程，造成老師的負擔增加，學生們更受不了。在我接任醫學院院長的時候，我邀請到現任醫學院院長謝博生教授來擔任教務分處主任，我們都看到了這個問題。謝教授在經過多方了解後，知道阻力很大，認爲這條路並不好走。有一天他來問我，醫學教育的改革計劃是否要繼續進行，請我做一個裁決。那時候我認爲啓發式、小班式的教學，基本方向絕對是正確的，一些相關的問題應該是可以克服的，所以就決定繼續推動醫學教育改革。經過這幾年下來，台大醫學院的醫學教育改革初步看來可以說是成功的，雖然長期來看，我們還不知道最後的結果會是如何，至少，這種教學改革的方向是值得肯定的。

多年教學和行醫，有許許多多的小故事和經驗，不過因爲時間的關係，也就只能同大家分享到此，謝謝大家。

一九九八年十二月二十一日，原刊於台大出版《我的學思歷程》

陳維昭（一九三九—），台灣台中縣人，小兒外科權威，曾任台大醫院、台大醫學院院長，現任台灣大學校長。

閱讀建議
高雄中山大學演講

余秋雨

各位朋友：

中山大學我一定會來，原因之一是余光中先生在這裡。我在《山居筆記》後記中曾經寫到，自己的散文集在台灣出版，生怕有幾個人看到，首當其衝的就是這位與我同姓的先生。今天，居然由他來主持演講會，演講的題目又是讀書，那我就更膽怯了，有誰敢當著余光中先生的面大談讀書？

但是報紙已經多次預告，今天又有不少其他城市的朋友遠道趕來，看來只能硬著頭皮給大家提幾點讀書建議了，請余光中先生和在座諸位指正。

在中國話裡，上學也叫讀書。今天我們所談的讀書只指課外閱讀。課外閱讀當然是針對青年學生而言的，但我看到在座又有不少上了年紀的朋友。青年人的讀書和成年人的讀書在總體上應該是有所區別的，需要分開來討論。當然這種區分又不是絕對的，有些青年人在閱讀上已經成年，有些成年人在閱讀上還算青年。

青年人的閱讀

我覺得一個人的最佳讀書狀態大多產生在中年以後，但能不能取得這種狀態則取決於青年時期的準備。

中年以後的讀書可以隨心所欲，而在青年時期卻不能過於隨意，需要接受一些過來人的指點。我大概也能算作一個過來人，因此可以和同學們隨便談談。

盡早把閱讀當作一件人生大事

閱讀的最大理由是想擺脫平庸。一個人如果在青年時期就開始平庸，那麼今後要擺脫平庸就十分困難。

何謂平庸？平庸是一種被動而又功利的謀生態度。平庸者什麼也不缺少，只是無感於外部世界的精彩，人類歷史的厚重，終極道義的神聖，生命涵意的豐富。而他們失去的這一切，光憑一個人有限的人生經歷是無法獲得的，因此平庸的隊伍總是相當龐大。黃山谷說過：「人胸中久不用古今澆灌，則塵俗生其間，照鏡覺面目可憎，對人亦語言無味。」這就是平庸的寫照。黃山谷認為要擺脫平庸，就要「用古今澆灌」。

只有書籍，能把遼闊的空間和漫長的時間澆灌給你，能把一切高貴生命早已飄散的信號傳遞給你，能把無數的智慧和美好對比著愚昧和醜陋一起呈現給你。區區五尺之軀，短短幾十年光陰，居然能馳騁古今、經天緯地，這種奇蹟的產生，至少有一半要歸功於閱讀。

如此好事，如果等到成年後再來匆匆彌補就有點可惜了，最好在青年時就進入。早一天，就多一份人生的精彩；遲一天，就多一天平庸的困擾。

青年人稚嫩的目光常常產生偏差，誤以爲是出身、財富、文憑、機運使有的人超乎一般，其實歷盡滄桑的成年人都知道，最重要的是自身生命的質量。生命的質量需要鍛鑄，閱讀是鍛鑄的重要一環。

要把閱讀範圍延伸到專業之外

閱讀專業書籍當然必要，但主要爲了今後職業的需要。魯迅說：「這樣的讀書，和木斧的磨斧頭，裁縫的理針線並沒有什麼分別，並不見得高尙，有時還很苦痛，很可憐。」（《讀書雜談》）

諸位報考大學的時候，剛剛從中學出來，都還不到二十歲吧，大人們還習慣於把我們稱作孩子，青春的生命那麼可愛又那麼具有可塑性，卻一下子被澆注在某個專業的模坯裡直至終老，眞是於心何忍。

生命的活力，在於它的彈性。大學時代的生命彈性，除了運動和娛樂，更重要的體現爲對世界整體的自由接納和自主反應，這當然是超越專業的。

現在很多所大學都發現了學生只沈陷於專業的弊病，開設了通識教育課，這是一個很好的辦法，但同樣作爲一門課程，即便通識教育也保留著某種難於克服的狹隘性和被動性。因此不管功課多重，時間多緊，自由的課外閱讀不可缺少。

更何況，時代的發展使每門專業的內在結構和外部界限發生了很大的變化，沒有足夠的整體視野，連專業都很難學好。

先找一些名著墊底

大學生的課外閱讀，是走向精神成熟的起點，因此先要做一點墊底的工作。墊什麼樣的底，就會建什麼樣的樓。因此盡量要把底墊得結實一點，但時間不多，要尋找一種省儉方式。最省儉的墊底方式，是選讀名著。

有些青年人對名著有一種逆反心理，爲了保持自由而故意避開，這是孩子氣的舉動。名著不管是不是夠格，總是時間和空間篩選的結果，我們可以不在乎名著，卻不可以不在乎時間和空間。一部似乎並不怎麼樣的作品居然被時間和空間首肯，這本身就是一個極有文化深度的懸念，光憑著這個懸念也值得去讀一讀。

更重要的是，名著因被很多人反覆閱讀，已成爲當代社會詞語的前提性素材，如果不了解名著，就會在文化溝通中產生嚴重障礙。

名著和其他作品在文化方位上是不平等的，它們好像軍事上的制高點，占領了它們，很大一片土地就不在話下了。對於專業之外的文化領地，我們沒有時間去一寸一寸占領，收取幾個制高點就可以了。

對於名著不能平均施力，一個時間只能死啃一本，附帶著集中閱讀與它有關的書籍，務必把這個制高點完全占領。這是一個似慢實快的辦法。書桌上不堆放多種類別的書，更不要擺出博覽群書的派頭一目十行、一天一本。如果本本都是泛泛而讀，到頭來就像愚熊掰玉米，掰一個丟一個，滿地狼籍卻食不果腹。應該反過來，慢慢地啃一本是一本，神定氣穩地反覆咀玩，每一本又都是高水平的作品，那麼用不了多久，你的學問規模就影影綽綽地成型了。

有人認爲，名著總是艱深的，不如讀第二、第三流的作品省力。其實，第一流的作品由於邏輯比較清晰、表述比較果斷、個性比較鮮明、形態比較優美，閱讀起來不見得比第二、第三流的作品費力。即使費點力，因你內心深知其足可一以當十，也會感到值得。

那麼，如何確認名著呢？這就需要尋求幫助了。過去很多大學者都爲青年人開列過「必讀書目」，但他們既要顧及各門學問的完整性，又要顧及青年人的多種層面和多種可能，總是把書目開得太長。「必讀書目」其實變成了「重要書目」，可能一輩子也讀不完。

因此我們需要尋找一種更有針對性的小書目。是否有針對性決定於書目開列者對閱讀者的了解程度。青年學生不妨找自己信賴的師長作一些必讀書目方面的交談，交談中要把自己的興趣、欠缺和已讀過的名著告訴師長，以求獲得有效的指導。

名著讀不下去也可以暫時放下

即便是一位熟悉的師長很有針對性地爲我們開了一份必讀書目，書目裡的名著也有讀不下去的時候。

讀不下去就放下，不要硬讀。這就是非專業閱讀的瀟灑之處。這麼有名的著作也放下？是的，放下。因爲你與它沒有緣分，或許說暫時無緣。再有針對性的書目也只考慮到了你接受的必要性，而無法考慮到你接受的可能性。所謂可能，不是指閱讀能力，而是指興奮系統，這是你的生命秘密，別人誰也不會清楚。

閱讀是對外部世界的開發，也是對自己生命的開發。開發生命並不是重塑生命，我們的生命並不太壞，沒有必要打碎了重塑。任何開發都應該順應著地理地脈，開發生命也是同樣，硬撬硬鑿會傷筋動骨。如果某個領域的幾部代表性名著都讀不下去，那就證明你與那個領域整體無緣，想開一點，整體放棄。也許幾年後突然讀得下去了，說明當初的無緣是短暫現象。但暫時現象也是眞實的，不可爲幾年後的可能而硬來。

茫茫書海，眞正與你有緣的只是一小角。名著如林，眞正屬於你的也只是不多的幾十本。有不少名著屬於有緣無緣之間，那也不妨一讀，因爲知道的範圍總應該大於熟悉的範圍，熟悉的範圍總應該大於擁有的範圍。只要有時間，算不上名著的多種書籍也不妨廣泛地瀏覽一下，那裡也會有大量既能契合你、又能提高你的東西。名著是基礎，但不是封閉我們的城堡。

我剛進大學的時候，有兩位年老的圖書館管理員笑咪咪地告訴我，他們能從一年級學生的借書卡上預測這些學生將來的成就，幾乎是百試不爽。毫無規律胡亂借書的很難有希望，窮幾年之力死啃一大堆名著的也不會有太大的出息；借書卡上過於疏空的當然令人嘆息，借書卡上密密麻麻的也叫人搖頭，我上面講的這些道理，有不少正是從他們那裡討教來的。

有一二個文化偶像不是壞事

在選讀名著的過程中，最終會遇到幾部名著、幾位名家最與你情投意合。你著迷了，不僅反覆閱讀，而且還會尋找作者的其他著作，搜羅他們的傳記，成爲他們的崇拜者。我的一位朋友說他一聽到辛棄疾的名字就會臉紅心跳，我在讀大學時對法國作家雨果也有類似的情景。這就是平常所說的偶像。

偶像的出現，是閱讀的一個嶄新階段的開始。能夠與一位世界級或國家級的文化名人魂魄與共，眞是莫大的幸福。然而更深刻的問題在於，你爲什麼與他如此心心相印？不完全是由於他的學問、藝術和名聲，因爲有很多比他學問更高、藝術更精、名聲更大的人物卻沒有在你心底產生這樣強烈的感應。根本的理由也許是，你的生命與他的生命，有某種同構關係，他是你精神血緣上的前輩姻親。暗暗地認下這門親，對你很有好處。

同構不等於同級。他是萬人矚目的文化名人，你是籍籍無名的青年學生，但他的存在，證明你所進入的生命系統的某些部分，一旦升騰，會達到何等壯美的高度，於是你也就找到了一條通向崇高的纜繩。

有的同學把文化偶像的崇拜一律看作幼稚行爲，成天懶洋洋地對一切可以仰望、可以進入的對象愛理不理，偶爾心有所動也快速地自我熄滅，實在是坐失了很多良機。

那些讀了一輩子書卻說不出最喜愛哪幾部著作、哪幾位作者的人，哪怕是學富五車的老學者，我也不敢恭維。在如此廣闊的文化天地中失去了仰望的興致，失去了親和的熱量，失去了趨附的動力，整個兒成了一尊冷眼面世的泥塑木雕，那還說得上什麼？

青年人應立足於個人靜讀

青年人讀了書，喜歡互相討論。互相討論能構建起一種興趣場和信息場，單獨的感受流通起來了，而流通往往能夠增值。

但是總的說來，閱讀是個人的事。字字句句都要由自己的心靈去默默感應，很多最重要的感受無法訴諸言表。閱讀的程序主要由自己的生命線索來綰接，而細若游絲的生命線索是要小心翼翼地抽理和維護的。這一切，都有可能被熱鬧所毀損，更何況我們還是學生，即使有點浮淺的感受也不具備向外傳播的價值。在同學間高談闊論易生意氣，而一有意氣就會墜入片面，浮淺變得更加浮淺。

就像看完一部感人至深的電影，一個善於吸收的觀眾，總喜歡獨個兒靜靜地走一會，慢慢體味著一個個鏡頭、一句句台詞，咀嚼著藝術家埋藏其間的良苦用心，而不會像有些青年那樣，還沒有出電影院的門就熱烈談論開來了。在很多情況下，青年人競爭式的談論很可能是一種耗散，面對越是精雅深致的作品越可能是這樣。

等到畢業之後，大家在人生感受上日趨成熟而在閱讀上都成了孤立無援的流浪者，這倒需要尋找機會多交流讀書信息了。那是後話，過一會兒再說。

讀書卡片不宜多做

讀書有一個經常被傳授的方法，那就是勤奮地做讀書卡片。讀到自己有興趣的觀點和資料，立即抄錄在卡片上，幾個月之後把一大堆卡片整理一番，分門別類地存放好，以後什麼時候要用，只要抽出有關的一疊，自己也就可以獲得一種有論有據、旁徵博引的從容。

這種方法，對於專業研究、論文寫作是有用的，但不適合青年學生的課外閱讀。從技術上說，課外閱讀的範圍較大，又不針對某個具體問題，卡片無從做起，即使做了也沒有太大用處，白白浪費了許多閱讀時間。如果要摘錄雋語佳句，不如買一本現成的《名人名言錄》放在手邊。

但技術上的問題還是小事。最麻煩的是，做卡片的方法很可能以章句貯藏取代了整體感受，得不償失。一部好的作品是一個不可割裂的有機整體，即使擷取了它的眉眼，也失去了它的靈魂。

有人說，做卡片的原因是自己記憶力太差，讀過的書老也記不住，記不住等於白讀，留下幾張卡片也算是自我安慰。

實際上，閱讀的記憶力有一種嚴格的選擇功能，書中眞正深切觸動你的內容，想丟也丟不掉，對此你要有更多的灑脫和自信。

記不住當然是大量的，但記不住的內容又分兩個部分，一部分是眞實的遺忘，一部分是無形的沈潛。

屬於眞實遺忘的那部分，不必可惜，就讓它遺忘吧，能遺忘也是一個人自由自主的表現。太監之所以要記住宮中生活的每一個細節，因爲他不能自由自主，不敢遺忘。正是遺忘，驗證著生命結構的獨立。

至於無形沈潛的那部分，我想大家都有過體會。在一定場合，由於一定的需要，居然把多年前早就淡忘了的印象攪動起來了，使自己也大吃一驚。蘇轍曾說：「早歲讀書無甚解，晚年省事有奇功」，翻譯成現代口語，大致意思是：早年讀書似乎沒有深刻理解的地方，在晚年審察事物時卻發揮了奇特的功效。這便是記憶的沈潛。

人類的大腦機能十分神奇，不要在乎表面上的記住記不住，該記住的總會記住，該忘記的總會忘記，該失而復得的總會失而復得，輕輕鬆鬆讀下去就是了。

我不主張在課外閱讀中做很多卡片，卻贊成寫一些讀書筆記，概括全書的神采和脈絡，記述自己的理解和感受。這種讀書筆記，既在描述書，又在描述自己。每一篇都不要太長，以便對即時的感受進行提煉，把感受提煉成見識。

有空到書店走走

大學生的閱讀資源，主要來自圖書館。但是，我希望大家有空也到書店走走。書店當然比圖書館狹小得多，但它是很有意思的文化前沿。當代人的精神勞作有什麼走向？這些走向與社會走向有什麼關係？又被大衆接受到什麼程度？解答這些疑問的最好場所是書店。

嶄新的紙頁，鮮亮的封面，誇張的宣傳，繁忙的銷售，處處讓你感受到書籍文明熱氣騰騰的創造狀態，而創造，總是給人一種愉悅的力量。這種力量對讀書人是一種莫名的滋養，使你在長久的靜讀深思之後舒展筋骨，渾身通暢。

你可以關注一下暢銷排行榜，判斷一下買書的人群，然後，也準備為自己選幾本書。在書店選書與在圖書館選書有所不同，對於重要的書，你會反覆考慮永久性擁有的必要性，於是在書架前進行了一次短短的自我拷問。你也許會較少猶豫地購買幾本並不重要卻有趣、可愛的新書，由此你對自己與書籍的奇異關係產生了某種疑問，這種疑問的每一個答案都讓人開心。

成年人的閱讀

如果說我們談青年人的閱讀是指課外閱讀，那麼，談成年人的閱讀則是指業餘閱讀。有了青年時代的墊底，成年人的閱讀就會進入另一種狀態，前面所提的有些建議就不太適合了。青年人讀書和成年人讀書的區別，可以借用朱熹的一個比喻，他說學習就像煉丹，先要用猛火炸，再用文火慢慢養。青年人在大學裡的系統集中學習，就像是猛火炸，而到了成年人的業餘閱讀，就像用文火養了，兩者有很大的不同。

首要原則是保持閱讀快樂

成年人在業餘時間讀書，成敗得失，就看他能否保持快樂。快樂是綿綿不絕的暖風，使煉丹的文火不至於熄滅。

早就成年了，重要的書已讀過不少，業餘閱讀只是興趣，不必為此承擔太多的義務，承受太大的壓力。有的朋友好心提倡讀書，但可能把成年人業餘閱讀的意義過於擴大了，好像人的雅俗優劣都以此為界限，哪能呢？如果撇開了青年人，只是我們成年人說悄悄話，那麼我不得不說，社會上很多滿腹經綸的人頗有點醜惡，而很多不大讀書的人倒清朗可親。一個成年人，家庭事務繁忙，社會交際廣泛，居然可以置之不顧，卻把全部業餘時間都投注在閱讀上，我就不覺得有多少可愛。當然，如果嗜好很深，自然另當別論。

成年人在諸種人生樂趣中有閱讀一項，則讓人贊許。一個銀行家，一個船長，或一個工人，稍有空閒就拿出幾本書讀讀，是一種很不錯的人生格調。這種格調使他有可能保留一塊高於日常事務的小天地，成為當代社會中比旁人更為自覺的一員。

但是，如果這樣的閱讀因太多的自我強制而夾雜著不太快樂的成分，那就很難堅持下去。要想持續，必須快樂。

快樂是對一件事情的積極認同，是對自我需要的自然滿足。閱讀的快樂，是對閱讀這件事的最高肯定。閱讀的快樂原則，也就是閱讀的自願原則和有效原則。

在成年人眼前沒有「必讀書目」。重要的書籍找來看一看，只因為他關心這種重要；

暢銷的書籍找來翻一翻，只因爲他樂於知道爲什麼暢銷；有一些缺漏的知識他要用心補一補，只因爲他不太喜歡過於落伍。總之，主要取決於他的心情，而不取決於斬釘截鐵的必要。

即使很長時間擱置了閱讀也不要緊，只要把快樂保持在心底，到時候又會兩相歡諧。

故意跳開自己的閱讀慣性

成年人對自己已經具備充分的把握力，因此完全不必擔心看了幾本異書就會失去人生根基。既然如此，成年人的閱讀興趣可以放任跳躍一下，看看遠離自身等級和層面的地方究竟是一個什麼世界。如果一看之下頗覺愉快，那也不妨多看一點。所謂性情中人，就是在哪一方面都不裝「假正經」。

張愛玲經常閱讀小報上格調不高的通俗小說，以致她後來的丈夫賴雅總是驚訝她整天看些不入流的東西竟然能寫出那麼好的小說，當面嘲笑她看的都是「垃圾」。張愛玲也報以一笑，不作聲辯。

據我所知，很多高層知識分子喜歡看的電影並不「高層」，更多的倒是警匪片和武俠片，觀看時孩子般的笑容與市井平民毫無差異。

我本人前些年特別有興趣的是草莽文化、乞丐文化和青樓文化，只要有資料哪怕是再蕪雜也會找來細讀，這種興趣也不見得是爲了寫哪篇文章。

這些例子說明，成年人的一種重要興趣是移位觀望。只有守住了本位的人才會深感單一方位的嚴重缺陷，從而產生補充的衝動和好奇。

這種補充其實也是一種享受和消遣，而消遣的輕鬆本性又總是與主流文化和嚴肅文化南轅北轍。上了年紀的讀書人需要在野地間隨意徜徉，終於會發現野地的風光也別開眼界。

這樣做，很有可能出現「歪打正著」的重大效果。暫離主流文化、嚴肅文化進行移位閱讀和消遣閱讀，所接觸的卻是一種更爲開闊的生態文化即大文化。例如世俗文化就是當代一切高水平的文化學者都在關注的對象，不了解世俗文化很難被稱之爲當代文化人。又如現代文化思維都講究逆反思維、邊緣思維和灰色地帶的模糊思維，如果沒有東翻西翻、隨意窺探的閱讀習慣，根本無法爲現代思維提供全方位的資訊。成年人受好奇心驅使胡亂閱讀，倒使自己的文化目光無遠弗屆。

在閱讀上放任自流，對青年人不太適合，對成年人反成正果。

放幾本老書經常翻翻

成年人有時會害怕，怕歲月滄桑磨去了早年的文化積累。而對書海他們既熟悉又陌生，會經常產生一種隱隱的失落感。

這種心情很可理解，但不必成爲負累，因爲成年人的文化積累已經悄悄地體現在立身處世、談笑舉止之間。如果除此之外你還想重溫以前曾經迷醉過的文化神韻，樂於在日常生活中保存更多的書生情懷，那麼我建議不妨在手邊放幾本眞正喜愛的老書經常翻翻。

這些老書帶有「牽頭」的功能，你在閱讀它們的時候會牽動自己在這一領域的貯存神經和敏感機能，甚至把整個文化感覺系統都調動起來。「窺一斑而知全豹」，先決條件是對全豹曾經熟悉，沒有必要一個斑、一個斑地重新再看一遍。

這種牽頭式的重溫，事半功倍。

我認識一位俄文教授，在文革十年的荒涼歲月裡只要有可能，每天必讀一段早已爛熟於心的托爾斯泰原著。結果十年下來，他心中的俄羅斯文學，他口中的俄語，全都草木蔥蘢，毫無萎謝。

還認識一位因冤案而流落爲馬車夫的文人，破爛的行囊中一直揣著一本《離騷》，有空就拿出來吟詠幾句，多年後冤案平反，他重上講台時神色翩然。

這些苦難中的故事都啓示我們，僅僅一、二本老書，也會讓我們保留住一個世界。

不要抵拒最新名著

成年人有時又會產生一種毛病，對最新的社會動態樂於關心，對最新的文化現象卻不屑一顧。這是一個自立後的文化生命的消極自衛，情有可原卻需要警惕。

最新的文化現象有很多是對原有文化系統的逃亡和叛逆，常使成年人覺得刺眼。成年人有許多皇皇經典作爲背景，自然會以一種居高臨下的態度加以評判。記得我在一篇回憶散文中寫到故鄉山村的一些老大爺，經常嘲笑外來的流浪者口音難聽，我們也跟著一起嘲笑，直到有一天自己上了火車，沒有人能聽懂我的方言，才發現眞正應該被嘲笑的也許不是別人。

文化的魅力在於多元，文化的生命在於創造，因此在文化領域注定年年月月會湧現出大量的怪異和陌生，這當然會對已有穩定人格的成年人帶來不適應。但是不適應並非永遠是一件壞事情，如果我們的人生處處都是輕車熟路，活著還有什麼滋味？

成年人讀書，應該提防的不是不適應，恰恰是對不適應所採取的那種嗤之以鼻、義憤填膺的態度。這種態度會給你帶來很大的不快樂，也會使你的精神園地越變越狹小。

人間的快樂，莫過於對世界萬事萬物的顧盼和容納，對自己襟懷耳目的開拓和舒展。這兒正用得著王羲之〈蘭亭序〉裡的那幾句話：「仰觀宇宙之大，俯察品類之盛，所以遊目騁懷，足以極視聽之娛，信可樂也。」

這也可以說是成年人閱讀心態的極致。

上了年紀，需防衰老。閱讀心態的衰老從抵拒讀新書開始。

建一個比較像樣的藏書室

成年讀書人從青年時代就開始一本本買書，應該積累不少書了，個人經濟又已經裕如，何不乾脆張羅一個比較像樣的藏書室？

個人藏書室使你長年流動的文化思緒獲得固定，使你埋藏心底的知識結構變得可觸可摸，也使你在閱讀上的重溫和開拓，方便得唾手可得。

個人藏書室包含著一種濃郁的對流氣氛，一面是文化風景，一面是你自己。這種濃郁氣氛，即使是電腦網絡、信息高速公路也無法完全代替。

個人藏書室因人而異，對一般的讀者來說當然不必很大。但是，只要建立，就要力求像模像樣。試著把已存的書籍全部放上書架看一看，一定會發現作爲一個藏書室缺漏了很多東西。例如在平日的隨意購買中，完整的工具書，成套的經典未必會去問津，但在藏書室中卻不能缺少。藏書室是一個相對自足的小天地，你要預期今後在哪些書也許會經常檢索查找。藏書室也是你文化品味的一種顯示，因此要把你長久景仰而又沒有買來的著作恭恭敬敬地補上。

在建立個人藏書室的當口上，你必然會多到書店去幾次，把自己以往在閱讀上的選擇性和今後在文化上的可能性一併買進來，買進你在精神領域的昨天、今天和明天。

使個人藏書變成一潭活水

對明天的預期畢竟只是預期，當明天眞正到來的時候還會發生變化。眞正的明天不僅會校正預期中的明天，而且還會對昨天和今天作出校正，於是幾年前構建的藏書室風景，會漸漸變得暗淡。

如果任其暗淡下去，其結果，或者是你對藏書室慢慢疏離，或者是你與時代慢慢脫節。爲了阻止這兩種情況的發生，只能使藏書室吐故納新，變成一潭活水。

當新書一批批進入之後，原先的藏書系統受到了衝擊。反倒是當初臨時補充的工具書、成套經典、中外名著沒有遇到太大的問題，最麻煩的是那些曾經一本本認眞研讀過的引渡性書籍和社會性書籍，數量巨大而整體貶值。也許已經被引渡到了彼岸，當初的竹筏成了繼續趕路的累贅；也許社會發展太快，當初切切關心的社會論題已經成了隔世之談；也許自己的鑑賞能力確實是在進步，當初喜歡過的很多作品一一成了明日黃花……對這些書不能鄙視，因爲它們曾經扶助過你，滋養過你，伴隨過你，但既然不可能再去翻閱，又沒有資格成爲歷史資料來保存，那就不必留在書架上了。

我見過一些老學者的書房，不同時期的版本琳瑯滿目，但由於主人至今還在時時有效地控制它們、運用它們，再陳舊也浸潤著生命的亮色。但也見過不少書房，陳舊的書册肯定長久未曾問津，活像一堵骯髒的頹牆。如果走近前去細細一看，確實也沒有值得保存的版本，堆在那裡只是一種惰性的滯留罷了。房舍並不寬大，這種滯留未免讓人身心不暢。

我上一次搬家，遺棄的書達五千餘册。朋友們大惑不解，我的心情也非常複雜。就像小學課程教會了我算術、作文，中學課程教會了我物理、幾何，我當然終身感激，但不能因此把那些課本、作業都保留著，把那些老師供奉在身邊。人生是一個過程，如果把每一個階段的遺留物全都壓在肩上，今後的路還怎麼走？而且，把那些明明對我已失去效用的東西繼續陳列在那裡，天天暴露它們的落伍和無效，也是對它們的不厚道。

有時，甚至對工具書也會投去疑惑的目光，因爲在書店看到，一種更齊全、更方便、更實用的同類工具書已經出版。生氣勃勃的出版家又會一次次重新包裝成套經典和中外名著，有些重新包裝已漂亮得讓人愛不釋手，既然如此，除了眞正有珍藏價值的老版本外，也可以更換，因爲一次次的愛不釋手會給藏書室帶來無窮的生機。

把閱讀的興趣讓朋友們分享

成年人的閱讀興趣，應該尋找機會適當表述。這與我不贊成初入書海的大學生高談闊論正好相反。大學生應立足靜讀，在靜讀的基礎上再進行討論；成年人卻應該更多地交流，在交流的推動下弘揚閱讀。

除了學者文人，一般的成年人已經遠離了文化氣場，即便喜愛讀書也缺少周邊環境，公務私事煩雜，他們談論讀書的機會少而又少。成年人又懂得交際分寸，知道在各行各業的友人們面前賣弄學問會使別人尷尬，因此，談論的可能就更小了。這種情況，對毫無壓力又沒有氛圍的自由閱讀，十分不利。

找幾位書友聊聊是一個辦法，但是我更爲傾心的是那種超越讀書界的談論。明明與一群企業界的朋友談著商業問題，突然間引出了最近海外一本名著的內容，朋友們略帶驚訝地注意傾聽，聽下來又不覺得有任何勉強成分。有時候看氣氛可以多談幾本，有時候因場合不便只能略略引徵。親戚來訪、同事聚會，都不必故意諱避你新近的讀書心得，所有的文明人都有文化嚮往，你所發出的閱讀信號會使聚會的氣氛升高一個層次，某種意義上也爲你的友情圈增加了一個交往前提。你在隨口交談中讓人看到文化和多種事業可以融合得輕鬆愉快，又讓人通過你的轉述知道了世界上竟有如此美麗的精神光輝。這種社會功效會一傳十、十傳百地播揚開來，一個以閱讀爲起點的文化接力賽顯得十分壯觀。如果這樣的情景多次重複，那麼你就會對自己的閱讀價值產生一種全新的認識。

前些天在台北一位優秀的中年企業家請我吃飯，他同時還邀請來幾位著名的學者、政要，沒想到宴席間行雲流水般的話題終於拐到了讀書，企業家神情一振暢談起讀《世界的征服者》一書的體會，在妙論迭出、精彩備至間再也不願離開這個港灣。在場的每一位客人都有很好的文化感覺，僅僅是幾句詢問和附和，大家的心就在很高層面上連成了一體。談話的主角是企業家，由他來談讀書當然不會酸澀迂腐。臨別時大家都感到今天晚上太有意思，第二天又收到了企業家送來的那本《世界的征服者》。這頓飯不僅吃出了文化品味而且餘味無窮，這座城市在杯盤夜色間居然能如此高雅，我從此對台灣企業家刮目相看。

有沒有可能寫點什麼

從那位企業家的一夕談我聯想到，他如果有時間完全可以把自己的讀書感受寫出來發表，讓更多的企業家、政要和其他讀者一起看看。

寫和讀的關係，是一種天然的吐納關係。只納不吐，不僅消化不良，而且必然會產生惡性的壅阻。我們也許都見過一些成天讀書卻從來不說什麼、不寫什麼、也不想什麼的讀書人，他們淡然的風度不無可喜，但畢竟並不是什麼隱士遺民，長久的無效難道就不會導致無聊？吸收了那麼多東西，總需要有所運動、有所傾吐。談話是一種傾吐，而寫作，則是一種更深入、更系統的傾吐。

不要過於畏懼寫作和發表，身在現代，傳媒繁多，出版便捷，天天面對書頁的人爲什麼不可以也寫一點書頁出來？當然，讀書人不能全都簡單地轉換成寫作人，此間存在著一些微妙的溝壑；但在智慧的讀書人中間，又一定隱藏著不少潛在的寫作人，可惜由於重重的心理障礙，連他們自己也不知道。

當然也不必成為專職的寫作人，寫作人一專職就高明不到哪裡去了；各種行業中喜歡讀書的人都不妨試著寫點什麼，使自己的閱讀感受梳理得更加完整。如果有可能發表也當仁不讓，任自己的感受去叩動更多人的心。這樣就構成了一個健康的循環圈，自己的活力、文化的活力，社會的活力都會在循環過程中不斷遞增。

——關於閱讀我已經講得太多了，喜愛讀書的人一談到讀書往往會有個毛病，在座的諸位一定能夠體諒。

剛剛才發現連校長、副校長也坐在下面聽，而校長、副校長的學術成就我早有所聞。這不能不使我又想到「班門弄斧」這個成語，更何況還有一位大魯班正坐在我身邊。這情景再往下想我連結束的語言也找不到了，那就只能乾脆不想，趕快結束。下面有一點時間請大家提問。

謝謝！

一九九七年一月九日，原刊於爾雅出版《余秋雨台灣演講》

余秋雨（一九四六—），浙江慈溪人，學者、散文家。曾任上海戲劇學院院長，著有學術論述《藝術創造工程》、《戲劇理論史稿》、《戲劇審美心理學》，散文集《文化苦旅》、《山居筆記》、《余秋雨台灣演講》、《霜冷長河》、《千年一嘆》等。

在迷宮中仰望星斗

政治人的人文素養　台灣大學法學院演講

龍應台

在台灣，我大概一年只做一次演講。今天之所願意來跟法學院的同學談談人文素養的必要，主要是由於看到台灣解嚴以來變成如此政治淹蓋一切的一個社會，而我又當然不能不注意到，要領導台灣進入二十一世紀的政治人物裡有相當高的比例來自這個法學院。總統候選人也好，中央民意代表也好，不知道有多少是來自台大政治系、法律系，再不然就是農經系，是不是？（笑聲）

但是今天的題目不是「政治人物」——而是「政治人」——要有什麼樣的人文素養。爲什麼不是「政治人物」呢？因爲對今天已經是四十歲以上的人要求他們有人文素養，是太晚了一點。今天面對的你們大概二十歲；在二十五年之後，你們之中今天在座的，也許就有四個人要變成總統候選人。那麼，我來的原因很明白：你們將來很可能影響社會。但是昨天我聽到另一個說法。我的一個好朋友說，「你確實應該去台大法學院講人文素養，因爲這個地方出產最多危害社會的人。」（笑聲）二十五年之後，當你們之中的諸君變成

社會的領導人時，我才七十二歲，我還要被你們領導，受你們影響。所以「先下手爲強」，今天先來影響你們。（笑聲）

我們爲什麼要關心今天的政治人，明天的政治人物？因爲他掌有權力，他將決定一個社會的走向，所以我們這些可能被他決定大半命運的人，最殷切的期望就是，你這個權力在手的人，拜託，請你務必培養價值判斷的能力。你必須知道什麼叫做「價值」，你必須知道如何做「判斷」。

我今天完全不想涉及任何的現實政治，讓我們遠離政治一天。今天所要跟你們共同思索的是：我們如何對一個現象形成判斷，尤其是在一個衆說紛紜、眞假不分的時代裡。二十五年之後，你們之中的某個人也許必須決定：你是不是應該強迫像錢穆這樣的國學大師搬出他住了很久的素書樓①；你也許要決定，在「五四」一〇五週年的那一天，你要做什麼樣的談話來回顧歷史？二十五年之後，你也許要決定，到底日本跟中國跟台灣的關係，戰爭的罪責和現代化的矛盾，應該怎麼樣去看？二十五年後的今天，也許你們也要決定，到底台灣跟中國應該是什麼樣的關係？中國文化在世界的歷史發展上，又處在什麼地位？甚至於，西方跟東方的文明，他們之間全新的交錯點應該在哪裡？二十五年之後，你們要面對這些我們沒有解決的舊的問題，加上我們現在也許無能設想的新的問題，而且你們要帶著這個社會走向新的方向。我希望我們今天的共同思索是一個人走向未來的小小的預備。

人文是什麼呢？我們可以暫時接受一個非常粗略的分法，就是「文」、「史」、

「哲」，三個大方向。先談談文學。我說的文學，指的是最廣義的文學，包括文學、藝術、美學，廣義的美學。

文學——白楊樹的湖中倒影

爲什麼需要文學？了解文學、接近文學，對我們形成價值判斷有什麼關係？如果說，文學有一百種所謂「功能」而我必須選擇一種最重要的，我的答案是：德文有一個很精確的說法，macht sichtbar，意思是「使看不見的東西被看見」。在我自己的體認中，這就是文學跟藝術最重要、最實質、最核心的一個作用。我不知道你們這一代人熟不熟悉魯迅的小說？他的作品對我們這一代人是禁書。沒有讀過魯迅的請舉一下手？（約有一半人舉手）魯迅的短篇〈藥〉，講的是一戶人家的孩子生了癆病。民間的迷信是，饅頭沾了血給孩子吃，他的病就會好。或者說〈祝福〉裡的祥林嫂；祥林嫂是一個嘮嘮叨叨近乎瘋狂的女人，她的孩子給狼叼走了。

讓我們假想，如果你我是生活在魯迅所描寫的那個村子裡頭的人，那麼我們看見的，理解的，會是什麼呢？祥林嫂，不過就是一個讓我們視而不見或者繞道而行的瘋子。而在〈藥〉裡，我們本身可能就是那一大早去買饅頭，等看人砍頭的父親或母親，就等著要把那個饅頭泡在血裡，來養自己的孩子。再不然，我們就是那小村子裡頭最大的知識分子，一個口齒不清的秀才，大不了對農民的迷信表達一點不滿。

但是透過作家的眼光，我們和村子裡的人生就有了藝術的距離。在〈藥〉裡頭，你不僅只看見愚昧，你同時也看見愚昧後面人的生存狀態，看見人的生存狀態中不可動搖的無可奈何與悲傷。在〈祝福〉裡頭，你不僅只看見貧窮粗鄙，你同時看見貧窮粗鄙下面「人」作爲一種原型最值得尊敬的痛苦。文學，使你「看見」。

我想作家也分成三種吧！壞的作家暴露自己的愚昧，好的作家使你看見愚昧，偉大的作家使你看見愚昧的同時認出自己的原型而湧出最深刻的悲憫。這是三個不同的層次。

文學與藝術使我們看見現實背面更貼近生存本質的一種現實，在這種現實裡，除了理性的深刻以外，還有直覺的對「美」的頓悟。美，也是更貼近生存本質的一種現實。

誰……能夠完整地背出一闋詞？講我最喜歡的詞人蘇東坡好了。誰今天晚上願意爲我們朗誦〈江城子〉？（騷動、猶豫，一男學生靦腆地站起來，開始背誦）

十年生死兩茫茫，不思量，自難忘。千里孤墳，無處話淒涼。縱使相逢應不識，
塵滿面，鬢如霜。

夜來幽夢忽還鄉，小軒窗，正梳妝。相顧無言，唯有淚千行。料得年年腸斷處
……（學生忘詞，支吾片刻，一位白髮老先生朗聲接下：「明月夜，短松崗。」熱烈掌聲）

你說這短短七十個字，它帶給我們什麼？它對我們的價值判斷有什麼作用？你說沒有，也不過就是在夜深人靜的時候，那欲言又止的文字、文字裡幽渺的意象、意象所激起的朦朧的感覺，使你停下來嘆一口氣，使你突然看向窗外倏然滅掉的路燈，使你久久地坐

在黑暗裡，讓孤獨籠罩，與隱藏最深的自己素面相對。

但是它的作用是什麼呢？如果魯迅的小說使你看見了現實背後的縱深，那麼，一首動人、深刻的詩，我想，它提供了一種「空」的可能，「空」相對於「實」。空，是另一種現實。我們平常看不見的、更貼近存在本質的現實。

假想有一個湖，湖裡當然有水，湖岸上有一排白楊樹。這一排白楊樹當然是實體的世界，你可以用手去摸，感覺到它樹幹的凹凸的質地。這就是我們平常理性的現實的世界，但事實上有另外一個世界，我們不稱它為「實」，甚至不注意到它的存在。水邊的白楊樹，不可能沒有倒影，只要白楊樹長在水邊就有倒影。而這個倒影，你摸不到它的樹幹，而且它那麼虛幻無常：風吹起的時候，或者今天有雲，下小雨，或者滿月的月光浮動，或者水波如鏡面，而使得白楊樹的倒影永遠以不同的形狀，不同的深淺，不同的質感出現，它是破碎的，它是迴旋的，它是若有若無的。但是你說，到底岸上的白楊樹才是唯一的現實，還是水裡的白楊樹，才是唯一的現實？事實上沒有一個是完全的現實，兩者必須相互映照、同時存在，沒有一個孤立的現實。然而在生活裡，我們通常只活在一個現實裡頭，就是岸上的白楊樹那個層面，手可以摸到、眼睛可以看到的層面，而往往忽略了水裡頭那個「空」的，那個隨時千變萬化的，那個與我們的心靈直接觀照的倒影的層面。

文學，只不過就是提醒我們：除了岸上的白楊樹外，有另外一個世界可能更眞實存在，就是湖水裡頭那白楊樹的倒影。

我們如果只知道有岸上的白楊樹，而不知道有水裡的白楊樹，那麼做出來的價值判斷很可能是一個片面的、單層次的、簡單化了的價值判斷。

哲學——迷宮中望見星空

哲學是什麼？我們爲什麼需要哲學？

歐洲有一種迷宮，是用樹籬圍成的，非常複雜。你進去了就走不出來。不久前，我還帶著我的兩個孩子在巴黎迪士尼樂園裡走那麼一個迷宮；進去之後，足足有半個小時出不來，但是兩個孩子倒是有一種奇怪的動物的本能，不知怎麼的就出去了，站在高處看著媽媽在裡頭轉，就是轉不出去。

我們每個人的人生處境，當然是一個迷宮，充滿了迷惘和徬徨，沒有人可以告訴你出路何在。我們所處的社會，尤其是「解嚴」後的台灣，價值顛倒混亂，何嘗不是處在一個歷史的迷宮裡，每一條路都不知最後通向哪裡。

就我個人體認而言，哲學就是，我在綠色的迷宮裡找不到出路的時候，晚上降臨，星星出來了，我從迷宮裡抬頭望上看，可以看到滿天的星斗；哲學，就是對於星斗的認識。如果你認識星座，你就有可能走出迷宮，不爲眼前障礙所惑，哲學就是你望著星空所發出來的天問。

今天晚上，我們就來讀幾行〈天問〉吧。（投影打出）

天何所沓　十二焉分　日月安屬　列星安陳

何闔而晦　何開而明　角宿未旦　曜靈安藏

兩千多年以前，屈原站在他綠色的迷宮裡，仰望滿天星斗，脫口而出這樣的問題。他問的是，天爲什麼和地上下相合，十二個時辰怎樣曆誌？日月附著在什麼地方，二十八個星宿根據什麼排列，爲什麼天門關閉，爲夜嗎？爲什麼天門張開，爲晝嗎？角宿值夜，天還沒有亮，太陽在什麼地方隱藏？

基本上，這是一個三歲的孩子，眼睛張開第一次發現這個世界上有天上這些閃亮的碎石子的時候所發出來的疑問，非常原始；因爲原始，所以深刻而巨大，所以人，對這樣的問題，無可迴避。

掌有權力的人，和我們一樣在迷宮裡頭行走，但是權力很容易使他以爲自己有能力選擇自己的路，而且還要帶領群眾往前走，而事實上，他可能既不知道他站在什麼方位，也不知道這個方位在大格局裡有什麼意義；他既不清楚來時走的是哪條路，也搞不明白前面的路往哪裡去；他既未發覺自己深處迷宮中，更沒發覺，頭上就有縱橫的星圖。這樣的人，要來領導我們的社會，實在令人害怕。其實，所謂走出思想的迷宮，走出歷史的迷宮，在西方的歷史發展裡頭，已經有特定的名詞，譬如說，「啓蒙」，十八世紀的啓蒙。所謂啓蒙，不過就是在綠色的迷宮裡頭，發覺星空的存在，發出天問，思索出路，走出去。對於我，這就是啓蒙。

所以，如果說文學使我們看見水裡白楊樹的倒影，那麼哲學，使我們能藉著星光的照亮，摸索著走出迷宮。

史學——沙漠玫瑰的開放

我把史學放在最後。歷史對於價值判斷的影響，好像非常清楚。鑑往知來，認識過去才能預測未來，這話都已經說爛了。我不太用成語，所以試試另外一個說法。

一個朋友從以色列來，給我帶了一朵沙漠玫瑰。沙漠裡沒有玫瑰，但是這個植物的名字叫做沙漠玫瑰。拿在手裡，是一蓬乾草，眞正枯萎，乾的，死掉的草，這樣一把，很難看。但是他要我看說明書；說明書告訴我，這個沙漠玫瑰其實是一種地衣，針葉型，有點像松枝的形狀。你把它整個泡在水裡，第八天它會完全復活；把水拿掉的話，它又會漸漸乾掉，枯乾如沙。把它再藏個一年兩年，然後哪一天再泡在水裡，它又會復活。這就是沙漠玫瑰。

好，我就把這一團枯乾的草，用一個大玻璃碗盛著，注滿了清水，放在那兒。從那一天開始，我跟我兩個寶貝兒子，就每天去探看沙漠玫瑰怎麼樣了？第一天去看它，沒有動靜，還是一把枯草浸在水裡頭，第二天去看的時候發現，它有一個中心，這個中心已經從裡頭往外頭，稍稍舒展鬆了，而且有一點綠的感覺，還不是顏色。第三天再去看，那個綠的模糊的感覺已經實實在在是一種綠的顏色，松枝的綠色，散發出潮濕青苔的氣味，雖然邊緣還是乾死的。它把自己張開，已經讓我們看出了它眞有玫瑰形的圖案。每一天，它核心的綠意就往外擴展一寸。我們每天給它加清水，到了有一天，那個綠已經漸漸延伸到它所有的手指，層層舒展開來。

第八天，當我們去看沙漠玫瑰的時候，剛好我們一個鄰居也在，他就跟著我們一起到廚房裡去看。這一天，展現在我們眼前的是完整的、豐潤飽滿、復活了的沙漠玫瑰！我們三個瘋狂地大叫出聲，因爲太快樂了，我們看到一朵盡情開放的濃綠的沙漠玫瑰。

這個鄰居在旁邊很奇怪地說，這一把雜草，你們幹嘛呀？

我愣住了。

是啊，在他的眼中，它不是玫瑰，它是地衣啊！你說，地衣再美，美到哪裡去呢？他看到的就是一把挺難看、氣味潮濕的低等植物，擱在一個大碗裡；也就是說，他看到的是現象的本身定在那一個時刻，是孤立的，而我們所看到的是現象和現象背後一點一滴的線索，輾轉曲折、千絲萬縷的來歷。

於是，這個東西在我們的價值判斷裡，它的美是驚天動地的，它的復活過程就是宇宙洪荒初始的驚駭演出。我們能夠對它欣賞，只有一個原因：我們知道它的起點在哪裡。知不知道這個起點，就形成我們和鄰居之間價值判斷的南轅北轍。

不必說鑑往知來，我只想告訴你沙漠玫瑰的故事罷了。對於任何東西、現象、問題、人、事件，如果不認識它的過去，你如何理解它的現在到底代表什麼意義？不理解它的現在，又何從判斷它的未來？不認識過去，不理解現在，不能判斷未來，你又有什麼資格來做我們的「國家領導人」？

對於歷史我是一個非常愚笨的、非常晚熟的學生。四十歲之後，才發覺自己的不足。

寫「野火」的時候我只看孤立的現象，就是說，沙漠玫瑰放在這裡，很醜，我要改變你，因爲我要一朵眞正的芬芳的玫瑰。四十歲之後，發現了歷史，知道了沙漠玫瑰一路是怎麼過來的，我的興趣不再是直接的批判，而在於：你給我一個東西、一個事件、一個現象，我希望知道這個事情在更大的座標裡頭，橫的跟縱的，它到底是在哪個一位置上？在我不知道這個橫的跟縱的座標之前，對不起，我不敢對這個事情批判。

了解這一點之後，對於這個社會的教育系統和傳播媒體所給你的許許多多所謂的知識，你發現，恐怕有百分之六十都是半眞半假的東西。比如說，我們從小就認爲所謂西方文化就是開放的、民主的、講究個人價值反抗權威的文化，都說西方是自由主義的文化。用自己的腦子去研究一下歐洲史以後，你就大吃一驚：哪有這回事啊？西方文藝復興之前是一回事，文藝復興之後是一回事；啓蒙主義之前是一回事，啓蒙主義之後又是另一回事。然後你也相信過，什麼叫中國，什麼叫中國國情，就是專制，兩千年的專制。你用自己的腦子研究一下中國歷史就發現，咦，這也是一個半眞半假的陳述，中國是專制的嗎？朱元璋之前的中國跟朱元璋之後的中國不是一回事的；雍正乾隆之前的中國，跟雍正乾隆之後的中國又不是一回事的，那麼你說「中國兩千年專制」指的是哪一段呢？這樣的一個斬釘截鐵的陳述有什麼意義呢？自己進入歷史之後，你納悶：爲什麼這個社會給了你那麼多半眞半假的「眞理」，而且不告訴你他們是半眞半假的東西？

對歷史的探索勢必要迫使你回頭去重讀原典，用你現在比較成熟的、參考系比較廣闊的眼光。重讀原典使我對自己變得苛刻起來。有一個大陸作家在歐洲哪一個國家的餐廳裡吃飯，一群朋友高高興興地吃飯，喝了酒，拍拍屁股就走了。離開餐館很遠了，服務生追出來說：「對不起，你們忘了付帳。」作家就寫了一篇文章大大地讚美歐洲人民族性多麼的淳厚，沒有人懷疑他們是故意白吃的。要是在咱們中國的話，吃飯忘了付錢人家可能要拿著菜刀出來追你的。（笑）

我寫了篇文章帶點反駁的意思，就是說，對不起，這可不是民族性、道德水平或文化差異的問題。這恐怕根本還是一個經濟問題。比如說如果作家去歐洲正好是二次大戰後糧食嚴重不足的德國，德國侍者恐怕也要拿著菜刀追出來的。這不是一個道德的問題，而是一個發展階段的問題，或者說，是一個體制結構的問題。

寫了那篇文章之後，我洋洋得意覺得自己很有見解。好了，有一天重讀原典的時候，翻到一個暢銷作家在兩千多年前寫的文章，讓我差點從椅子上一跤摔下來。我發現，我的「了不起」的見解，人家兩千年前就寫過了，而且寫得比我還好。這個人是誰呢？

（投影打出〈五蠹篇〉）

韓非子要解釋的是：我們中國人老是讚美堯舜禪讓是一個多麼道德高尚的一個事情，但是堯舜「王天下」的時候，他們住的是茅屋，他們穿的是粗布衣服，他們吃的東西也很差，也就是說，他們的享受跟最低級的人的享受是差不多的。然後禹當國王的時候他的勞苦跟「臣虜之勞」也差不多。所以堯舜禹做政治領導人的時候，他們的待遇跟享受和最底層的老百姓差別不大，「以是言之」，那個時候他們很容易禪讓，只不過是因爲他們能享受的東西很少，放棄了也沒有什麼了不起。（笑聲）但是「今之縣令」，在今天的體制裡，僅只是一個縣令，跟老百姓比起來，他享受的權力非常大。用二十世紀的語言來說，他有種種「官本位」所賦予的特權，他有終身俸、住房優惠、出國考察金、醫療保險……因爲權力帶來的利益太大了，而且整個家族都要享受這個好處，誰肯讓呢？「輕辭古之天子，難去今之縣令者也」，原因，不是道德，不是文化，不是民族性，是什麼呢？「薄厚之實異也」，實際利益，經濟問題，體制結構，造成今天完全不一樣的行爲。

看了韓非子〈五蠹篇〉之後，我在想，算了，兩千年之後你還在寫一樣的東西，而且自以爲見解獨到。你，太可笑，太不懂自己的位置了。

這種衡量自己的「苛刻」，我認爲其實應該是一個基本條件。我們不可能知道所有前人走過的路，但是對於過去的路有所認識，至少是一個追求。講到這裡我想起艾略特很有名的一篇文學評論，談個人才氣與傳統，強調的也是：每一個個人創作成就必須放在文學譜系裡去評斷才有意義。譜系，就是歷史。然而這個標準對二十世紀的中國人毋寧是困難的，因爲長期政治動盪與分裂造成文化的嚴重斷層，我們離我們的原典，我們的譜系，我們的歷史，非常、非常遙遠。

文學、哲學跟史學。文學讓你看見水裡白楊樹的倒影，哲學使你在思想的迷宮裡認識星座，從而有了走出迷宮的可能；那麼歷史就是讓你知道，沙漠玫瑰有它特定的起點，沒有一個現象是孤立存在的。

會彈鋼琴的劊子手

素養跟知識有沒有差別?當然有，而且有著極其關鍵的差別。我們不要忘記，毛澤東會寫迷人的詩詞，納粹頭子很多會彈鋼琴、有哲學博士學位。這些政治人物難道不是很有人文素養嗎?我認爲，他們所擁有的是人文知識，不是人文素養。知識是外在於你的東西，是材料、是工具、是可以量化的知道;必須讓知識進入人的認知本體，滲透他的生活與行爲，才能稱之爲素養。人文素養，是在涉獵了文、史、哲學之後，更進一步認識到，這些人文「學」到最後都有一個終極的關懷，對「人」的關懷。脫離了對「人」的關懷，你只能有人文知識，不能有人文素養。

素養和知識的差別，容許我竊取王陽明的語言來解釋。學生問他爲什麼許多人知道孝悌的道理，卻做出邪惡的事情，那麼「知」與「行」是不是兩回事呢?王陽明說:「此已被私欲隔斷，不是知行的本體了。未有知而不行者;知而不行，只是未知」在我個人的解讀裡，王陽明所指知而不行的「未知」就是「知識」的層次，而素養，就是「知行的本體」。王陽明用來解釋「知行的本體」的四個字很能表達我對「人文素養」的認識:真誠惻怛。

對人文素養最可怕的諷刺莫過於:在集中營裡，納粹要猶太音樂家們拉著小提琴送他們的同胞進入毒氣房。一個會寫詩、懂古典音樂、有哲學博士學位的人，不見得不會妄自尊大、草菅人命。但是一個真正認識人文價值而「真誠惻怛」的人，也就是一個真正有人文素養的人，我相信，他不會違背以人爲本的終極關懷。

在我們的歷史裡，不論是過去還是眼前，不以人爲本的政治人物可太多了啊。

一切價值的重估

我們今天所碰到的好像是一個「什麼都可以」的時代。從一元價值的時代，進入一個價值多元的時代。但是，事實上，什麼都可以，很可能也就意味著什麼都不可以：你有知道的權利我就失去了隱密的權利；你有掠奪的自由我就失去了不被掠奪的自由。解放不一定意味著眞正的自由，而是一種變相的捆綁。而價值的多元是不是代表因此不需要固守價值？我想當然不是的。我們所面臨的絕對不是一個價值放棄的問題，而是一個「一切價值都必須重估」的巨大的考驗；一切價值的重估，正好是尼采的一個書名，表示在他的時代有他的困惑。重估價值是多麼艱難的任務，必須是一個成熟的社會，或者說，社會裡頭的人有能力思考，有能力做成熟的價值判斷，才有可能擔負這個任務。

於是又回到今天談話的起點。你如果看不見白楊樹水中的倒影，不知道星空在哪裡，同時沒看過沙漠玫瑰，而你是政治系畢業的；二十五年之後，你不知道文學是什麼，哲學是什麼，史學是什麼，或者說，更糟的，你會寫詩、會彈鋼琴、有哲學博士學位同時卻又迷信自己、崇拜權力，那麼拜託，你不要從政吧！我想我們這個社會，需要的是「眞誠惻怛」的政治家，但是它卻充滿了利慾薰心和粗暴惡俗的政客。政治家跟政客之間有一個非常非常重大的差別，這個差別，我個人認爲，就是人文素養的有與無。

二十五年之後，我們再來這裡見面吧。那個時候我坐在台下，視茫茫髮蒼蒼、齒牙動搖；意興風發的總統候選人坐在台上。我希望聽到的是你們盡其所能讀了原典之後對世界有什麼自己的心得，希望看見你們如何氣魄開闊、眼光遠大地把我們這個社會帶出歷史的迷宮——雖然我們永遠在一個更大的迷宮裡——並且認出下一個世紀星空的位置。

這是一場非常「前現代」的談話，但是我想，在我們還沒有屬於自己的「現代」之前，暫時還不必趕湊別人的熱鬧談「後現代」吧！自己的道路，自己走，一步一個腳印。

一九九九年五月十五日，原刊於時報出版《百年思索》

註釋

①陳水扁在台北市長任內，曾因房屋產權問題而強迫錢穆先生遷離；錢先生遷屋不久即去世。一九九八年陳水扁曾為此事公開表示懺悔。

龍應台（一九五二—），湖南衡山人。作家，曾任台北市文化局局長。著有《野火集》、《寫給台灣的信》、《百年思索》等。

2

說史哲

大戰與哲學

在北大「國際研究」演講會上的演說詞

蔡元培

現在歐洲的大戰爭，是法國革命後世界上最大的事。考法國革命，很受盧梭、伏爾泰、孟德斯鳩諸氏學說的影響。但這等學說，都是主張自由、平等，替平民爭氣的；在貴族一方面，全仗向來占跨的地盤，並沒有何等學理可替他辯護了。現今歐戰是國與國的戰爭。每一國有他特別的政策，便有他特別相關的學說。我今舉三種學說作代表，並且用三方面的政策來證明他。

第一是**尼采**（Nietzsche）的強權主義，用**德國**的政策證明他。第二是**托爾斯泰**（Tolstoy）的無抵抗主義，用**俄國**過激派政策證明他。第三是**克羅巴金**（Kropotkin，克魯泡特金）的互助主義，用**協商國**（協約國）政策證明他。考尼氏、托氏、克氏的學說，都是無政府主義，現在卻爲各國政策所利用。這是過渡時代的現象呵！

古今學者，沒有不把克己愛人當美德的。希臘時代的詭辯派，雖對於普通人的道德，有懷疑的論調，但也是消極的批評罷了。到一八四五年，有一德國人約翰・加派・斯密德

（Johon Karpor C. Chmidt）發行一書叫作《個人與他的所有》（*Der Emjige und seiun Eigentun*），專說「利己論」。他說：「我的就是善的，『我』就是我的善物。善呵，惡呵，與我有什麼相干？神的是神的，人類的是人類的。要是我的，就不是神的，也不是人類的。也沒有什麼眞的，善的，正義的，自由的，就是我的。那就不是普通的，是單獨的。」他又說：「於我是正的，就是正。我以外沒有什麼正的。就是於別人覺得有點不很正的，那是別人應注意的事，於我何干？沒有一，於全世界算是不正的，但於我是正的，因是我所欲的，那就我也不去問那全世界了。」這眞是大膽的判斷呵！

到了十九世紀的後半紀，**尼采**始漸漸發布他個性強權論，有《察拉都斯遺語》（*Also sprach Zarathustra*，查拉圖斯特拉如是說）、《善惡的那一面》（*Jenseits von gut und Dose*）、《意志向著威權》（*Der wille zur macht*，意志權力）等著作。他把人類行爲分作兩類：凡陰柔的，如謙遜、憐愛等，都叫作奴隸的道德；凡陽剛的，如勇敢、矜貴、活潑等，都叫作主人的道德。他最反對的是憐愛小弱，所以說：「憐愛是大愚」，「上帝死了，因爲他憐愛人，所以死了。」他的理論，以爲進化的例，在乎汰弱留強。強的中間，有更強的，也被淘汰。逐層淘汰，便能進步。若強的要保護弱的，弱的就分了強的生活力，強的便變了弱的。弱的愈多，強的愈少，便漸漸的退化了。所以他提出「超人」的名目，又舉出模範的人物，如雅典的亞爾西巴德（Alcibiades），羅馬的該撒（Caesar，凱撒）、義大利的該撒波爾惹亞（Cesareborgia）、德國的鞠台（Goethe，歌德）與畢斯麥克（Bismarch，俾斯麥）。他又說：此等超人，必在主人的民族中發生，這是屬於亞利安人種的。他所說的超人，既然是強中的強，所以主張奮鬥。他說：「沒有工作，只有戰鬥；沒有和平，只有勝利。」他的世界觀，所以完全是個意志，又完全是個向著威權的意志。所以他說：「沒有法律，沒有秩序。」他的主義是貴族的，不是平民的，所以爲德國貴族的政府所利用，叫作軍國主義。又大唱「德意志超越一切」（Deutsche uber alles），就是超人的主義。侵略比利時，勒索巨款；殺戮婦女，防他生育；斷男兒的左手，防他執軍器；於退兵時撥盡地力，焚毀村落，叫他不易恢復。就是不憐愛的主義。條約就是廢紙，便是沒有法律的主義。統觀戰爭時代的德國政策，幾沒有不與尼氏學說相應的。不過尼氏不信上帝，德皇乃常常說「上帝在我們」，又說「上帝應罰英國」。小小的不同罷了。

與尼氏極端相反的哲學，便是**托氏**。托氏是篤信基督教的，但是基督教的儀式，完全不要，單提倡那精神不滅的主義。他編有《福音簡說》十二章，把基督教所說五戒反覆說明。第一是絕對不許殺人；第四是受人侮時，不許效尤報復；第五是博愛人類，沒有國界與種界。他的意思，以爲人侮我，不過侮及我的肉體，並沒有侮及我的精神，但他的精神是受了侮人的污點，我很憐惜他罷了。若是我用著用眼報眼、用手報手的手段對付他，是我不但不能洗刷他的精神，反把我自己的精神也污衊了。所以有一條說：「有人侮你，你就自己勸他；勸了不聽，你就請兩三個人同勸他；勸了又不聽，就再請公眾勸他；勸了又不聽，你只好恕他了。」這是何等寬容呵！《新約福音》書中曾說道：「有人掌你右頰，你就把左頰向著他。有人奪你外衣，你就把裡衣給他。」這幾句話，有「成人之惡」的嫌疑，所以托氏沒有採入《簡說》中。

托氏抱定這個主義，所以絕對的反對戰爭。不但反對侵略的戰，並且反對防禦的戰。所以他絕對的勸人不要當兵。他曾與中國一個保守派學者通訊，大意說：中國人忍耐許久了，忽然要學歐洲人的暴行，實在可惜，云云。所以照托氏的眼光看來，此次大戰爭，不但德國人不是，便比、法、俄、英等國人，也都沒有是處，托氏的主義，在歐洲流行頗廣，俄境尤甚。過激派首領列寧（Lenine）等本來是抱共產主義，與托氏相同，自然也抱無抵抗主義，所以與德人單獨講和，不願與協商國共同作戰了。在協商國方面的人，恨他背約。在俄國他黨的人，恨他不愛國，所以詆他為德探。但列寧意中，本沒有國界，本不能責他愛國。至於他受德國人的利用，他也知道。他曾說：「軍事上雖為德人所勝，主義上終勝德人。」就是說，他主義既在俄國實演，德國人必不能不受影響。這是他的真話。但我想，托氏的主義，專為個人自由行動而設。若一國的人，信仰不同，有權的人把國家當作個人去試他的主義，這與托氏本義衝突。過激派實是誤用托氏主義；後來又用兵力來壓制異黨，乃更犯了托氏所反覆說明之第一、第四兩戒了。

現在誤用托氏主義的俄人失敗了；專用尼氏主義的德人也要失敗了；最後的勝利，就在協商國。協商國所用的，就是克氏的互助主義。互助主義，是進化論的一條公例。在達爾文的進化論中，本兼有競存與互助兩條假定義。但他所列的證據，是競存一方面較多。繼達氏的學者，遂多說互競的必要。如前舉尼氏的學說，就是專以互競為進化條件的。一八八〇年頃，俄國聖彼得堡著名動物學教授開勒氏（Kesster）於俄國自然科學討論會提出「互助法」，以為自然法中，久存與進步，並不在互競而實在互助。從此以後，愛斯彼奈

（Espinas）、賴耐桑（L. L. Lanessan）、布斯耐（Lovis Buchner）、沙克爾（Huxley）、德普蒙（Henry Drummond）、蘇退隆（Sutherland）諸氏，都有著作，可以證明互助的公例。

克氏集衆說的大成，又加以自己歷史的研究，於一八九〇年公布動物的互助，於九一年公布野蠻人的互助，九二年公布未開化人的互助，九四年公布中古時代自治都市之互助，九六年公布新時代之互助，於一九〇二年成書。於動物中，列舉昆蟲鳥獸等互助的證據。此後各章，從野蠻人到文明人，列舉各種互助的證據。於最後一章，列舉同盟罷工、公社、慈善事業，種種實例，較之其他進化學家所舉「互競」的實例，更爲繁密了，在克氏本是無政府黨，於國家主義，本非絕對贊同，但互助的公例，並非不可應用於國際。歐戰開始，法、比等國，平日抱反對軍備主義的，都願服兵役以禦德人。克氏亦嘗宣言，主張以群力打破德國的軍國主義。後來德國運動俄、法等國單獨講和，克氏又與他的同志，叫作「開明的無政府黨」的聯合宣言，主張打破德的軍國主義，不可講和。可見克氏的互助主義，主張聯合衆弱，抵抗強權，叫強的永不能凌弱的，不但人與人如是，即國與國亦如是了。現今歐戰的結果，就給互助主義增了最大的證據。德國四十年中，擴張軍備，廣布間諜，他的侵略政策，本人人皆知的了。且英、法等國，均自知單獨與德國開戰，必難倖勝，所以早有英、法協商、俄、法協商等預備，就是互助的基本。到開戰時，德國首先破壞比國的中立。那時比國要是用托氏的無抵抗主義，竟讓德兵過去攻擊法國，英、法等國，難免措手不及了。幸而比國竟敢與德國抵抗，使英、法等國，有從容預備的時期。俄國從奧國與東普魯士方面竭力進攻，給德國不能用全力攻法。這就是互助的起點。後來俄國與德國單獨講和，更有美國加入，輸軍隊，輸糧食，東亞方面，有日本艦隊巡弋海面，有中國工人到法國助製軍火。靠這些互助的事實，總能把德人的軍國主義逐漸打破。現在，德人已經承認美總統所提議的十四條，又允撤退比、法境內的軍隊。互助主義的成效，已經彰明較著了。此次平和以後，各國必能減殺軍備，自由貿易，把一切互競的準備撤消，將合全世界實行互助的主義。克氏當尚能目睹的。

照此看來，歐戰的結果，就使我們對於尼氏、托氏、克氏三種哲學，很容易辨別了。我國舊哲學中，與尼氏相類的，只有《列子》的〈楊朱〉篇，但並非楊氏的「爲我」的本意（拙作《中國倫理學史》中曾辯過的）。托氏主義，道家、儒家均有道及的，如曾子說「犯而不校」，孟子說的三「自反」，老子說的「三寶」，是很相近的。人人都說我們民族的積弱，都是中了這種學說毒，也是「持之有故」。我們尚不到全體信仰精神世界的程度，只可用「各尊所聞」之例罷了。至於互助的條件，如孟子說的「多助之至，天下順之。寡助之至，親戚畔之。」「不通功易事，則農有餘粟，女有餘布」。普通人常說的「家不和，被鄰欺」，「群策群力」，「衆擎易舉」，都是很對的。此後就望大家照這主義進行，自不愁不進化了。

一九一八年十月十八日

哥倫比亞答詞

在美國哥倫比亞大學授予名譽人文博士學位的儀式上的答詞

馮友蘭

索爾雲校長、狄百瑞教授、女士們、先生們：

我很感謝我的母校給予我的榮譽，我很高興。我在一九二〇年春進入哥倫比亞研究生院，一九二三年夏通過了哲學博士學位的最終考試。由於我的博士論文當時還沒有出版，我沒有參加一九二三年授予學位的儀式。我的博士學位是在一九二四年我已經回到中國以後正式授予的，所以未能親自接受文憑。我在一九二三年、一九二四年未能得到的機會，我的母校今天給我補上了。

現在，在將近六十年之後，我又終於回到了哥倫比亞。我到此以後，感慨萬端。我看到母校已經驚人地發展了；也看到校園猶是，人事全非。我的老師杜威教授、伍德布里奇教授、蒙太格教授都不在了，但是他們的音容，他們對我的教誨和幫助，我依然記憶猶新，歷歷在目。

我在這裡當學生的時候，曾申請一項獎學金。爲這件事我請求杜威教授寫一封推薦信。他立即寫了一封很長的信，信的最後一句說：「Mr. Fung is a student of real scholarly calibre（馮君這個學生是一個眞正學者的材料）。」我沒有得到這項獎學金，但是這句話使我獲得鼓舞和信心。倘若杜威教授今天還在，看到這個學生還沒有完全辜負他的贊許，也許會高興吧。

六十年是個很長的旅程，我這個旅程充滿了希望和失望，成功和失敗，被人理解和被人誤解，有時居然受到讚揚和往往受到譴責。對於許多人，尤其是海外人士，我似乎有點令人困惑不解。讓我藉這個機會說我的旅程的性質，或許能夠澄清令人困惑不解的地方。

我生活在不同的文化矛盾衝突的時代。我的問題是如何理解這個矛盾衝突的性質，如何處理它們，以及在這個矛盾衝突中何以自處。

我第一次來到美國正值我國五四運動末期，這個運動是當時的不同的文化矛盾衝突的高潮。我是帶著這些問題而來的，我開始認眞地研究它們。爲了解答這些問題，我的思想發展有三個階段。在第一階段，我用地理區域來解釋文化差別，就是說，文化差別是東方、西方的差別。在第二階段，我用歷史時代來解釋文化差別，就是說，文化差別是古代、近代的差別。在第三階段，我用社會發展來解釋文化差別，就是說，文化差別是社會類型的差別。

在一九二二年，我向哲學系討論會提交了一篇論文，題爲《爲什麼中國沒有科學？》，後來發表在《國際倫理學雜誌》上。我在這篇論文中主張文化的差別就是東方、西方的差別。這實際上是當時流行的見解。可是待我一深入研究哲學史，就發現這種流行的見解並不對。我發現，向來認爲是東方哲學的東西在西方哲學史裡也有，向來認爲是西方哲學的東西在東方哲學史裡也有。我發現人類有相同的本性，也有相同的人生問題。這個看法後來就成爲我的博士論文的主要論題。我從中國哲學和歐洲哲學史中選出實例，證明我的論點。這個論題及其例證就構成我的博士論文，於一九二四年出版，題爲《人生理想之比較研究》。

這部書雖然否定了對於不同文化矛盾衝突的流行的解釋，但是也沒有提出任何新的解釋來代替它，這種新的解釋卻蘊含在我後來的著作《中國哲學史》裡，這部書也許是一部較有學術價值的著作，多謝卜德教授的翻譯，使它得以廣泛流傳。這部書沒有按照傳統的方法把歷史劃分爲古代、中古、近代等三個時代，而代之以另一種分法，把中國哲學史劃分爲兩個時代，即子弟時代、經學時代，相當於西方哲學史中的古代、中古時代。這部書斷言：嚴格地說，在中國還未曾有過近代哲學，但是一旦中國實現了近代化，就會有近代中國哲學。這個論斷含蓄地指明，所謂東西文化的差別，實際上就是中古和近代的差別。

但是中古和近代這兩個詞的內容是什麼呢？不久我開始認識到，中古和近代的差別實際上就是社會類型的差別。西方國家從社會的一種類型到另一種類型的轉變，比東方國家早了一步。這一步的關鍵是產業革命，產業革命之前，生產以家庭爲本位。產業革命之後，由於採用了機器，生產社會化了，就是說，它規模擴大了，由很大的人群進行，而不是由分散的家庭進行。在四〇年代我寫了六部書，其中有一部的副題是「中國到自由之路」。我在這部書中指出，這條路就是近代化，而近代化的主要內容就是產業革命。

在四〇年代，我開始不滿足於做一個哲學史家，而要做一個哲學家。哲學史家講的是別人就某些哲學問題所想的；哲學家講的則是他自己就某些哲學問題所想的。在我的《中國哲學史》裡，我說過，近代中國哲學正在創造之中。到四〇年代，我就努力使自己成為近代中國哲學的創作者之一。我開始認為，要解釋不同文化的矛盾衝突，無論是用地理區域還是歷史時代就不如用社會類型來得令人滿意，因為前兩種解釋不能指出解決的道路，而後一種解釋正好指出了道路，即產業革命。

接著中國革命勝利了，革命帶來了馬克斯主義的哲學。絕大多數中國人，包括知識分子，支持了革命，接受了馬克斯主義。人們深信，正是這場革命制止了帝國主義的侵略，推翻了軍閥和地主的剝削和壓迫，從半封建半殖民地的地位拯救出了中國，重新獲得了中國的獨立和自由，人們相信馬克斯主義是眞理。

有人說這是以實用主義的態度對待眞理。中國人民不接受這種責難。至於我本人，我不是完全的實用主義者，雖然約翰・杜威是我的老師。我不認為實用主義揭示了眞理的實質，但是我認為實用主義提供了發現眞理的一種方法。眞理的實質是主觀概念與客觀事實相符合。但是人總是人，人怎樣知道哪個概念是符合客觀事實的呢？只有用實踐和實驗來檢驗。這是個公開的秘密。這個方法，所有的人在日常生活中都在使用。杜威教授的《怎樣思想》一書中列舉了大量實例來說明這一點。中國人民，包括知識分子，不過是使用了這種常識的方法罷了。

不管怎麼說，在五〇年代，中國共產黨的威信是很高的，這不僅在政治方面，更為重要的是也在道德方面。知識分子們，為革命的勝利所鼓舞，一起努力，幫助建設新的社會主義社會。我自己的努力是修訂我的《中國哲學史》。這個修訂本只出版了頭兩冊之後，我又感到修訂得連我自己也不滿意。我又著手修訂修訂本，但是在它即將付印之前，我發現這個修訂修訂本又必須重新再寫。這一次，我完全從頭開始重寫。三十年已經過去了，就這樣修訂、重寫，還沒有出版定本。這樣拖延，固然一方面是由於非我所能控制的原因，可是我必須說明，也是由於在許多論點上我還在躊躇，沒有做出最後的決定，我一直在左右搖擺。躊躇搖擺，因為這實際上是一個如何解決不同的文化之間的矛盾衝突的問題。這個問題又進一步表現為如何繼承精神遺產的問題。五〇年代中期我提出這個問題，一時討論得很激烈。

最簡單的解決辦法是簡單地宣布：過去的哲學都是為剝削階級服務的，因而毫無繼承的價值。現在應當不管過去，只當它並不存在。現在應當從零開始，一切都要重新建立。這種觀點顯然在理論上過分簡單化，在實踐上也行不通。過去的存在是一個客觀事實，任何主觀的觀點都無法抹殺它。持這種觀點的人不懂得，現在是過去的繼續和發展。高一級的社會類型取代了低一級的社會類型，正像汽船取代了划艇。汽船取代了划艇，但是它的製造和運行所依據的一般原理，卻與划艇所依據的相同。划艇的經驗和實驗都是汽船的基礎。在這個意義上，汽船是划艇的發展，這正是「發展」一詞的眞諦，發展過程是一種辯證的運動。用黑格爾的術語說，就是肯定，否定，否定之否定。換言之，就是正，反，合。這樣的合，包括了正、反的一切精華。在這個意義上，現在應當包括過去的一切精華。這是解決不同的文化矛盾衝突的自然方式。這種解決應當是黑格爾稱之爲「奧伏赫變」的過程。這的確是一種很複雜的過程，是與簡單化針鋒相對的。

這就是我現在理解的歷史發展的意義。本著這種理解，再來修訂我的著作《中國哲學史》，我就不再躊躇搖擺了。

通觀中國歷史，每當國家完成統一，建立了強大的中央政府，各族人民和睦相處的時候，隨後就會出現一個新的包括自然、社會、個人生活各方面的廣泛哲學體系，作爲社會結構的理論基礎和時代精神的內容，也是國家統一在人的思想中的反映。儒家、新儒家都是這樣的哲學體系，中國今天也需要一個包括新文明各方面的廣泛哲學體系，作爲國家的指針。總的說來，我們已經有了馬克斯主義和毛澤東思想。馬克斯主義會變成中國的馬克斯主義，毛澤東思想還會發展。中國的馬克斯主義，這個名詞有些人會覺得奇怪。其實它久已存在，這就是毛澤東思想。毛澤東思想的定義就是馬克斯主義普遍原理與中國革命實踐的結合。既然與中國革命實踐結合了，那就是「中國的」馬克斯主義，而不僅是「在中國的」馬克斯主義。這場革命的前幾個階段，這種結合做得很好，關於無產階級領導農民武裝暴動的理論，關於鄉村包圍城市的理論，都是這種結合的好例。以這些理論爲基礎的種種戰略引導革命走向了勝利。只是在以後的幾個階段，這種結合就做得不那麼好，後來更遭到「四人幫」這些陰謀家的嚴重歪曲，於是出現了極左政策，即所謂「文化大革命」，其後果大家都很了解。最近幾年撥亂反正，正在努力恢復這種結合。

馬克斯主義有三個來源，其一就是德國古典哲學。爲現代中國服務的包括各方面的廣泛哲學體系，會需要中國古典哲學作爲它的來源之一嗎？我看，它會需要的。我們應當爲這個廣泛的哲學體系準備材料，鋪設道路。我的意思絕不是從古典哲學家著作中尋章摘句，編成原始資料彙編。一個哲學體系不是一個拼湊的東西。哲學是一個活東西，你可以用預製的部件拼湊成一部機器，但是不能拼湊成一個活東西，連一個小小的昆蟲或一片草葉這樣的活東西也拼湊不成。你只能向活東西供給營養，讓它自己吸取營養。在目前情況下，我感到，我的《中國哲學史新編》有一項新的任務。它應當不僅是過去的歷史敘述，而且是未來哲學的營養。

這個新的廣泛的哲學體系出現了，不同的文化在中國的矛盾衝突也就解決了。當然還會有新的矛盾，但那是另一個問題。

這是一個終結。以前處理不同文化的種種努力都不過是一個開始。我們現在的努力雖不是終結的開始，但它可以是開始的終結。

我經常想起儒家經典《詩經》中的兩句話：「周雖舊邦，其命維新。」就現在來說，中國就是舊邦而有新命，新命就是現代化。我的努力是保持舊邦的同一性和個性，而又同時促進實現新命。我有時強調這一面，有時強調另一面。右翼人士讚揚我保持舊邦同一性和個性的努力，而譴責我促進實現新命的努力。左翼人士欣賞我促進實現新命的努力，而譴責我保持舊邦同一性和個性的努力。我理解他們的道路，既接受讚揚，也接受譴責。讚揚和譴責可以彼此抵消。我按照自己的判斷繼續前進。

這就是我已經做的事和我希望我將要做的事。

話說回來，在這個儀式上，我深深感到，母校給予我的榮譽不單是個人榮譽。它象徵著美國學術界對中華民族學術的讚賞。它象徵著中美人民傳統友好關係的繼續發展。這種發展正是中國人民的共同願望。

我謝謝諸位。

一九八二年九月十日

馮友蘭（一八九五—一九九〇），河南唐阿人，哲學與哲學史家。一九五二年後出任北京大學哲學系教授，著有《中國哲學史新編》等。

中國哲學底傳統

中國哲學所關心的是「生命」，而西方哲學所關心的重點在「自然」

台灣大學《中西哲學之會通》第二講

牟宗三

講中西哲學之會通，首先由限制性講中西哲學之差異，在限制性中表現具有普遍性的概念，我們不能離開限制性憑空籠統地講放諸四海而皆準的普遍性的概念，故先講限制性，由限制性就有不同，可以講中西哲學之差異與分別。

差異如何講法呢？中西哲學皆歷史長而內容豐富，講差異是不容易的，若無綜合性的綱領如何去講呢？憑空講是很難的，一定得通過以往幾千年來的發展，整個看來才能得一個線索，否則無從說起。所以只有通過發展這個觀念，長期發展的領導線索綱領才能把握。

經過長期的發展看中國的文化，由夏商周一直發展下來，主要的線索、主要的綱領、主要的方向在哪裡呢？同樣地，西方哲學由古希臘經中世紀到近代的發展，由其長期的歷史發展，也可以把握其綱領而看出其差異，這當然要對各時代的思想加以反省才能了解。

如上講所述的普遍性與特殊性，以此乃可言中西哲學之會通。有普遍性也不能以此而言中西哲學不能有差別、有限制性，故中西哲學永遠可保持其特殊性。由普遍性與特殊性兩方面綜合起來，我們就可把握中西哲學發展之主要綱領的差異在何處。如剛說過，對中西哲學傳統的長期發展加以反省就可看出其不同，我們可以用兩個名詞來表示。我們可說兩個哲學傳統的領導觀念，一個是生命，另一個是自然。中國文化之開端，哲學觀念之呈現，著眼點在生命，故中國文化所關心的是「生命」，而西方文化的重點，其所關心的是「自然」或「外在的對象」（nature or external object），這是領導線索。

由中國古代的經典，就可看出都是環繞生命這個中心問題講話而開展。重點在生命，並不是說中國人對自然沒有觀念，不了解自然。而西方的重點在自然，這也並不是說，西方人不知道生命。由歷史開端時重點有些小差異，就造成後來整個傳統發展的不同。我們就以「生命」、「自然」兩個觀念，來看中西哲學發展的大體脈絡。

所謂的關心生命，生命的意義有好幾層，首先所關心的生命是眼前的個體生命，生命就如其爲生命而觀之（life as such）。這一個層次的生命是有問題的，故首先意識到此。生命有好幾層次，如以佛教的說法，阿賴耶識也是生命，轉上來涅槃法身也是生命。可是關心生命、出問題的生命，而想法對付它，則此時的生命不是佛教所言的涅槃法身的生命，因爲這個生命是經過我們關心它，處理它而翻上來的最高境界，到那個境界生命就無問題了。我們現實上並不能馬上就到達到涅槃法身的境界，我們的現實生命到處是麻煩。人首先注意到的是生命外部的麻煩，此外部的麻煩很容易解決，但生命自己內部的問題就很難了，所以說：「征服世界易，征服自己難」。外部的問題都安排好了，但自己卻不能安排自己。如你外在周圍的種種問題都給你解決了，但你仍是左也不安，右也不安，不能自在，到處是問題，到處是麻煩，有人就是這樣的。「富貴不能樂業，貧賤難耐淒涼」，這種人是很麻煩的，但生命本來就是麻煩的。貧賤固不好，富貴也不見得好。孔子就說過：「不仁者不可以長處樂，不可以久處約」，意即不仁的人不能長久安處於其快樂、舒服與幸福的境地，他也不能長期處於其困厄倒楣的狀況，《紅樓夢》中賈寶玉就是這種人，富貴時他也不能好好地做事或讀書，貧賤時更受不了那種淒涼。如孔子所說的不仁的人也不一定是壞人，如賈寶玉你不能說他是什麼壞人。「不仁者」意即生命中無仁之常體的人，故孔子這句話意思是很深遠的。

孔子的「仁」之意義很不易把握，如「唯仁者能好人能惡人」，好惡是每個人都有的，人若沒有好惡就沒有是非，但要能成就好惡是不容易的。唯仁者才能成就「好人」之好，「惡人」之惡。如一討厭就討厭得不得了就是所謂惡惡喪德。「愛之欲其生，惡之欲其死」。喜歡時千方百計地設法使其生，但到討厭時非得把他殺掉不可，處之於死地。這樣的好是溺愛不明，這樣的惡是惡惡喪德。惡是當該惡的，但惡之至於喪德，你本身就是惡，也即本來你是惡惡，但惡的結果你本身陷於罪惡，甚至比原來所惡的惡更惡，這反動很可怕。

這個道理孔子在二千多年前就說出來，我們到現在還不明白。資本主義、資本家固然有許多罪惡，改革資本主義社會是可以的，但共產黨那樣的做法就是惡惡喪德。故「唯仁者能好人，能惡人」，仁者是指能體現仁道的人，也即生命中有定常之體（仁體）的人，意即是有眞實生命的人。有眞實生命的仁者，才能好，才能惡，才能成就好之爲好、惡之爲惡。儒家是肯定好惡的，因無好惡就無是非。進而要如何成就好惡，但要成就好惡就要許多工夫。

不仁者（生命沒有定常之體的人），不能長處樂，不能久處約，這樣不是，那樣也不是，這種人很麻煩，生命不能得到妥當的安排，我們的現實生命就是這樣，故征服世界容易，征服自己困難。人最後的毛病都在自己，這個時代的災難最後也都在人本身，並不是在核子彈，故人是最難於對付的。人最可愛，也最可惡。故荀子指現實上的人爲：「信不美，信不美」，意思是很不好，很不好。但另一面人也很值得讚美，人也可以達到最高的境界。故人的地位很不穩定，可以往上通神聖，也可以向下墮落得比禽獸還壞。這就是我們一開始說 life as such 意義的 life，並不是指已經翻上來達到了最高境界如涅槃法身的生命，那種生命，問題都已經解決了，而我們現在所講的這個生命是指著 life as such 的現實生命而言的。中國由夏商周以來，著眼點一開始就在關心自己，如何來安排這自己最麻煩的生命，所以由此首先意識到「德」的觀念，故詩經講「疾敬德」，以後一步一步注意向內修德。古代人如由科學的立場來看，知識很簡陋，簡直不能與我們現代的人相比。從這個地方來講是我們後來者居上，但並不是一切方面都是後來者居上。若從「德」這方面來看，不但後來者沒有居上，反而是每況愈下。所以古人對「德」有清楚而分明的觀念（clear and distinct idea）。相反地，我們現代人對「德」無清楚的觀念，都模糊了，但對知識有清楚的觀念。知識是指科學知識，因為科學的成就是很明顯的，但其實一般人本身也不一定懂科學，因為他本身不是科學家，他也不懂原子彈、相對論，但我們相信科學是因為科學有證驗，所以就認為科學最可靠。所以客氣地講，現代人對知識清楚，儘管一般人並不清楚。那麼憑什麼對知識有清楚的觀念呢？這還是憑知識權威、訴諸專家。因為科學已經是成立了，客觀地擺在那裡，儘管自己不懂而訴諸專家，這樣並不是獨斷，也不是迷信，所以是可諒解的。在可諒解這個層次上，我們姑且可以承認現代人對知識有清楚而分明的觀念。但對「德」則完全沒有，所以講很多的道德哲學，有許多主義與主張，但還是說得不明白。現代人在知識方面這麼進步，但對德、正義、公道等完全沒有觀念，沒有認識。而古代的人那麼原始，為什麼對德有那麼清楚而明確的認識，這似乎是很奇怪的現象而不可思議。

因知識是很麻煩的，而道德上的是非善惡之判斷卻不需很多的知識來支持，而且最簡單明瞭，故儒家言道德的實踐是簡易的。相反地，我們想知道對象，對對象有所了解與認識，是很麻煩而複雜的，到某一個地步還不夠，還要往裡步步深入。牛頓的物理學還不夠，還要進到愛因斯坦的物理學，大宇宙的物理學不夠，還要向小宇宙的物理學前進。這是很麻煩的，越研究越專門，結果只有專家才有一點點的知識，我們一般人則一點也沒有，實際上一無所知，所以要有哪一方面的知識就要向哪一方面的專家請教，這樣一來其實都推諉給專家，這不是一無所知嗎？所以知識才是麻煩的，要得到知識是很不容易的。對知識要有清楚而明確的觀念也不是容易的。

但人對自己的生命，自己的言行，如有錯誤，馬上就有罪惡感，這點古人就會了，所以說德的意識很「簡易」、「坦然明白」，若太複雜人們就不能了解了。假若你演算數學的問題演算不出來，證明不出來，這並非罪惡。你不懂數學不是罪惡，但若說錯話或做錯事，你自己就難過。所以德的意識很容易被人注意，古人對這方面有清楚的觀念，是很合乎情理而很可了解的。而正相反，現代人就不了解德。所以「疾敬德」就是要你趕快使自己像個人樣，好好做事，好好爲人，故言「天視自我民視，天聽自我民聽」，你不要妄爲。古人一下把問題落在這個地方，就重視這個問題。

後來孔子出來，再往裡一層一層地深入前進，於是中國的哲學就開出了孔子傳統，後來的發展大體而言，儒家是主流是正宗，道家是針對儒家而發出來的旁枝，但道家還是對付生命這個問題的，道家也開出另一個系統，這樣中國的哲學就發展下去，一代一代人物也很多，各有其發展與注重的問題。

漢學生要是繼承儒家的經典。漢儒並不一定能了解儒家的眞正精神，但能保持文獻也有他們的功勞。兩漢後接著來的是魏晉時代。魏晉時代的名士專談三玄，三玄是《老子》、《莊子》與《易經》。魏晉的三玄以道家的精神爲主，故講老莊是很相應的。可是《易經》是儒家的經典，孔門的義理，而魏晉時代以道家精神來講《易經》並不一定相應，但也有所發明。魏晉時代的學問是由儒家的主流岔到旁的方向。隨著而來的是南北朝，南北朝主要在吸收佛教，佛教是由印度傳來的，在此段時期中國的思想完全用在吸收佛教的教理。至隋唐就完成了吸收消化佛教的工作。可是隋唐的政治文物又回到中國原有的。由魏晉談三玄的歧出，再經南北朝的吸收佛教，佛教是外來的，既不同於儒家也不同於道家，離我們本有的骨幹更遠，此即歧出中的歧出。這一段時間很長，由魏晉、南北朝至隋唐初年共約五百年的時間，經談三玄道家的復興為橋樑進而吸收佛教，這個階段為中國思想歧出的階段。

在**大唐**盛世，國勢、政治文物、典章制度達到鼎盛，是中華民族的黃金時代，是中華民族的光榮。但唐朝不是哲學家的時代，而是文學家的時代，其表現在詩。所以要了解唐朝的三百年，要以特殊的眼光來看。其政治文物，典章制度是屬於儒家傳統的，但儒家學問的義理精神並無表現。唐朝時代思想義理的精彩在佛教，佛教的那些大宗派都產生在唐朝或隋唐之間。如天台宗完成於隋唐之間，而在唐朝仍繼續發展，有荊溪之弘揚；唐初玄奘到印度回來後開出眞正的唯識宗，華嚴宗也發生於唐朝。故自發展佛教的教義而言，天台宗、唯識宗、華嚴宗都在這個時期全部完成達到最高峰。這是中國吸收印度原有的佛教而向前發展到最高的境界。中國人順著印度原有的往前推進一步，與印度原有的佛教不同是時間前後發展的不同，而非並列的不同。換言之，後來在中國流行的佛教是把原有的印度佛教所涵蘊的推進發展出來的，所以只有一個佛教，並不能說另有一個中國的佛教。現代研究佛教的人，就有人把佛教分為印度的佛教與中國的佛教，而有些人以為重新由梵文才能得到佛教原有的眞精神，因為中國的佛教都是經過中文翻譯的，認為這樣不可靠，而由梵文來追尋原有的佛教，好像中國的發展是歪曲了的。這些看法都不是正確的。說到翻譯當然不能無小出入，但主要的精神義理是不差的。

唐朝在佛教之思想義理方面有很高度的成就與表現，能發展出天台宗、華嚴宗，並能確認唯識宗，這就是最高的智慧。這些宗派的大師如智者大師、玄奘、賢首等都夠得上是眞正的大哲學家，與西方的大哲學家相較絕無遜色。佛教的教義發展到這裡已經是最高峰了，再往前進是禪宗。因爲禪宗以前的大小乘以及天台宗、唯識宗，與華嚴宗都是講教義，也即講義理系統。但禪宗則爲教外別傳。以往的教派夠多了，教義也講得複雜而繁瑣，而禪宗要做的是把其簡單化後付諸實踐，這就是禪定的工夫。禪宗又是最高智慧中的智慧，只有中國人能發展出這一套，世界任何其他民族皆發展不出來。目前美國人很喜歡禪宗，覺得很新鮮而好奇，其實完全不懂禪宗。有人竟與維特根斯坦相比附，這樣比附對兩方面都沒有了解而且都耽誤了。禪宗是佛教，所以不能離開已有的佛教而空頭地隨便妄談禪。教義發展至最高峰一定要簡單化，簡單化而付諸實踐。但佛教本來就是講修行的（如戒、定、慧），但修行由禪宗的方式來修行是了不起的。無論大小乘都講修行，無修行如何能成佛呢？但以禪宗的方式來修行是奇特而又奇特，眞是開人間的耳目，此只有中國人才能發展出來，這不只是中國人的智慧而且是人類最高的智慧，故大唐盛世並非偶然，中華民族發展到唐朝實在是了不起。

唐朝義理思想的精彩不在儒家，但政治文物、典章制度是繼承春秋兩漢下來的，那是歸於中國的正統。社會上人民生活的倫常習俗並非印度的，所以吸收的只是佛教的教義。這樣唐朝的基本原則與精神落在哪裡呢？其所以能繼承這一套典章制度的精神是服從什麼原則呢？義理是吸收外來的佛教，但並不能以佛教來治國平天下，因爲佛教的重點不在此，佛教即使在其鼎盛時期也不過如此。中國在大唐盛世除與治世不相干的佛教及政治上的典章制度以外，精神上是服從什麼原則來運宰這一套制度，開一個大帝國，創造出這樣一個高度的文明？唐朝所服從的是生命原則（principle of life）。大體比較地講，漢朝是以經學治天下，即以經學統政治，以政治統經濟，大體就是這個模型，但做到什麼程度很難說，故這樣，相對地說，漢朝是服從理性原則（principle of reason）。唐朝則服從生命原則。為什麼以「生命」來說明呢？佛教在此不相干，十三經注疏也無精彩，而唐朝大帝國能開出這麼一個文物燦爛的大帝國，由政治上而言，是唐太宗的英雄生命，他是典型的中國式英雄，十八歲就開始打天下，打三、四年就完全統一中國，建立唐朝大帝國，這是英雄。英雄是表現生命，不是服從理性，生命是先天的，唐朝有此強度的生命。除唐太宗之英雄生命以外，唐朝的精彩在詩。兩漢是文章，唐朝是詩，宋是詞，元是曲。人們常說唐詩是學不來的，是靠天才的，如無那種天才與生命，就無那種才情。由此看來，唐朝時，儒家沒有精彩，佛教不相干，剩下兩個「能表現大唐盛世，文物燦爛」的因素是英雄與詩，詩靠天才，也是生命。生命放光輝就是詩才。英雄的生命也是光輝，就是英雄氣概。表現為詩的是詩才、詩意、詩情，此是才情。英雄不能說才情而說才氣，不能說氣象而說氣概。生命旺盛的時候所謂「李白斗酒詩百篇」，漂亮的詩不自覺地就產生出來了，生命衰了則一詞不贊，所謂江郎才盡。這種生命與才氣乃康德所謂的強度量（intensive quantity），而非廣度量、數學量。生命乃服從強度原則的，強度量是拋物線，可以從一無所有而發展到最高峰，由此最高峰又落下至一無所有。大唐生命發展至唐末五代即一無所有。中國歷史在以前最差的是**唐末五代**，那時代的知識分子廉恥喪盡，社會國家最亂。這就是服從強度生命原則的自然結果（consequence）。所以人生的奮鬥過程在生命以外一定要重視理性。當生命強度開始衰敗，有理性則生命可以再延續下去，理性能使生命有體而不至於潰爛。

唐末五代之後就是**宋朝**，宋朝的三百年，國勢很差，但時代的思想是儒家的復興，就是理學家的出現。理學家就是看到自然生命的缺點而往上翻，念茲在茲以理性來調護也即潤澤我們的生命，生命是需要理性來調節潤澤的，否則一旦生命乾枯就一無所有，就會爆炸。而理性就能潤澤我們的生命，這樣生命就可以綿延不斷地連續下去，這一代不行可以由下一代再來。這是宋朝時社會上知識分子所擔負的，而不是趙家的君主們以及環繞君主的官僚所能擔負的。故宋朝國勢的不振，非理學家的責任。宋朝由宋太祖開國時的規模就不行，但為什麼宋朝能維持三百年之久呢？這是不容易的，此乃靠文化的力量。故以後顏、李學派那些人責備理學家乃是氣憤之言。北宋南宋之亡，理學家不能負這個責任。了解歷史要公平而恰當的了解，但整個宋朝三百年還是服從理性原則。此與漢朝不同，漢朝是文獻經學的整理，而宋朝則是闡揚儒家的義理，故兩個型態不同。

宋亡後元朝不過一百年，而**明朝**底時代精神還是理學家為主的，即以王陽明為代表，故明朝的時代精神大體也是服從理性原則的。王學一出，佛教就衰微而無精彩了。宋明儒家是繼承先秦儒家而發展的，那是依儒家內部義理講的儒家，兩漢的經學是外部經學的儒學，兩者不同。而儒家之所以為儒家，是宋明儒所表現的。明朝的體制大體是模仿漢朝，其實是模仿不來，究竟是不同的。

明朝這一個朝代是不容易了解的，其間三百年從朝政及皇帝方面看實大體都是很乖戾的，講歷史的人就不懂其中的道理，故了解歷史是一個問題，記得歷史又是另一個問題。一般的是記得歷史而不能了解歷史，尤其是那些專重考據的。他們知道而且記得歷史上發生的許多事情，但是小事情不是大事情。但了解歷史與記得歷史是不一樣的，這兩種能力顯然不同。記憶當然有價值，但了解也有價值，不了解而念歷史有何用處？明朝之後是**清朝**，清朝一開始中華民族就倒楣而一直倒楣到現在。因爲清朝是異族統治中國，對中國的文化生命與民族生命的影響是很大的，不了解的話，就看現在的中國。一步一步的變化都有其歷史的必然性。清朝是異族的軍事統治，對民族生命有很大的挫折，因而對文化生命亦有很大的歪曲。凡是一個時代、一個國家，民族生命與文化生命不能得到諧和的統一，這時代一定是惡劣的時代、悲劇的時代。清朝的軍事統治把中國幾千年來的政治傳統體制完全破壞了，以前設有宰相，到滿清就變成軍機衙門，成了軍事統治，此與元朝一樣，都是來自異族統治。

不管以前的宰相能做到什麼程度，但他是代表治權，宰相負責政治的措施。到清朝就成爲軍事第一，中國傳統知識分子的責任感與理想喪失了。所以清朝的知識分子沒事可幹，就成乾嘉年間的考據。此根本與漢學不同，精神也不一樣，不是傳統文化的順適調暢的發展形態，這是在異族統治下的變態。乾隆皇帝就表示以往的知識分子以天下爲己任是壞習氣，如果這樣，我們皇帝幹什麼？故清朝時，由孔子傳下來的知識分子的願望與理想都沒有了。現在知識分子的情形是經過清朝三百年統治後的自然結果（natural consequence）。

乾嘉年間的學問是清客的學問，那些考據家很多是做清客幫閒，清客是奉陪王公大人的。不說考據沒價值，而是要了解乾嘉年間知識分子的意識形態。

顧亭林的考據是繼承傳統儒家來的講實用。儒家內聖外王是眞正的實用，不是記誦雜博以資談助。顧亭林考據背後的精神完全與乾嘉年間的不一樣。所以我並不反對考據。講中國古典，歷史的考據當然有其相當的價直，但亦不只是考據所能勝任，而且最重要的是以什麼精神來從事考據。我們反對的是乾嘉年間知識分子的意識形態，那種意識形態是清客。理學家不做清客，他們都有根據中國以往的傳統傳下來的知識分子的理想與願望，這些現在大家都忘掉了。中國有五千年的長久歷史，一個人若有存在的呼應，即在現在就與歷史生命不隔。而現在的中國人就受西方文化的影響，對中國的歷史傳統無存在的呼應，故與歷史生命相隔，不能存在地相呼應。現在人喜言「代溝」，這是社會學與心理學所用的名詞，指老少年人之間因年齡相差而產生互相間不了解的情形。這事實中國以前也並非不了解，但並不誇大此事實，卻寧願講承先啓後，代代相傳。這樣，個人的生命就能與民族的歷史生命相契相呼應。故不要被目前的流行名詞把我們的生命錮蔽住。

西方人有許多觀念、許多主義，這些觀念與主義只是學術上的主張，或是政治上的個人見解，在西方社會是司空見慣的不會引起什麼騷動。但這些觀念與主義一到中國就不得了，每一個主義就成了一個宗教，都想以之治國平天下。就這樣地生命固結在某些觀念上，而排斥其他的觀念，終於對我們的生命造成騷亂。目前中國人號稱有十幾億，但究竟有多少能夠算得上是眞正的中國人？表面上看來，當然都是中國人，但以其意識形態與意識上所持的觀念來看，很少是眞正的中國人。即使在風俗習慣、社會禮節方面仍遵守典型中國的傳統，但其思想與意識完全不是中國的，這樣一個人的生命就四分五裂，生命不能諧和，不能一致。如中共以馬列主義爲教條，以蘇俄爲其祖國，宣言工人無祖國，現在統戰又要人回歸認同祖國，這是自相矛盾而不通的，但一般人就被其所惑，就順著去回歸認同，其實這些詞語都是迷惑人的，在玩弄文字把戲。

所以目前的中國人意識上的觀念橫撐豎架，而把生命撕成四分五裂。乾嘉年間以來知識分子的意識形態是淸客。故淸末民初西方帝國主義侵入中國，我們就完全無法應付。因平常不講義理，不講思想，故腦子裡就沒有觀念，沒有學問傳統，在這樣的情形下靠什麼來應付呢？只靠一時的聰明是沒用的，這種聰明中國人是很有的，淸末民初那些人也都有，但只是這種聰明不是應付。因爲我們喪失了我們的學問傳統，喪失了學問傳統就不會表現觀念，不會運用思想。現在的中國人完全無觀念無思想。在這樣不會運用思想的情形下，就以直接反應來應付問題，有一個與動（action）就有一個反動（reaction），這種反應都是直接反應（immediate response）。這個時代一般人都是採取這種直接反應的方式，直接反應怎麼能解決問題呢？

因爲要解答問題是要有根據的，如解答一個數學問題就不能憑空來解答，一定得根據前面所學的定理來解答。要解決經濟的問題，就要根據經濟學上的知識原則與辦法來解決。這樣就是要會運用概念，運用概念才會運用思想，運用思想才能解答問題，直接反應是不能解決問題的，直接反應的結果就是孟子所謂的「物交物則引之而已」。來一個刺激就出現一個反應，這樣一個接著一個，就整個地拖下去了，所以一個民族到不會表現觀念時就沒有了生命（on idea therefore no life）。其生命就是動物性的，因爲動物性就不需要idea。清朝亡了，民國初年更不成話，顛倒惑亂下去，結果共產黨終於出現，要不然中國人何至竟爲魔道所迷！

總而言之，中國人以前所謂學問，是要懂得義理才是學問。名理是研究邏輯，數理研究數學，物理研究自然。儒家講性理，是道德的，道家講玄理是使人自在的，佛教講空理是使人解脫的。性理、玄理、空理、名理、數理、物理還得加上事理與情理。事理與情理是屬於歷史與政治的。中國人常言懂事，事理是一個獨立的概念，情理是人能通達人情，這種屬於具體生活的也是很深的學問，但在以前未見能達至佳善之境。

名理是邏輯，中國是不行的，先秦名家並沒有把邏輯發展到學問的階段。至於數學、科學也不行，故中國文心發展的缺陷在邏輯、數學與科學。這些都是西方文化的精彩所在。我們並沒有發展出來，有就有，無就無，故不要瞎比附。

中國人以前幾千年學問的精華就集中在性理、玄理、空理，加上事理與情理。事理情理要有一個學問來支持才行，否則不一定好，會變成社會上所謂的老奸巨滑或圓滑頭這一類的。事理情理本來有獨立的意義，故可成一種學問；性理、玄理、空理皆是學問。一有學問表現出來，人的生活才有軌道，才能處事應世。這就是中國以前的學問傳統中的「理」，而乾嘉年間的學問就完全不懂這些「理」，只懂得說文爾雅之理，就是大約相當於現在所謂的語言學。到不懂這些「理」時，生命就不會運用思想，不會運用觀念，這樣就不能應付這個時代，故民國以來一步一步都是與動反動地交引下去，結果終於出現共產黨的劫難。

當然一個文化只有性理、玄理、空理是不夠的，可是只有邏輯、數學與科學也是不夠的。所以我們檢討中國的文化，沒有的如何使它開出來。本來五四運動以來就想開出邏輯、數學與科學，但經過幾十年的努力都還沒有生根，還發不出來，目前的階段還是在跟人家學，因爲我們的頭腦心態受成習底制約，很難適應這些學問，要想自發地發出這些學問來需要自覺地自我調整。

性理、玄理、空理這一方面的學問，是屬於道德宗教方面的，是屬於生命的學問，故中國文化一開始就重視生命。而性理、玄理、空理都是爲了調護潤澤生命，爲了使生命能往上翻而開出的。但我們的生命不只要往上翻，還有往外往下的牽連，這方面的牽連就有各種特殊的問題，如政治、社會、經濟等，都需要特殊的學問，即專家的科技的學問。這又是一個層面與上述生命往上翻的層面不同，我們不能以這一層面的學問來代替另一層面的學問，這是不能互相取代的。一個是屬於生命的學問，一個是屬於知識的學問。我們也不能只有調護潤澤我們生命的學問就夠了，平常所謂夠了是因其有普遍性有必要性，是必要條件（necessary condition）而非充足條件（sufficient condition）。了解了這點就不要爭論了，講中國文化與講科學並不衝突。

故我們疏通中國的哲學傳統，結果其重點就落在生命，其代代傳下來的爲性理、玄理、空理，也即儒釋道三教。每一朝代的典章制度、風俗習慣，隨著時間的過去就過去了，不能再恢復，那些陳跡、風俗習慣，怎麼能維持不變呢？有些是可以保持的，有些是不能保持，這須分開。

故了解一個文化最重要的是要了解其內部核心的生命方向，不能把生命方向等同於每一個時代的風俗習慣。講中國文化若只擺出我們祖先的文物古董，這樣不能了解中國文化，對此應有清楚的觀念，不要為目前一般流行的浮薄而錯誤觀念所迷惑，這就需要運用思想去處理，自己的生命才能上軌道。要不然永遠都以直接反應的方式去處理，這是不得了的。

語言分析對這些都需要加以分析，可是現在做語言分析也沒有自發的觀念，也不會運用思想，去分析目前流行的各種詞語的意義。故當時荀子做正名，我們這個時代也一樣要做，那就是語言分析的工作。故學哲學就是要做正名的工作，那自己的頭腦就要清楚了。念哲學就是要使人頭腦清楚才能正名，否則不但不能正名，而且增加混亂，徒增麻煩而使天下大亂。故學哲學是終身性的工作（life work），與學習某種技術不同。

我們文化的精華是可以傳下來的，可以撇開風俗習慣而單獨去考量之的。性理、玄理、空理也即儒釋道三教，這是中國哲學傳統所留下來的智慧方向，文化基本核心處的智慧方向。但是此智慧方向不能用來解決具體而特殊的問題。我們不要以功利主義的觀點，以為這些學問不能解決那些具體而特殊的問題就忽視它甚至不要它。在科技方面，雖然西方人很行，但在生命的學問方面，西方人就不見得很行。故要學哲學就要好好研究：儒家的義理是什麼，其中有好幾層的境界；道家發展到最高境界是什麼樣的形而上學，其中有什麼問題。至於佛教的空理更了不起，佛教的教義內容可以不管，也可以不贊成，但佛教大小乘各教派所開出的義理規模，對學哲學的人是很具啓發性的。

對中國哲學各系統的性格與其所含有的種種問題，我的《中國哲學十九講》一書對此皆有扼要而概括性的闡述。由此初步了解中國哲學以後，我們才能了解中西哲學的會通是在哪層面上會通？在什麼問題上會通？並不是籠統地什麼問題都可以會通，有些是不相干的。會通能會通到什麼程度？這其中還有限度的問題。這樣才能一步一步地深入了解。今天所講的是中國這一方面，就是敘述中國文化的動脈如何繼續前進。

下次講西方哲學，西方哲學由希臘開始一直發展到今天，內容也很複雜，如何去了解呢？同樣地也要順著一個綱領去了解，同樣地也可用幾個系統來概括。西方哲學的開始其重點就落在「自然」，以自然爲對象。西方哲學概括起來有三個骨幹。首先由柏拉圖、亞里士多德經過中世紀至聖多瑪的神學，這就是古典的傳統系統。近代以來康德以前有笛卡兒開大陸的理性主義，下有斯賓諾薩與來布尼茲，此即所謂的獨斷的理性主義（dogmatic rationalism）。在英國則有洛克開端，柏克來、休謨繼承的經驗主義。把此理性主義與經驗主義加以批判地消化的就是康德，因而遂形成康德的傳統（Kantian tradition）。這是西方哲學史上一般的講法。我們暫不採取這種一般的分法，而把理性主義中的來布尼茲單獨提出來，因爲他是最典型的獨斷理性主義的代表人物，康德所批評的大都是對他而發。而且來布尼茲的哲學與邏輯往下傳至羅素的數理邏輯以及其邏輯的原子論，由此也可說另開一個傳統。此種講法不是順一般哲學史分理性主義與經驗主義，而把來布尼茲單獨提出來至羅素而成一個傳統。這並非說這個傳統可取代理性主義與經驗主義。而是把此兩方面的對顯暫時放一放，而另提出一個傳統。因爲這一個傳統在了解現代哲學上是非常重要的。因經驗主義較簡單，比較容易了解，而理性主義中的笛卡兒也只有歷史的價值，斯賓諾薩很難爲人所宗主，大家很少講他了。後來有發展的是來布尼茲，由他開始傳至羅素而發展出數理邏輯的系統，這是了不起的。目前英美講分析哲學，所以能吸引人乃由於其淵源於來布尼茲與羅素，因有這兩位大哲學家爲其背後的支柱，分析哲學才有這樣大的吸引力。其實邏輯實證論的哲學內容是很簡單的，其吸引人處乃在其講邏輯。

故西方哲學的精華集中在三大傳統，一個是柏拉圖傳統，一個是來布尼茲、羅素的傳統，再一個是康德的傳統，此三大傳統可以窮盡西方哲學，西方的哲學不能離開此三個骨幹。

林清臣記錄，一九八〇年，原刊於學生書局出版《中西哲學會通十四講》

牟宗三（一九〇九—一九九五），山東棲霞人，中國現代新儒學的重要代表人物之一。著有《中國哲學的特質》、《生命的學問》、《心體與性體》、《康德的道德哲學》、《中國哲學十九講》、《中西哲學之會通十四講》等。

中國近代個人觀的改變

新竹交通大學「文化研究國際營」

余英時

中國傳統中的「個人」與「自我」

最初我想提出的問題，主要是關於自我（self）的問題，也就是在中國近代思想的變化中，中國人對自我的態度、看法是否有所改變的問題。現在正式寫出來的題目是「個人觀」，所以我在下面也將略作調整，以免文不對題。好在「自我」與「個人」關係很密切，內容調整並不太困難。現代中國人主要的觀念認為傳統是壓迫我們的、拘束我們的，這也就是魯迅所謂「禮教吃人」的說法，許多三綱五常壓迫我們，現代中國人首先便想要突破這一層禮教的束縛。

突破禮教束縛的這個問題，並不是從魯迅才開始的，這種說法，至少可追溯至譚嗣同在《仁學》裡所說的「衝決網羅」，可以說他是最早提出主張個人應突破傳統文化對個人的拘束，使人解放並希望全面改變傳統的文化。譚嗣同雖然沒有用「解放」這個名詞，不過他說的「衝決」那種突破性是很高的，在這一點上，五四時代的思想家也並沒有超過他的思想境界。譚嗣同碰到的不全是政治或社會制度的問題，而是傳統中個人如何變得更自由、更解放的問題。

譚嗣同的《仁學》與康有爲的《大同書》，可以說是互爲表裡的。這兩本書的主要目的是要建立一個全新的社會。那個社會基本上是以西方爲模式，那是一個烏托邦也是一個接近空想的共產主義（或社會主義）的社會。而《仁學》則以仁爲中心觀念，並賦予它以現代的解釋和意義，譚嗣同用當時物理學中的乙太來解釋「仁」，認爲「仁」表現中國人的主要精神。當時，中國的思想變化是非常快的，《仁學》寫於戊戌政變以前，到「五四」不過二十年，只有四分之一世紀的時間，但「五四」時期已沒有講「仁」了。

到了「五四」，眞正的個人問題才出現。胡適所主張的個人主義其實是來自易卜生的，他講個人解放，在沈船危難時應先救自己，爲的是日後可以成爲有用的人，貢獻社會，而不只是爲了自己而救自己。這個個人主義並不全是西方式的、孤零零的個人，也不是個人面對上帝時的個人，仍是在中國思想傳統中講個人，「小我」的存在仍以「大我」爲依歸。

胡適在講個人主義的同時，他本身的中國文化背景還是十分淸楚。例如他提倡三不朽：立德、立功、立言，並重視死而不朽的問題。他認爲小我會死，大我（社會）不死，此即胡適的「社會不朽論」。

胡適雖然是近代中國知識分子當中最重自由、最強調個人主義的思想家，但仍然強調大我，此乃中國的傳統觀念：小我必須在有大我的前提下，才有意義。胡適並以現代觀念與西方說法融化到中國傳統中來解釋三不朽：立德（What we are）、立功（What we do）、立言（What we say），這雖是現代中國人的個人觀，卻仍是在中國傳統的脈絡中。

胡適在與馬克斯主義者的辯論中，論及國家與個人、集體與個人時，則顯然偏向西方古典的個人主義。一九三〇年代初期，他在〈介紹我自己的思想〉寫道：「個人若沒自由，國家亦無自由；一個強大的國家不是由一群奴隸所能造成的。」他以西方自由主義中的契約觀念（人與國家的關係）強調個人的自由爲第一位，人若沒有自由，那麼人與國家之間的契約便失去了意義，他即是以這樣的觀念來對抗當時馬克斯以及國民黨的集體主義的思潮。

以上所談是爲了說明：中國近代思想家或學者對於個人問題並沒有很深入的探討，尤其沒有談到「個人」或「自我」在中西文化傳統中的異同問題。其實在中國傳統的文化裡，「個人」或「自我」的觀念是很重要的，不論是儒家或道家，特別是道家如莊子，或是佛家的禪宗，皆講個人精神自由。儒家所謂的「內聖外王」，是指個人先做好本身的修養，才有能力處理外在事務。即使儒家的「修齊治平」也是從個人開始的。

以莊子而言，他的個人自由主張是中國最高的個人自由。蕭公權的《中國政治思想史》上提及莊子主張的個人自由，蕭先生認爲甚至是超過西方個人主義的。這不只是蕭先生個人的看法，早在嚴復翻譯約翰・穆勒的《群己權界論》時因爲找不到相應的中國觀念和名詞來翻譯 Liberty，最後用「群己權界論」來翻譯 *On Liberty* 這本書，這種在個人和群體的關係中強調自由的觀念，其實從嚴復開始就有了。他在討論《群己權界論》時還常引用莊子的個人主義思想，說莊子講的自由，有一部分很像古典自由主義者講的自由，從這裡可以看出中國的個人主義與西方個人主義的異同點是：相同的是都嚮往個人自由和解放。不同點是：劃分群己權界的方式不一樣。

中國傳統社會或文化中並不是沒有個人自由，但並不是個人主義社會，也不是絕對的集體主義社會，而是介乎個人主義與集體主義二者之間。以儒家爲例，儒家並未忽略個人，例如：孟子講「人心不同各如其面」，亦是注重個性的問題，只是中國人並不以個人爲主導。莊子的思想首開個人主義風氣，至魏晉時代則是個人主義的高峰期，那時的激烈思想家甚至不要政治秩序。此乃相對於秦漢大一統時強調集體主義的一種反動。例如章炳麟、劉師培等人在日本提倡「無政府主義」，其實便是受魏晉時代「無君論」思想的影響。

五四以後，雖有人倡導「個人主義」，但卻無人指出個人在社會中應有的位置爲何。自清末中日甲午戰爭至民國以後的對日抗戰，這期間中國人紛擾不安、大家關心的主要是救亡圖存的問題，只考慮大我、無法顧及小我的問題，特別是小我精神境界的問題。這是五四時代思想的一種性格。傳統有關「個人」或「自我」的觀念因此沒有得到深刻的重視和認識。

而中國早期接觸到的西方是什麼樣子的西方？首先是船堅砲利。由於西方的科技強大，因此我們必須在科技上超越西方。向西方學習長處的觀念，最早爲同治時代的馮桂芬，到以後張之洞時代的「中學為體，西學為用」。馮桂芬甚至已經注意到西方的科技是以「算學」為基礎。可惜這個思潮並未發展，因此被忽略。

一直到李鴻章「洋務時代」，主要工作亦是研究如何趕上西方科技，如：興建許多造船廠、翻譯西方書籍。當時所重視的主要為科技及法律（國際法），不過並沒有接觸到西方文化本身的特質，特別是沒有接觸到西方的宗教，因為當時傳教士到中國來傳教，引起很大的反感，尤其是知識界非常反基督教，認為中國教徒是「吃教飯」，而士大夫則只想學西方的船堅砲利。然後才進步到學習西方的制度，例如：法政制度，和主要以英國為榜樣的君主立憲等。接下來是日本明治維新對中國的刺激。當時中國人介紹西方文化純以科技為代表，而今日才了解到，科技只不過是西方十七世紀以來的一個主流，並非西方文化的全部。中國人完全沒有認識到宗教在西方文化中的地位，因此西方人的「自我」或「個人」的意識我們便無從了解。影響所及，我們也沒有機會檢討自己傳統中的相關部分。

西方個人主義起源於十四、五世紀義大利的文藝復興及人文主義；演變至馬丁路德時，他主張個人與上帝直接溝通；到了卡爾文教派，即所謂的「清教徒」，把個人地位提得更高。美國是清教徒社會，以康涅狄克（Connecticut）州為例，小孩很早便離家外出闖天下，成人後才回家與父母重新建立關係，以此來證明自己是上帝的選民。這在中國人來說，是很難理解的。而西方人認為人是上帝創造的，人對上帝須絕對的服從。

中國人則以為生命是父母給的，雖然有「天地大德曰生」的說法，但是，「天」的意義太含混，生命的直接來源還是父母，所以中國人講「孝道」以家為本位，因此無法發展出西方那種孤立的個人主義；每個人必須直接的面對上帝。所以東西方發展出各自不同的個人觀念。

不過，如果「孝道」發展到極端，那也是爲害很大的。以漢末的孝廉制爲例，「孝」成爲社會上一種絕對的道德範疇，選人做官的標準不是行政上的能力，而是「孝」這項道德標準。「孝」一旦制度化便趨向虛僞，有的人守孝一守就是二十、三十年，爲的是博取名聲，這就違背人性，並不是眞性情了，只是一種「假孝」。因此當東漢末年集體主義的名教發展至高峰的時候，另一股反抗的潮流——個人主義因而形成，此即爲魏晉時期個人主義興起的背景。

魏晉時代反對名教、禮教，講求自然、個人，人與人之間講求親密和諧。例如：竹林七賢的阮籍，母喪仍繼續下圍棋，局畢吐血數升；他也不規避當時叔嫂不語的忌諱，仍與嫂嫂說話告別。由此可看出，個人主義之所以反禮教，是因爲禮教已形式化、僵硬化、庸俗化，使人不能呼吸，窒息人的眞性情。魯迅不但欣賞魏晉文章，而且也欣賞魏晉文人的風格。清末民初的名教仍盛行，而形成五四時代主張回到個人、反抗禮教的背景。

「五四」反抗名教，必須回到個人；講到個人，必回到老莊，也回到王陽明講的「良知」，亦即注重個人發展。朱子注重集體社會如何維持，王陽明則著眼於個人良知如何表現。王陽明認爲「滿街皆聖人」，此即聖人觀念的世俗化與淡化，導致晚明以後發生個性解放的思潮，特別是李卓吾一派的「左派王門」。當時陽明學說雖可算是表現現代思潮的一種學說，可惜卻未發展下去。

直到「五四」受了西方刺激，陽明學說又開始受到注意。梁啓超得自康有爲在陸王心學方面的啓發，十分推崇王陽明，他認爲陽明學說是一種具有現代性格的儒家思想。更激烈的人則提倡李贄、何心隱等人的左派王學。

譚嗣同、梁啓超這一代深受理學家影響，還十分注重個人修身的問題，甚至胡適在留學時代也還用理學來約束自己。但是修身的觀念至五四以後則不復見，新文化中多數人物都已認爲是古董，不加以理解和注重。而西方宗教傳統是靠具有組織的教會得以傳衍，教會與政治權威是並行的，宗教再怎麼改革，教會是一直存在的，牧師也是專業性。這些在中國都沒有，所以現代中國人的自我失落感很大。

儒家思想的基本經典是四書五經。如：朱子的四書，也可算是官書的一種；就連詩經亦非全是民間詩歌，大體上是經過採詩官雅化的過程。有人甚至認爲五經在漢代相當於今日的憲法，這句話的意義是指它的內容是皇帝都必須遵行的。由於儒家不是獨立的有組織的「教會」，經典的傳播要靠政府的力量，這就造成了一種特殊的困難，使它在現代世界找不到立足點。「五四」以後中國知識分子很少能平心靜氣在儒家傳統中覓取有關「個人」或「自我」的本土資源，正是因爲他們把儒家經典完全看成了代表政府的政治意識形態。

在儒家思想史上，「四書」代「五經」而起是一件大事，這是宋代的新發展。宋以後，中國政治社會發生極大的變化，已無世襲封建、亦無大世家門第的觀念，社會已走向平等，只有一些地方性的世家，因此，儒家學者必須靠科舉考試才能參政，例如：范仲淹、歐陽修、王安石等。天下只有皇帝一家是世襲，宗室已無重要性，宋代宗室中人已多落魄，皆需經考試才能做官，因此產生了士大夫階級。這個階級以負起對天下的責任自許。中國也是至宋代開始，士大夫才發展出以天下爲己任的使命感。范仲淹主張「士大夫」要以天下爲己任，必須先自我訓練，此即受佛家的影響。這是「四書」興起的歷史背景。

四書之所以能適應新時代的需要，主要是因爲四書是教人如何去做一個人，然後治國平天下。大學、中庸在漢代並不受重視，並沒有人專門講大學、中庸的，專門講中庸的，要到佛法傳來後，佛經中講喜怒哀樂、心性修養、講人的精神境界，中庸才因此引人注意。六朝梁武帝著中庸注疏，即是受到佛教的影響。我們可以說，儒家的個人觀因四書的出現而深化。

佛教講心與性，儒家亦然，只是儒家這方面的思想被冷藏於典籍中未被發現而已。宋以後，三教彼此影響，一方面走上俗世化，一方面是重視個人或自我。儒家講修齊治平，不能脫離世界；莊子則是世界的旁觀者，不實際參與，認爲社會是妨害個人自由的，要做逍遙遊；禪宗教人回到世界去，教人砍柴擔米就是「道」，平常心就是「道」，不必到寺廟，在家亦可修行，後來就有了「居士」的產生。此類似馬丁路德的作法；主張不必看經典也不必相信神話。禪宗極端反對偶像，禪宗和尚說「如果看到什麼佛陀金身，一棒打死給狗吃」，中國文化中反對偶像最激烈的，莫過於禪宗和尚。禪宗講求「自得」，和孟子、莊子完全一致。所以中國人並非自古即崇尚權威人格，壓抑個性。例如韓愈在〈師說〉中就說「弟子不必不如師，師不必賢於弟子」，這是禪宗所謂「智過其師，方堪傳授」的翻版。真正的服從權威性格反而是五四之後才慢慢發展出來的；先是奉西方大師爲無上權威，後來則尊政治領袖爲最高權威。

從五經至四書這段發展，可以使我們了解到中國人對自我、對人性了解的諸多變化。那麼爲何以《大學》爲第一篇，是因爲個人最後必須與社會國家產生聯繫；如果沒有大學、只有中庸，則會流於只講個人、沒有大我觀念。但中國人不能完全放棄大我觀念，宋代的外患嚴重，民族危機很深，我們不能想像當時的思想家能專講「小我」，不要「大我」。

宋、明理學家的貢獻是對個人心理有更深刻的解析和了解，所以理學不僅是倫理學，也是心理學。他們不再是性善、性惡的二分法，而是同時承認人性有善及惡的兩面。心性是義理之性，是有超越性，即異於禽獸之性。氣質之性則是人與萬物同有的性。他們當然強調超越的人性，但也深知氣質之性不易改變。他們的分析非常複雜，這裡不能涉及，總之，理學使我們對個人的內心認識得更深了。許多西方心理學家因受實際的限制而以動物來作實驗，但人與動物之間是否可以劃上等號？心理分析則偏重在人的非理性的一面，主要是人欲問題。以儒家對人性的觀點來看，人與禽獸終是不同，在道德、行爲、思考等方面人和禽獸是不能相提並論的。從這裡就發展出儒家所主張的訓練治理國家人材的方法。以儒家而言有二方面，即爲朱子講的修己治人；這是對社會精英的要求。這一群人通過教育及道德訓練，將來是要成爲社會精英、領導社會的。在南北朝時期「士」是來自名門貴族，至宋以後，人人皆可爲士。范仲淹更設立了義莊、義學，鼓勵窮人子弟讀書。農工商階級之子只要熟讀四書、通過考試，皆可爲士。「士」必須經過這個階段，才能領導社會，這個以四書爲主的訓練，就是修己以後才能治人的過程。朱子曰：「存一分天理、去一分人欲。」此語是針對士大夫而言，非對一般百姓。因爲士大夫是未來的政治社會領袖，必須了解利、義之分。朱子的這一段話並不是要老百姓不要「利」，不要吃飯，而是針對士大夫說的。如同柏拉圖主張的「reason 高於 desire」，也是對哲學家、思想家而說的。理學的功夫重點主要在「修己」方面，這是一種內轉，也是對個人提出了更高的要求。所以要了解儒家的個人觀，宋明以後顯然更爲成熟。六朝隋唐的「禮」學還是外在的社會規範。

不幸元、明以下，以四書爲考試的官方教材，「治人」遠重於「修己」，儒家走上了官學之路，而且一旦廢除科舉制度，四書便無人去鑽研。儒家的傳統也因此中斷了。

總結地說，我覺得宋明理學所討論的是人怎樣生活的問題。從這一點出發，理學家在心理學和倫理學的層面上更深入地發掘了人性的問題。《大學》講修、齊、治、平雖是一以貫之，但只存在於理論之中。談到實踐方面，我們只看到修身和齊家這兩個層次上的成就，再擴大一點也不過止於一族、一鄉和儒生社群之內（如書院）。治國、平天下則往往是落了空的。換句話說，「修己」比「治人」更爲重要。「修己」不能狹隘地解釋爲道德修養或「如何成聖人」，而是指「修己」有所得的人在精神上有更豐富的資源，可以從事各種創造性的工作，也可以應付人生旅途上種種內在和外在的危機。如果我們再從理學擴大到道家和佛教，這一點便更爲清楚，宋、明以下中國在文學、藝術各方面的新成就都離不開儒、釋、道的精神背景。讀書人在人生旅程中遭遇到的種種坎坷也都要靠這些精神資源的支持才能化解而不致精神崩潰，宋代蘇東坡便是一個最好的例子，明代王陽明也是一個典型。在自傳文學，甚至帶有自傳性質的小說中，我們也不難得到實證，如汪輝祖的《病榻夢痕錄》、沈三白的《浮生六記》，以及曹雪芹的《紅樓夢》等。理學最初雖然是以士大夫的「修己治人」爲重心，但越到後來便越和日常人生打成一片，而且也跳出了「士」的階級，王陽明所謂「不離日用常行外」，戴震所謂「人倫日用」都是指此而言。明、清時代對理學有興趣的人也包括了商人、樵夫、陶匠等等，泰州學派便是明證。這些精神資源照理說應該在「五四」以後成爲中國人建立現代個人觀的一大根據。可是「五四」激烈的反傳統使中國知識分子對這些都不屑一顧，甚至是「打倒」的對象。中國現代個人觀的枯窘、自我意識的萎縮，可以在這裡找到一個重要的解釋。另一相關之點則是「五四」以後中國知識分子所理解的西方文化也是片面的，甚至是相當膚淺的。

五四以來所接觸的西方文化

「五四」以來我們所接觸的西方文化，是什麼樣的西方文化？我們想用什麼樣的西方文化，來改變中國？這是一個大問題，我不可能在這裡全面加以討論，我想還是從個人、自我的角度，來切入這個問題。

儒、道、佛家對個人問題的討論，到了近代以後，幾乎被忽略了，但也不是沒有人在繼承傳統，例如：熊十力、梁漱溟先生……等等，也都還在做努力，只是不成爲主流。以「五四」爲中心在知識界所掀起的大波浪，把上述的問題都擺到一邊去了，不認爲那是重要的問題。現代的教育也使得年輕人無從接觸到中國的傳統文化，從小學到大學，把所有青少年的精力都消耗在預備考試上面，他們根本沒有時間去思考要做什麼樣的人？這個問題好像越來越不重要了。

「五四」接觸到的是西方的啓蒙運動思想，即是以科學爲本位的思想，也可以說是科學主義或實證主義。「五四」所提倡的科學，不光是自然科學如何在中國發展的問題，而是對一切事物都採取科學的態度和方法，也就是牛頓、哥白尼以來對自然的態度，因而使得科學在中國變成最神聖的地位。

這個主張並沒有錯，但是科學本身有無範圍界限？最具體的問題體現在民國十七、八年的科玄論戰上。其中以丁文江、胡適爲代表的一派，認爲應該用科學態度來統一人生觀；另一派包括張君勱等主張人生問題不是科學能夠完全處理解決的。論戰的結果，表面上是科學人生觀勝利。當時一般皆贊同：科學方法可以解決一切人生問題，歷史的發展也可以科學地歸納出一些法則。由此可看出，「五四」以後，思想界之所以容易傾向馬克斯主義，原因之一即是因爲馬克斯主義者在一切問題上打著科學招牌，他們宣稱找到了歷史的規律。當時又正逢中國傳統意義世界全面崩潰，所以才使得馬克斯主義得以乘虛而入。

而現在的世界又是一個解除魔咒的時代，disenchantment，世界上再沒有什麼神奇的事，一切看來都很平常。胡適講中國哲學，也保持這個態度，所以很多人批評他淺薄，也不是沒有道理的。就是他看世界看得太平常，一切都「不過如此」，都是自自然然的，所以他提倡自然主義，所謂的自然主義就是世界上沒有什麼東西是有超越性的、神奇的，一切東西都可以化爲平淡、平常。現代西方也有這一傾向，就是 God is dead 的說法，西方的宗教信仰也淡了。但是今天看來，宗教在西方的力量仍不可小覷，仍是他們人生意義的源頭。「五四」時代中國人由於在十八世紀啓發思想和十九世紀實證主義的籠罩之下，對宗教是敵視的，甚至以爲宗教即是迷信。這樣一來，他們便接觸不到西方文化的深處，看不見個人和自我的超越泉源。

「五四」當然也有其正面的意義：提倡民主、對科學有信心、對人類前途有無限的樂觀。胡適是以科學、理性做爲他的信仰基礎，並對未來有樂觀的預言。一九四七年他在北平當北大校長時，曾發表關於「眼前世界文化的趨向」的一篇廣播：「……民主自由在西方是發展了三、四百年的傳統，到今天，仍是西方文化的主流；在中國發生的社會主義卻只是一小小的、短暫的逆流，在蘇聯也只不過幾十年，不管它現在是多麼的不可抵抗，都將過去……」以那個時候來講，世界上沒有任何證據可以支持他的論點，相反的證據倒是不少。不過，以今日蘇聯、中國大陸、東歐的局勢來看，胡適可稱得上是先知了。

「五四」雖然提供中國人一個接觸西方文化的機會，可是當時人只熱心提倡科學主義、實證主義，認爲科學和理性、知識可以解決人生的一切問題，這個態度不能算錯，可是如果只有這一面，那問題就來了，不但人性裡面超越性的一面、人和禽獸的分別不能講，而且人性中非理性的黑暗面也無法交代。在當時的中國，一切有關超越性的觀念都受到嗤之以鼻的待遇，人人只講科學和民主。換句話說，自清朝以來，整個儒家意義世界已瓦解，思想上一片空白，「五四」時大量翻譯外國書欲填補這個思想的大空白，但是否有人消化這些知識，卻是個問題。況且整體的文化大空白也不是短期內可以用西方材料塡得起來的，人人都專心於全面改造中國，完全忽略了深一層的或超越於民主與科學之上的問題。好像民主和科學在西方文化中是無根的。

「五四」以前主張無政府主義的吳稚暉，已主張「把線裝書丟到茅廁坑」，又強調用機關槍和帝國主義對打。這些話是很痛快，但也不見他對中西文化的理解多麼淺薄。當時無人理睬中國傳統文化，人人覺得越「急進」越好，人人排斥「保守」。

近代中國的改革家和革命家有一個共識：認爲只要推翻舊有的制度，一切問題都可以迎刃而解。今天表現在台灣的「國會改選」的現象亦是如此。中國現代最重大的問題就是：只有政治沒有人生，這是很可悲的。例如：共產黨人讚美列寧二十四小時都在革命，我認爲列寧是最無趣的人，你想想，如果一個人二十四小時都在搞政治，那不是很可悲嗎？我想這裡有一個「大我」淹沒了「小我」的問題。

中國革命的政治家大多是業餘的，沒有責任感，不顧政治後果。韋伯（Weber）認爲政治家有三大要素，即熱情、責任感和判斷。中國現代革命家只有熱情而缺乏責任感和判斷。這是中國悲劇的一大根源。但分析到最後，恐怕還是因爲現代中國知識分子對人生的意義想得太淺，他們把舊有文化完全摒棄，而新的又尙未建立，他們的思想上僅有薄弱的科學主義做爲根基，以爲只要有科學精神，一切問題都可以解決；至於個人、自我的意義，沒有人去探究。中國人因此變得都是採取功利主義觀點來看人生，表現出來的就是什麼事都要「立竿見影」，一切事情都是以功利的觀點來衡量。

以西方的科學主流來講，那是爲知識而知識的，不是爲人生而知識，更不是採取功利的態度和觀點。像胡適所說的，在天空上發現一個恆星，和找到一個中國古字的涵義，其意義和在科學精神上的實踐是一樣的。這是西方求知識、求智的精神：爲眞理而眞理。不管眞理有什麼效用，只是把事情搞清楚，個人就能獲得一種自由解放。「因眞理而自由」是基督教的觀念，也是希臘人的觀念。

但是中國人學西方文化，甚至爲科學主義所俘虜，可是卻沒有受這個「爲知識而知識、因眞理而自由」精神的影響，這個精神反而丟掉了。甚至是變得極端的功利主義。

現在中國知識分子學西方的另一成就是開口閉口便講「批判精神」，「批判」的起點則是「懷疑」。其實中國傳統何嘗不重視「批判」和「懷疑」？不過中國傳統學人先「懷疑」自己、「批判」自己，然後才施之於他人。西方科學家做實驗也是先懷疑自己的方法是否正確、材料是否可靠，檢討自己的假設是否合理。這些完全成立後，才能轉以「批判」前人的立論。現代中國知識分子最缺乏的就是對自我內在的批判，只會批判別人。接受西方某一家之言後便認爲是絕對眞理，藉以批判他人。正如王國維說的，今人懷疑一切，但從不懷疑自己立說的根據。所以我說，我們只學到了科學主義，卻未學到眞正的科學的態度。這也是「自我」在精神內涵上貧困的一種表徵。

二十世紀的不斷革命，犧牲了中國二、三千年累積下來無數的精神資本。我個人認爲：現代中國在精神資本方面的貧困，遠超過在物質方面的匱乏。儒家講修齊治平，事實上，「修齊」便是先由個人內在修養作起，「治平」則是個人道德的延伸；以現代意義來說，即爲公私領域的劃分。這是儒家的一個理想，但無法在現代社會實現。即好的政治是一個好的道德的延伸。所以，我如要改造中國傳統，似應先從公私領域劃分清楚開始。個人道德不能直接轉化爲合理的政治，因爲其中有如何建立制度的問題，我們不可能從「家」一步跳到「國」的層次。但是健全的個人才能逐漸導向政治的合理化，則是我所深信不疑的。

最後，讓我再簡單地總結和引申幾句：「五四」以來我們接觸了西方文化的某些表面成果，如民主與科學，但是沒有眞正深入西方文化的核心。如果從清末講起，那麼我們先想搬西方科技（船堅砲利），後想搬制度（國會、立憲），到「五四」時則進一步搬西方思想。這是一層轉進一層，可是到了思想這個層次，我們的限制太多了。在「大我」存亡的關頭，我們幾乎完全忽略了「小我」的重要性。其結果是政治吞沒了文化，無論是中國傳統中的「自我」的精神資源或西方的資源都沒有人認眞去發掘。最近泰勒（Charles Taylor）寫了一本大書，即 *Sources of the Self, the Making of the Modern Identity*，對西方部分有詳明的討論。我們試一讀此書，便不會只爲「民主」與「科學」所吸引了。「民主」和「科學」的背後還有更引人入勝的文化背景或基礎的問題。中國近代的個人觀始終沒有眞正建立起來，「五四」時代雖有個性解放的要求，所以易卜生戲劇中「娜拉」（Nora）的棄家出走曾轟動一時。但是娜拉出走後，下場如何？她要到哪兒去？我們好像從未認眞討論過，所以魯迅斷定娜拉的下場不會好到哪裡去。西方的個人主義有其宗教、社會等等特殊背景，並不能一下子搬過來，也許根本搬不過來，或者即使搬過來也難免弊多於利，而且今天西方思想也不以個人主義爲絕對價值了。中國現代人對「大我」與「小我」之間的關係也認識模糊，好像我們的直覺總是認爲「小我」可以而且應該隨時隨地爲「大我」犧牲。因此，「五四」時徹底打垮了儒家的舊「名教」，但一轉身我們又心甘情願地陷入馬克斯主義的新「名教」，我們從中國傳統的相對性的權威主義中解放了出來，但馬上投身於絕對性的權威主義——共產黨的統治。這是爲什麼？還不是因爲我們迷信「新名教」，「革命」、「進步」……都成了不容絲毫懷疑的「名」。新「綱常」終於代替了舊「綱常」。一言以蔽之，中國現代知識分子對於「個人」或「自我」根本沒有任何信心。胡適是最能重視「個人」的價值了，但是他還是相信「科學」可以「統一人生觀」，果眞如此，「個人」「自我」還有什麼意義？這和列寧所說「螺絲釘」又有何不同？胡適之見尚且如此，其他人可想而知。「個人觀」的混亂正是二十世紀中國精神崩潰的象徵。

一九九〇年

余英時（一九三〇——），安徽潛山人，歷史學者、台灣中央研究院院士。著有《歷史與思想》、《史學與傳統》、《中國文化與現代變遷》、《現代儒學論》等。

找回中國人失落的「家」

中壢中央大學週會演講

王邦雄

今天做爲一個中國人，在幾千年傳統裡面都有一個共同的理想，我們稱之爲「道」，大家志同道合就叫「同道」。我把這個「道」，說成一個觀念叫做「家」；對於家，我們都有一種很親切的感受，每天從那邊出來，又要回去的那個地方，便叫「家」。中國人的這個家，是我們生命出來的地方，也是回去的地方，我們每天早上，一家大小都可以從家裡出來，去上班、上學、交朋友、發展事業，那是因爲我們知道傍晚的時候又可以回去，家還是在那個地方。假定傍晚回去的時候，「家」不見了，我們就變成無家可歸的人，那時就叫「生命的失落」。所以我們一定要有一個可以從那邊出來，又可以回到那邊去的家。

中國人最大的問題是無家可歸

今天，中國人最大的問題就是「無家可歸」；好像我們都不要老傳統啦！不要幾千年了！好像突然間我們被帶到一個新潮流，這個潮流一波一波的，就是流行、時髦；流行時髦注定是短暫的、衝動的。整個幾千年來的中國人被帶到十字街頭，一下子東洋風，一下西洋風，一會兒學美國，一會兒學日本，還學蘇俄、學歐洲，所以讓我們變得無家可歸。今天不管是自然生態或人文生態的破壞，最大的理由就是一百多年來，中國人沒有家了，變成一個文化的流浪兒；在世界新潮流的十字街頭，中國人被潮流所淹沒，好像覺得人生很迷惘，沒有方向。很多人都是從政治、社會、經濟、法律等因素來思考，事實上是文化因素——也就是「人心壞掉了」，眞正我們的家在哪裡？就在我們的心！這個身體是借居的，我們的精神和心靈一來到人間，就進入我們的身體裡面，每一個人有父母親、兄弟、兒女，這是我們的家；中國二十五史、十三經、四書也是我們的家，包括《西遊記》、《三國演義》、《水滸傳》、《紅樓夢》，也是我們的家，因爲中國人都是讀這些書的。

就每個人而言，我們的家就在心裡面；每天從這個心出來，也能回到心裡面去，這樣的人才是有「家」。而且鄉土也是我們的家，現代的中國人，不管是創業、就學，出外遠遊，但總是要回到鄉土；平時擠車心裡就生氣，但春節、清明節、中秋節擠車回去，一點都不生氣，還覺得很安慰，所有的人不管在哪裡得意，有多大發展，都上高速公路；都走在回「家」的路上，中國人的不忘本，這點恐怕是最動人的鏡頭，所以我今天一開始，就提出一個「家」的觀念。

道就是我們的家

我們一定要有一個家，這個家是中國人不能沒有的，工商業不是家，科技不是家，民主法治也不一定是家。而那個在我們心靈、感情、精神、理想可匯聚的地方，大家可在那兒安身立命的地方，才叫做家。不能安身立命，叫街頭流浪兒；青少年叫「街頭的混混」，所以一定要為當代人重新找回我們的家，而這個家呢？姑且稱之為「道」，道就是我們的家。各位不知是否還記得，幾年前電視演一齣布袋戲叫《濟公傳》，主題曲中有句「四界走，何處是我家？」濟公是出家人，從家裡走出來，怎麼還在找家呢？這不是很有趣的問題嗎？我們研究哲學的人都會找這樣的問題來思考；他是出家人，結果還在問何處是我家！所以，我就想到一個問題叫「出家人找家」。那為什麼要出家？因為那個家有問題，既然這個家出了問題才有人出家，那為什麼還在找家呢？因為，人一定要有一個家，沒有家我們就變成流浪、迷失；一個街頭流浪的人，戶口名簿是釘在電線桿上，身分不明，每天都無家可歸，所以一定要有一個家回去。然而這個家充滿了煩惱，既已走出來，為什麼還要問「何處是我家」呢？因為他在找一個更大的家，沒有煩惱的家。所以，出家人從煩惱的家走出來，要找一個乾淨的家——人間淨土。所以主題曲最後唱道：「哈哈！原來寺廟是我家。」我想這方面包括所有道場、道觀都是我們精神的家；但我們不是不要原來的家，中國人的孝道是天下第一的，這叫人的「靈」；能用一個字來把人性講得最清楚的，要算中國儒家的「孝」道；而老莊則不是講孝字，他們講「慈」。老子說：「我有三寶，持而保之，一曰慈……」（《道德經》第六十七章）天下父母心都是慈愛的，這是道家的觀點。慈愛在動、植物界也有，不然牠們傳不了第二代；但是，儒家在慈愛之外，再講兒女的回報。回報是很重要的觀念——要報恩、要感激人家，這只有人懂得，只有在人的身上有。所以孝順父母、友愛兄弟，是中國人的第一道德，也是在家庭裡面發展出來的，難道出家可以不孝順父母、不友愛兄弟嗎？於是出家是出到一個更大的家，回來保護我們小的家，只有這樣我們才安心。

佛門出家、中國人出家，並不是要毀壞這個家，而是要找到更大的家，來保護這個小的家。像濟公出家，從一個小的家出來了，但是他在問何處是我家？他要找一個更大的家。這本來是一個布袋戲的主題曲，那麼一位研究所的教授把布袋戲的主題曲當作學問來談，倒是一件很有趣味的事情。因爲，我覺得講學問是不能夠離開鄉土性和草根性。我們從鄉下出來，就要有鄉土的感受與親情，所以一開始我就講中國人的家在哪裡？我想，我們的宗教信仰，我們一生的修行，就是要找到這個家！讓我們每一個人從那個家出來，又回到那個家去，這才是我們中國人幾千年來生命中的家，心靈裡面的家。

中國文化在日本生根發芽

去年十一月在日本福岡舉行一個「全國道教會議」，我應邀去做一場大會主題演講，題目是講「道家思想在當代的新開展」，但日本學者大多感受不深，聽了感動的只有十幾個台灣去念博士學位的學生。不過，從日本回來，我深感我們輸給日本很多，而且我們連第二代都輸掉，都是我們這一代的責任。

本來日本是跟中國學的，為什麼人家的社會很有教養，無論從大人到小孩，或家庭到學校，而我們是文化母土！為什麼會變成沒有教養呢？看看台北街頭，今天還有人說誰愛誰嗎？中間那個字已經改了，叫做誰怕誰！所以，我一直在想，為什麼會輸給日本？因為我們都叫家，像儒家、佛家、道家，日本人不叫家，叫儒教、道教、佛教，這個有大學問的哦！原因是這個「家」是指專家的事情，就是幾個研究所教授或學生寫的論文和念的書，那影響力就只有幾十人，日本人稱為儒教、道教、佛教，這個「教」是宗教、教化的意思，是進入家庭、學校和社會的；所以儒家、道家、佛家到日本就變成儒教、道教、佛教，這個教是含有教養每一個人，教養他的社會，因此整個社會就很有教養。

那麼，我希望這樣的說法，能帶給在座各位一點肯定與支持；今天我們要走的路，不能光走家的路，但是前面講的家跟現在講的家意思不大一樣，現在所講的家是指專家的家；剛剛那個家是大家庭的家——每一個人應該回去的那個地方。現代人大多受美國影響，總希望能得個博士學位，成為一位專家學者，但專家學者不愛別人又有什麼用？我不認為一個博士會超過一個鄉下的老農夫，至少我自己覺得不如我的父母親；兩老小學都沒畢業，敢生九個兒女，我只敢生兩個，誰了不起呀！生兒育女要有大愛心、大耐心，一個又一個都要這樣帶，我們兄弟姊妹九個，面對父母永遠尊敬，而且我們的生命都是父母生的。所以，我個人的宗教信仰很難說，我信中國傳統、信中國鄉土，總而言之一句話，拜我媽媽拜的；我從來也沒有說我是哲學教授或博士，世界上最值得我們拜的，是生我們的人，中國人永遠對生我們的人禮拜，這是最好的宗教情操，如聖賢人物——孔子我們也拜。凡是生我們的人，我們都拜他，不管人家怎麼批評，說我們迷信啦！其實什麼是迷信？拜生我的人是天經地義的事，我們石頭也拜，因爲它代表土地公，土地公是象徵大地的恩情，拜天地的意思！因爲沒有土地就沒有五穀豐收啊！那麼，從這個觀念來說，「道」，不光是專家講、學者講，我們要變成教化，不然仍舊輸給日本。所以，有一位日本學者，他問我：「你到日本來有何感想？」日本人很喜歡人家說他好；我想一想又不能講違心話，但是我也實在不願意說他們好，所以就用兩個字說「很好」，我是說我玩得很好，到處都有中國文化，無論建築、庭園，都建得很漂亮，其實是學中國唐朝、宋朝的；他們的學術發展都跟著我們走，然事實上日本人眞的很好啊！但是那個話我不願意在日本說，我要回到台灣說，就是希望我們不要忘掉日本人是學我們的，我們怎麼可以讓日本人專美於前呢？徒弟有志氣，師父也要有志氣啊！我今天才會講這個觀念。我們要走教的路，有些人認爲中國幾千年沒有用，要打倒孔家店，這個傳統不行了，那麼去日本看一看，到底傳統行不行；只是我們沒有做就說他不好，那日本爲什麼可以發揮到那麼大的功能呢？像家庭觀念，擺在日本工廠變成日本經濟的動力，而在台灣呢？家庭反而變成一個工廠的障礙，什麼障礙？一家人來管工廠。日本是把整個工廠變成一個家庭，這個家庭才有力量，如果一個家庭管一個工廠，是一個私家的工廠，那永遠是你們家的事嘛！相反的，日本是整個工廠一個家，沒有一個人想讓這個家垮掉，這是不是中國「家」的觀念。所以，今天我們討論中國文化好不好，應該去日本做一番考察；然後再回過頭來看看，因爲日本人的成就就是中國人的成就，那是我們老祖宗教給他們的。

把失落的家找回來

那爲什麼中國文化能在日本開花結果，而在我們海峽兩岸卻不見了呢？這是很可痛惜的事情啊！所以，第一個觀念要把我們失落的家找回來；不要再流落於西洋潮流的十字街頭，應找到中國人自己的家。家在哪裡？家就是我們的道，但是「道」傳到今天，幾乎傳不下去，沒有對整個社會、學校、家庭發揮效力，但在日本卻發揮很大力量，是故，我們該知道原來自己家的道很好啊！還可以工商管理，其實就是儒家倫理，這個倫理觀念，會變成發展經濟的動力。於此，話又說回來，道的信仰不僅是宗教信仰，也可以變成工商業的動力；我們對於道的信仰可以從家庭做起，普及到學校、社會等，這叫教，這樣我們的道就有了，道有了，我們就有家可歸；每天可以從那邊出來，又可以從那邊回去，大家在那兒安身立命，這樣才是我們追尋道最大的理想。講到這個層次，要有世界的眼光、要有中國幾千年的眼光，這樣我們才可以眞正把這個道的理想發揮到最高的領域。以下就來談談儒家幾個觀念：

於《論語》，孔子曰：「志於道，據於德，依於仁，游於藝。」這句話很簡單，但其意義是無限深奧，首先講「志於道」，今天是天下無道的時代，我們的責任就是要讓天下有道，有道才有家，有家才有中國，有中國才有中國人，所以我們一定要從天下無道轉到天下有道。那麼，誰來轉？孔子教我們的兩句話「人能弘道」、「士志於道」，根本上孔子認爲每一個人都可以弘道，所以說人能弘道：士是讀書人，以天下爲己任，大家來做士，都是知識分子，都是有良心、有使命感的人，這樣的話我們就可以「志於道」，志是心之所在，心裡面的理想就叫志；那每一個人的理想在哪裡？在道。什麼叫道？我們的道是天道、又是人道，最簡單的說法就叫道路；因爲人生下來兩件事情：一是要站起來，一是要走路。一個叫立，一個叫行，每一個人都要立起來，要頂天立地，人爲三才之一，所以要站起來，立於天地間，顯出人的尊嚴，只有人才站立，動物都是四腳爬蟲。第二、我們要走，四界走，行走人間爲救人；人不能永遠站在原地不動，要爲理想走出去，行道人間；人活著一定要有路走，而且要向上的路，不是平面的；不管身處何地都要向上走，走平面的路就是在原地踏步，跑了幾十年還是一樣。《易傳》曰「形而上者謂之道」，形而上是向上走，而不是「形而下謂之器」。所以，志於道就是人生只有一條路，肯定永遠往上走。人活著就是要有路走，宗教就是爲大家開路，爲當代中國找到我們的道，兩岸要有未來，就要有中國人的道，也就是在良性的競賽中形成自然的統一，有自己的道才有自己的國家。再說「志於道」就是往人道、天道走。什麼叫人道？往天道走才叫人道；很多人的道都是物道，如追求功利，追求物質，追求財富，追求享受，那個時候沒有人道，叫物道。

再則，道路要走，用什麼來開？據於德。路是人走出來的，有人去走，路才開出來，換句話說，也就是靠德行開出來的。行路，行才有路，大家去走這條路，那就是道了。路是開出來了，大家如不遵守交通規則，路就走不通了，變成道路癱瘓，所以沒有德行，道路是開不出來的，這是很簡單的道理。通過德，原來的道才是正道，有的道叫邪道，因爲沒有德。所以第一個說「道」，第二個要「正道」，第三個要「大道」，爲什麼要大道？只有少數幾個人才可以走的路，那不叫大道；大道是每一個人都可以走的，如何知道每一個人都可以走這一條路（道）呢？因爲每一個人都有仁心、愛心。孔子、孟子發現每一個人都有仁心，此後中國的政治、社會才平等，以前是不平等，王親國戚叫貴族，孔子、孟子告訴我們，每一個人的人性都是善的，都是有良心的，都是一樣高貴、一樣平等的；爲什麼一樣高貴？因爲高貴在愛心，不在財富或地位；今天我們尊重自己、看得起自己，不要以爲自己在這人世間，處處不如人；不要管那些，只要有良心、仁心，我們就頂天立地，可以行走人間，大道之行也天下爲公；爲什麼叫大道？因爲每一個人都有仁心，有仁心就有德行，有德行就有道路，這是亙古以來中國人最了不起的發現。德行讓道變成正道，良心讓道變成大道；那麼德行和良心是由何處出來呢？既然人有德行和良心，那又爲什麼會變壞呢？這就奇怪了？

那是我們失去了第四個「游於藝」。藝本是藝術，又稱六藝，孔子教人禮、樂、射、御、書、數，我們要唱詩，要有禮樂，要有禮教，因爲仁心、愛心要在一個好的環境才會長大。我們的仁心就是種子，我們的藝就像一片土地，有陽光、水分和空氣，因緣和合就成爲田園、家園、鄉土、農村，種子要在農耕地才會落土生根——長出根苗、發芽、茁壯、開花結果。今天我們的社會所缺乏的就是游於藝的空間，所以愛心的種子生不出來，而且仁心要在藝裡面優游，才會有陽光、空氣、水分，才會發芽，像春回大地，乾枯的樹枝又長出嫩葉，發出新的生命。農家是靠他們的勞力，每天辛苦的耕耘才能長出蔬菜、水果，人在飢餓時靠什麼？是要靠水果、蔬菜、稻米來充飢，不是靠股票、炒地皮，如此就可以了解藝的重要。

游於藝，游是優游自在，沒有壓力、沒有考試，很自然、很輕鬆的游到中心點，所以我們一定要走向第四階段，今天的學校就沒有辦法做到這一點，只有死背、只有考試、只有升學，所以書越念越多，反抗性越強，一離開學校就破壞，因爲被逼得太苦了，受不了。所以，現今的學校不僅沒有好好教養子弟，反而在培養反抗社會的子弟，因爲第一、沒有「游」，第二、沒有「藝」，逼著每天讀書、考試，他煩透了。所以，我們的教要來取代學校教育的功能，假設不能的話，我們也要吸引一些青少年，讓他進入仁心、德行這樣一貫的道路來，要給他們多些文學性或藝術性的活動，譬如有關傳統禮樂或傳統藝術方面。正面的活動，透過藝術就可以發展出仁心，有仁心就有德行，有德行就有道路，有道路出來就有家可歸，然後中國人就有前途、有兩岸、有台灣。假定「游於藝」沒有開出來的話，單靠社會的教很難，今天這個社會，講求的是要先做給別人看，不然很多人不相信，你說修道、修行，他一定笑話、一定不相信，他只相信炒地皮、玩股票，只曉得誰怕誰、誰有辦法，若跟他說要有愛心、要修行、要行道人間，他一定不相信。

但是，今天有一個好的機會，社會出現了問題，無論家庭、學校，每一個地方都有問題，大家才只知道一味地發展工商業是不行的，光講科技是不行的；只重科技、工商業叫自然生態的破壞；每天光考試、光發財叫人文生態的破壞，整個社會街頭沒有溫暖，你我之間沒有同情心，人心壞了，人彼此不相信，就在這整個社會出現大病痛的時候，也是我們講道的好時機；但是，我們先要做給人家看啊！從哪邊做呢？通過教化，帶動社會，讓好人出頭，永遠不離開「藝術、仁心、德行、道路」，道就是人道，人道通天道，是幾千年中國人的道，這樣才是有家可歸的中國人，如今要爲當代中國人找回失落的家，便是你我每一個人的責任。

一九八七年，原刊於聯經出版《人生是一條不歸路》

王邦雄（一九四一—），台灣雲林人，新儒家學者，中央大學中文系所教授。著有《老子的哲學》、《緣與命》、《世道》、《生命的實理與靈魂的虛用》等。

知識分子還需要儒家嗎？

立緒文化講座

傅佩榮

「知識分子」，是指可以運用知識，取得生存條件，充實生活內涵，推敲生命意義的人。所謂取得生存條件，是指可以藉著專業的知識、技能，得到工作，能夠生存下去；充實生活內涵，是指因爲受過教育，可以看書、聽音樂，可以了解許多事，豐富生活內容；推敲生命意義，是最難的，因爲生命到底有沒有意義、眞正的意義爲何，我們一輩子都要去推敲。所以「知識分子」基本的特色是「知識」，而這種知識是開放的，不斷向著未來、向著無限可能性開放的。

這樣的知識分子到底需不需要儒家呢？又需要什麼樣的儒家？儒家應該是一套知識系統，而這個系統應該合乎哲學的標準，以至於可以讓知識分子在了解之後，對他的生命有幫助，也就是「安身立命」。一個人活在世界上，所關懷的事情有四個層面，所以我們也就分由四個段落來談。

自覺與幽暗

這是談到人與自己的關係。任何一種哲學的開始，一定起於自覺。一個人覺悟到自己是一個主體，可以從事思考。經由自覺發現到自我與別人不一樣時，這個自我有什麼內涵，該如何去理解、表達這個內涵？

所以我提到幽暗。西方人（如基督徒）講原罪，可是中國人不認爲人一生下來就有惡的傾向，或者背負著由祖先而來的一種罪過，因爲這樣講似乎太牽強了。中國人喜歡講「人性本善」，可是這樣又有點不符合事實，就是中國人在歷史上並沒有因人性本善，或者因爲了解儒家，所造的罪惡就比西方人少。一種正確的人性理論，不應說是中國的或西方的，而應具有普遍的解釋效果。這時，我們就要提及「幽暗」的觀念，就是人性有其負面的因素。

我們談起《論語》時，喜歡提到正面情況，好像《論語》中充滿人生各種光明的想法，其實不然。孔子說過一段話：「德之不脩，學之不講，聞義不能徙，不善不能改，是吾憂也。」（7．3；以編號代表《論語》之篇章，以下同此。有關其內容之解說，請參考本文作者解讀之版本，立緒出版。）一聽之下，我們就可以知道，除了「學之不講」是與「老師」的身分所擔負的責任有關外，其他三項都是跟他本身的狀況有關。也就是說，孔子常覺得自己處於一種可能錯誤的狀態下，這是孔子啊！他從不覺得他處在一種光明正大的狀態、具有偉大卓越的人格。他的學生曾子也有名言：「吾日三省吾身，爲人謀而不忠乎，與朋友交而不信乎，傳不習乎。」（1・4）都是由反面來看，所以中國人說「反省」很有道理，就是從反面思考自己。從反面來看，才能對照出自己做到的程度，這也就是自我要求。

所以自覺，是要從負面來審視自己有什麼缺陷，也就是肯定了生命有幽暗的一面。我們講「人性本善」好像很難從《論語》中找到依據，孔子最好的學生是顏淵，孔子說他「其心三月不違仁」，其他的學生只有「日月至焉而已矣」（6・7），這說明「心」和「仁」是兩回事，像顏淵那麼好的學生，也只是可以比較長一段時間不背離仁道而已。所以《論語》中講到「惡」的是比較多的，譬如孔子說「六言六蔽」（17・8）也就是六種美德和六種弊端，說明任何一種美德，如果缺乏正確的認知，就很容易得到相反的效果，所以他很強調立志向學。「學習」一詞在儒家中是很重要的概念，也就是說，他肯定人有理性可以學習不足的、不知的事物，經過學習，得到一個脫胎換骨、改頭換面的機會，使人到達一個新的狀況，而這新的狀況，又可以使生命不斷提升。

所以人生不是一個平面的過程，是一個立體的過程。不是說從生到死，一步步走下去，而是每隔一段時間就要問問自己，走在哪一個階段。孔子「吾十有五而志於學，三十而立，四十而不惑，五十而知天命……」（2・4）一步步上去，不斷在學習、反省和自我鞭策的路上前進，於是「日知其所無，月無忘其所能」（19・5）。儒家沒有什麼秘訣，就是每天學一點新東西，隨著時間的進展，讓自己的知性能力也不斷地成長。

孔子很怕兩種人，一種是「群居終日，言不及義，好行小慧」（15・17）孔子說這種人「難矣哉」；另外一種人是「飽食終日，無所用心」（17・22），他很擔心人只是活著，生命不應只合乎必要條件地活著，活著還需要充分條件，使人的特性凸顯出來，充分成爲一個人。自覺與幽暗，就是每個人都應有自覺，可是我們更要小心人性中幽暗的一面，也就是我們的惰性。所以從宋明以來所宣揚的「人性本善」的學說需要重新思考，以我研究儒家的心得來說，應該是「人性向善」。「向」這個字就顯出生命有自由、成長、自我要求、不斷提升的動力。

自我與群體

這是儒家說得最多的，也正是儒家的菁華所在。關於知識分子需不需要儒家，這裡就可以得到肯定的答案。一九八二年在巴黎舉行了一場會議，參加的人都是諾貝爾獎得主，他們討論即將來到的二十一世紀，需要什麼樣的思想，當有人提出「孔子的思想」時，沒有任何人反對。很可能他們所認識的孔子，只是教科書上的八個字「己所不欲，勿施於人」（15．24），這句話被視爲銀律，而金律是「己所欲，施於人」。金律是比較積極的，可是用在人與人之間，有時會造成壓力，教人吃不消。孔子的「己所不欲，勿施於人」用在人與人的相處上反而好，這是不把自己主觀的想法、作法強迫地加到別人身上。與會的學者都認爲孔子的思想應該最適合將來的社會，因爲他提到了「自己」和「人群」的關係，講得非常好。

同時我們知道，儒家講到自我與別人的關係時，是有分等差的，也就是從血緣關係到與人群的關係，從近到遠一步步推出去。我研究哲學二十幾年了，一直覺得人與人之間的關係，儒家是說得最恰當的；而就人性論來說，儒家也是說得最妥當的。因爲它從人的生命切入這個社會開始，先把宗教、藝術放在一旁，直接就人與人之間的關係來討論。由此可以歸結出儒家有三個特色：第一、**重視傳統**。而傳統一定要與教育配合，才能傳承，所以重視教育。第二、**關懷社會**，以前儒家的學者一定要做官的，因爲除了參政，沒有機會發揮他們關懷社會的抱負，所以強調政治。第三、**透過道德修養，追求人生完美**。儒家認爲，完美的人生必須具備道德修養，所以重視德行。

從這三個特色，我們可以看到，儒家非常入世，它釐清了人際關係中許多的混淆與複雜。換句話說，何謂「善」？善就是人與人之間適當關係的實現。每一個人碰到別人的時候，他都要想到，怎麼對待才完美，而這個「別人」是沒有限制的，也就是可以推廣到天下人。儒家認爲，一個人不管如何有品德；如果不能入世關懷人群，使整個世界、人類因爲他而更美好，那麼這種品德畢竟只是空中樓閣而已。道家中有很多隱居起來的聖人，獨與天地精神往來，可是儒家中沒有關起門的聖人，所以儒家講個人與群體時，是坦坦蕩蕩，把自己放到人群裡面的。

可是問題又來了，人與人的關係可不可以很理想地統統做到呢？一個好父親一定是個好兒子嗎？一個好丈夫一定是個好朋友嗎？太難了！因爲人與人間的關係是多重的、複雜的，人只要活在世上、與人群互動一天，便會覺得有所不足，有更高的境界可以去追求。這就是儒家，常常覺得不足，覺得有壓力，所以曾子說「仁以爲己任，不亦重乎；死而後已，不亦遠乎」（8·7），這是很大的壓力，可是如果只看到壓力，還不是儒家，壓力和快樂同時出現，才是儒家的特色，正面看待世界，了解人性向善，使個人與整個世界的人都有適當的關係。

自然與環保

一般人認為，儒家在這方面比較弱，說得較少，這點我們同意，因為古代並沒有污染的問題，所以也就沒有談環保的必要，這是時代的限制。那麼，儒家對自然抱持什麼態度呢？

基本上，儒家是以「人」為本位，發展出四個立場：一是**競爭**。古代的人和大自然的競爭很激烈，孟子曾說，聖王，譬如文王、武王，他們要驅除中國的四種猛獸，虎豹犀象，使人們可以安心生活。二是**利用**，利用大自然可以使人類的生命更為安全，更加發展。三為**保護**，例如各種天災人禍造成自然界的危機，我們要加以保護。孔子也是會打獵的，只不過孔子射鳥時不射巢中棲息的鳥，釣魚時「釣而不綱」（7．27），這是仁者「取物有節」的表現。四為**欣賞**，這是最高目標。《論語》中曾皙的「暮春者，春服既成，冠者五六人，童子六七人，浴乎沂，風乎舞雩，詠而歸」（11．26）這種與大自然和諧相處的描寫，是《論語》中得到孔子讚賞的少數篇章。其他的學生要當政治家、外交家、軍事家，孔子並沒有特別的表示，因為那是學以致用的，而且要靠外在的條件才能實現，可是與大自然的和諧快樂是可以自己掌握的。

這是最難講的一點，也是今天認識儒家的關鍵所在。研究儒家的人常常談到前面三點就停了下來。我先說一個事實，恐怕諸位很難想像，孔子每天吃飯前「雖疏食菜羹，必祭，必齋如也」（10・11），也就是雖然是粗糙的食物，可是一天三頓飯前，一定先恭敬地祭祀，懷念先人。由此可知，孔子每天想著他和超越的力量在一起，也從來沒有否定過鬼神的存在，祭祀時也是「祭神如神在」（3・12），就好像祖先眞的在面前似的。今天我們看一個人祭拜時恭敬虔誠，都會覺得那是適當的，可是，我們不會問佛、上帝，到底在哪裡？如果一定要問祂們在哪裡，那就是我們先把問題想錯了，認爲祂們一定要占有一個地方，才能與人建立關係，這是不對的。超越界的確是不可知的，可是不可知不等於不存在。

世界各大宗教、哲學都不會說，「人」只有身體、心理兩個因素，因爲這樣的人太簡單了。身體一定會死，而身體一死，心智就不能運作了，這樣並不符合我們所了解的人。所有的宗教、哲學都會強調人還有一個「靈」。靈，可以說是很玄，是soul，靈魂；或是spirit，精神。換句話說，靈就是給自己的生命特別意義的能力。譬如說，人可以在貧困中感到快樂，這種快樂是人在理解了一些道理後，再進一步，推到根源，感受到自己與宇宙的相通、合一的體驗。這種體驗與身體無關，身體可以窮困，而心理能力上，認知的範圍還是很有限，可是靈的精神力量表現出來後，卻可以跟上下古今整個精神相通，可以擺脫所有的壓力，保持輕鬆愉快的心情。這是我們說到儒家時，特別要強調的。

我們常好奇儒家對人生的目的有什麼看法，可是我們又害怕聽到「行善避惡」這樣的答案，因爲既然宗教也都是教人行善避惡，我們又何必需要儒家呢？可是儒家的行善避惡，不是出於一種獨斷的教條或權威，而是從經驗出發，作理性的解釋。很多人問我：「儒家能不能與宗教配合？」其實它們是不衝突的。原因在於所有的宗教所談的，是生前死後的問題，人生只是一個階段，只是生滅流轉的過程，不是重點。宗教鼓勵人們忍受生命中的痛苦，因爲死後可以進入一個平靜安詳的涅槃世界，或者天堂。而儒家談的是生死之間的問題，也就是當下的生命，認爲這才是我們所能掌握的一切。所以孔子講到他的信仰經驗時，特別值得我們注意。

孔子本身重視的是信仰，而較不重視宗教。宗教是人類社會的一種制度化的組織，所以講到宗教時就會強調有什麼教義、儀式、戒律；信仰則是人和超越界建立的關係。宗教是隨時代、社會的特定情況轉化的，可是宗教的本質不變，本質是什麼？就是信仰。現代知識分子，需要的是一種開放的心靈，這樣的開放，不能只向時間開放，也要向超越於時間、空間的超越界開放，也就是保留一個空間給信仰中的密契經驗。

結語

我們今天提出「知識分子需不需要儒家」的問題時，我覺得需要，這有很多理由：第一，儒家是一個相當完整的系統，涵蓋了從個人自覺開始，一直到和超越界的關係，也就是信仰；第二，這是一個動態的過程，代表生命是不能靜止的，必須不斷地自我超越，從自我超越到群體、超越到自然界、再超越到超越界；第三，生命是不斷提升的過程，人生的境界是有高低的，其標準就是心靈開放的層次。當我們把這個系統掌握住，再來問這是個什麼時代？

依我看，這是個後現代主義的時代，它有幾個特色：一是**價值歸零**。所有的價值都要重新開始設定。二是**生活拼湊**。現代人的生活內容，沒有什麼標準，從我們的食物、服裝、品味去拼湊而成的。三是**當下即是**。就是我看到了就算，我沒看到就什麼都不算。這樣的社會爲什麼需要儒家呢？因爲儒家可以在這個價值歸零的時代，重新架構一個配合人性的價值系統，這不是禮教吃人，這是符合人性的。對中國人來說，如果沒有儒家的思想，人就只是一個人，什麼意義與價值都說不清楚了。

二十世紀，有多少學派出現，可是不能否認，儒家中有一些永恆的東西，就是它對人性的洞悉。儒家鼓勵每個知識分子，都要對天下人負責，這也是古代以來，儒家的許多聖人，一輩子都在爲百姓憂心，永遠無法自我安頓的原因。這其中展現了儒家無窮的人文關懷，這種關懷並不限於一時一地，而是涵蓋現在、未來的所有人類，以這樣的胸襟出發，自可顧及上面所說的四個層面。所以現代的知識分子當然需要儒家，不但中國的知識分子，包括外國的，甚至整個人類都需要儒家的思想。

一九九八年八月

傅佩榮（一九五〇—），上海市人，哲學學者、作家，台灣大學哲學系所教授。著有《中西十大哲學家》、《人生需要幾座燈塔》、《文化的視野》等，並重新解讀《論語》、《莊子》。

3

說文學

娜拉走後怎樣

在北京女子高等師範學校文藝會講演

魯　迅

我今天要講的是「娜拉走後怎樣？」

易卜生是十九世紀後半的挪威的一個文人。他的著作，除了幾十首詩之外，其餘都是劇本。這些劇本裡面，有一時期是大抵含有社會問題的，世間也稱作「社會劇」，其中有一篇就是《娜拉》。

《娜拉》一名 *Ein Puppenheim*，中國譯作《傀儡家庭》。但 Puppe 不單是牽線的傀儡，孩子抱著玩的人形也是；引申開去，別人怎麼指揮，他便怎麼做的人也是。娜拉當初是滿足地生活在所謂幸福的家庭裡的，但是她竟覺悟了：自己是丈夫的傀儡，孩子們又是她的傀儡。她於是走了，只聽得關門聲，接著就是閉幕。這想來大家都知道。不必細說了。

娜拉要怎樣才不走呢？或者說易卜生自己有解答，就是 *Die Frauvom Meer*，《海的女人》，中國有人譯作《海上夫人》的。這女人是已經結婚的了，然而先前有一個愛人在海的彼岸，一日突然尋來，叫她一同去。她便告知她的丈夫，要和那外來人會面。臨末，她的丈夫說：「現在放你完全自由。（走與不走）你能夠自己選擇，並且還要自己負責任。」於是什麼事全都改變，她就不走了。這樣看來，娜拉倘也得到這樣的自由，或者也便可以安任。

但娜拉畢竟是走了的，走了以後怎樣？易卜生並無解答；而且他已經死了。即使不死，他也不負解答的責任。因爲易卜生是在做詩，不是爲社會提出問題來而且代爲解答。就如黃鶯一樣，因爲他自己要歌唱，所以他歌唱，不是要唱給人們聽得有趣，有益。易卜生是很不通世故的，相傳在許多婦女們一同招待他的筵宴上，代表者起來致謝他作了《傀儡家庭》，將女性的自覺、解放這些事，給人心以新的啓示的時候，他卻答道：「我寫那篇卻並不是這意思，我不過是做詩。」

娜拉走後怎樣？——別人可是也發表過意見的。一個英國人曾作一篇戲劇，說一個新式的女子走出家庭，再也沒有路走，終於墮落，進了妓院了。還有一個中國人——我稱他什麼呢？上海的文學家罷——說他所見《娜拉》是和現譯本不同。娜拉終於回來了。這樣的本子可惜沒有第二人看見，除非是易卜生自己寄給他的。但從事理上推想起來，娜拉或者也實在只有兩條路：不是墮落，就是回來。因爲如果是一隻小鳥，則籠子裡固然不自由，而一出籠門，外面便又有鷹，有貓，以及別的什麼東西之類；倘使已經關得痲痹了翅子，忘卻了飛翔，也誠然是無路可以走。還有一條，就是餓死了，但餓死已經離開了生活，更無所謂問題，所以也不是什麼路。

人生最苦痛的是夢醒了無路可以走。做夢的人是幸福的；倘沒有看出可走的路，最要緊的是不要去驚醒他。你看，唐朝的詩人李賀，不是困頓了一世的麼？而他臨死的時候，卻對他的母親說：「阿媽，上帝造成了白玉樓，叫我做文章落成去了。」這豈非明明是一個誑，一個夢？然而一個小的和一個老的，一個死的和一個活的，死的高興地死去，活的放心地活著。說誑和做夢，在這些時候便見得偉大。所以我想，假使尋不出路，我們所要的倒是夢。

但是，萬不可做將來的夢。阿爾志跋綏夫（M. Artsybashev）曾經藉了他所做的小說，質問過夢想將來的黃金世界的理想家，因為要造那世界，先喚起許多人們來受苦。他說：「你們將黃金世界預約給他們的子孫了，可是有什麼給他們自己呢？」有是有的，就是將來的希望。但代價也太大了，為了這希望，要使人練敏了感覺來更深切地感到自己的苦痛，叫起靈魂來目睹他自己的腐爛的屍骸。唯有說誑和做夢，這些時候便見得偉大。所以我想，假使尋不出路，我們所要的就是夢；但不要將來的夢，只要目前的夢。

然而娜拉既然醒了，是很不容易回到夢境的，因此只得走；可是走了以後，有時卻也免不掉墮落或回來。否則，就得問：她除了覺醒的心以外，還帶了什麼去？倘只有一條像諸君一樣的紫紅的絨繩的圍巾，那可是無論寬到二尺或三尺，也完全是不中用。她還須更富有，提包裡有準備，直白地說，就是要有錢。

夢是好的；否則，錢是要緊的。

錢這個字很難聽，或者要被高尚的君子們所非笑，但我總覺得人們的議論是不但昨天和今天，即使飯前和飯後，也往往有些差別。凡承認飯需錢買，而以說錢為卑鄙者，倘能按一按他的胃，那裡面怕總還有魚肉沒有消化完，須得餓他一天之後，再來聽他發議論。

所以為娜拉計，錢——高雅的說罷，就是經濟，是最要緊的了。自由固不是錢所能買到的，但能夠為錢而賣掉。人類有一個大缺點，就是常常要飢餓。為補救這缺點起見，為準備不做傀儡起見，在目下的社會裡，經濟權就見得最要緊了。第一，在家應該先獲得男女平均的分配；第二，在社會應該獲得男女相等的勢力。可惜我不知道這權柄如何取得，單知道仍然要戰鬥；或者也許比要求參政權更要用劇烈的戰鬥。

要求經濟權固然是很平凡的事，然而也許比要求高尚的參政權以及博大的女子解放之類更煩難。天下事儘有小作為比大作為更煩難的。譬如現在似的冬天，我們只有這一件棉襖，然而必須救助一個將要凍死的苦人，否則便須坐在菩提樹下冥想普渡一切人類的方法去。普渡一切人類和救活一人，大小實在相去太遠了，然而倘叫我挑選，我就立刻到菩提樹下去坐著，因為免得脫下唯一的棉襖來凍殺自己。所以在家裡說要參政權，是不至於大遭反對的，一說到經濟的平均分配，或不免面前就遇見敵人，這就當然要有劇烈的戰鬥。

戰鬥不算好事情，我們也不能責成人人都是戰士，那麼，平和的方法也就可貴了，這就是將來利用了親權來解放自己的子女。中國的親權是無上的，那時候，就可以將財產平勻地分配子女們，使他們平和而沒有衝突地都得到相等的經濟權，此後或者去讀書，或者去生發，或者為自己去享受，或者為社會去做事，或者去花完，都請便，自己負責任。這雖然也是頗遠的夢，可是比黃金世界的夢近得不少了。但第一需要記性。記性不佳，是有益於己而有害於子孫的。人們因為能忘卻，所以自己能漸漸地脫離了受過的苦痛，也因為能忘卻，所以往往照樣地再犯前人的錯誤。被虐待的兒媳做了婆婆，仍然虐待兒媳；嫌惡學生的官吏，每是先前痛罵官吏的學生；現在壓迫子女的，有時也就是十年前的家庭革命者。這也許與年齡和地位都有關係罷，但記性不佳也是一個很大的原因。救濟法就是各人去買一本notebook來，將自己現在的思想舉動都記上，作爲將來年齡和地位都改變了之後的參考。假如憎惡孩子要到公園去的時候，取來一翻，看見上面有一條道，「我想到中央公園去。」那就即刻心平氣和了。別的事也一樣。

世間有一種無賴精神，那要義就是韌性。聽說「拳匪」亂後，天津的青皮，就是所謂無賴者，很跋扈，譬如給人搬一件行李，他就要兩元，對他說這行李小，他說要兩元，對他說道路近，他說要兩元，對他說不要搬了，他說也仍然要兩元。青皮固然是不足爲法的，而那韌性卻大可以佩服。要求經濟權也一樣，有人說這事情太陳腐了，就答道要經濟權；說是太卑鄙了，就答道要經濟權；說是經濟制度就要改變了，用不著再操心，也仍然答道要經濟權。

其實，在現在，一個娜拉的出走，或者也許不至於感到困難的，因爲這人物很特別，舉動也新鮮，能得到若干人們的同情，幫助著生活。生活在人們的同情之下，已經是不自由了，然而倘有一百個娜拉出走，便連同情也減少，有一千一萬個出走，就得到厭惡了，斷不如自己握著經濟權之爲可靠。

在經濟方面得到自由，就不是傀儡了麼？也還是傀儡。無非被人所牽的事可以減少，而自己能牽的傀儡可以增多罷了。因爲在現在的社會裡，不但女人常作男人的傀儡，就是男人和男人，女人和女人，也相互地作傀儡，男人也常作女人的傀儡，這絕不是幾個女人取得經濟權所能救的。但人不能餓著靜候理想世界的到來，至少也得留一點殘喘，正如涸轍之地，急謀升斗之水一樣，就要這較為切近的經濟權，一面再想別的法。

如果經濟制度竟改革了，那上文當然完全是廢話。

然而上文，是又將娜拉當作一個普通的人物而說的，假使她很特別，自己情願闖出去做犧牲，那就又另是一回事。我們無權去勸誘人做犧牲，也無權去阻止人做犧牲。況且世上也盡有樂於犧牲，樂於受苦的人物。歐洲有一個傳說，耶穌去釘十字架時，休息在Ahasvar的簷下，Ahasvar不准他，於是被咒了詛，使他永世不得休息。直到末日裁判的時候。Ahasvar從此就歇不下，只是走，現在還在走。走是苦的，安息是樂的，他何以不安息呢？雖說背著咒詛，可是大約總該是覺得走比安息還適意，所以始終狂走的罷。

只是這犧牲的適意是屬於自己的，與志士們之所謂為社會者無涉。群眾——尤其是中國的——永遠是戲劇的看客。犧牲上場，如果顯得慷慨，他們就看了悲壯劇；如果顯得觳觫（害怕發抖的樣子），他們就看了滑稽劇。北京的羊肉鋪前常有幾個人張著嘴看剝羊，彷彿頗愉快，人的犧牲能給予他們的益處，也不過如此。而況事後走不幾步，他們並這一點愉快也就忘卻了。

對於這樣的群眾沒有法，只好使他們無戲可看倒是療救，正無需乎震駭一時的犧牲，不如深沈的韌性的戰鬥。

可惜中國太難改變了，即使搬動一張桌子，改裝一個火爐，幾乎也要血；而且即使有了血，也未必一定能搬動，能改裝。不是很大的鞭子打在背上，中國自己是不肯動彈的。我想這鞭子總要來，好壞是別一問題，然而總要打到的。但是從哪裡來，怎麼地來，我也是不能確切地知道。

我這講演也就此完結了。

一九二三年十二月二十六日

魯迅（一八八一——一九三六），浙江紹興人，文學家、思想家。一九二〇年任北京大學講師。著有《野草》、《狂人日記》、《阿Q正傳》等。

流氓與文學

上海東亞同文書院演講

魯　迅

流氓是什麼呢？流氓等於無賴子加壯士、加三百代言。流氓的造成，大約有兩種東西：一種是孔子之徒，就是儒；一種是墨子之徒，就是俠。這兩種東西本來也很好，可是後來他們的思想一墮落，就慢慢地演成了所謂流氓。

司馬遷說過，「儒以文亂法」而「俠以武犯禁」。由此可見儒和俠的流毒了。太史公為什麼要說這樣的話呢？因為他是道家，道家是主張「無為而治的」的。這種思想可以說是「癩蝦蟆想吃天鵝肉」，簡直是空想，實際上是做不到。

儒墨的思想恰好攪亂道家「無為而治」的主義。司馬遷站在道家的立場上，所以要反對他們。可是，也不可太輕視流氓，因為流氓要是得了時機，也是很厲害的。凡是一個時代，政治要是衰弱，流氓就乘機而起，鬧得亂七八糟，一塌糊塗，甚至於將政府推翻、取而代之的時候也不少。像劉備，從前就是一個流氓，後來居然也稱為先主；劉邦出身也是一個流氓，後來伐秦滅楚，就當了漢高祖。還有朱洪武（明太祖）等等的，都是如此。

以上全說的是流氓。可是和文學又有什麼關係呢？就是說，流氓一得勢，文學就要破產。我們看一看，國民黨北伐成功以後，新的文學還能存在麼？嗐！早就滅亡了。爲什麼呢？就是因爲他們沒有新的計劃，恐怕也「無暇及此」。既然不新，便要復舊。所謂「不進則退」，就是這個意思。

本來它的目的，就是要取得本身的地位。及至本身有了地位，就要用舊的方法來控制一切。如同現在提倡拳術、進行考試制度什麼的，這都是舊有的。現在又要推行廣大，這豈不是復舊麼？爲什麼在革命未成功的時候，鎭壓舊文化提倡新文化，打倒一切舊有的制度，及至革命成功以後反倒要復舊呢？我們現在舉一個例來說，比方有一個人在沒錢的時候，說人家吃大菜、抽大煙、娶小老婆是不對的，一旦自己有了錢也是這樣兒，這就是因爲他的目的本來如此。他所用的方法，也不過是「儒的詭辯」和「俠的威脅」。

從前有《奔流》、《拓荒者》、《萌芽月刊》三種刊物，比較都有點兒左傾赤色，現在全被禁止了。聽說在禁止之前，就暗地裡逮捕作者，秘密槍斃，並且還活埋了一位！嗐，你瞧，這比秦始皇還厲害若干倍哪！

兄弟從前作了一本《吶喊》，書皮兒用的紅顏色，以表示白話、俗話的意思。後來，有一個學生帶著這本書到南方來，半路上被官家給檢查出來了，硬說他有赤色的嫌疑，就給斃了。這就和劉備禁酒的一樣。劉備說，凡查著有釀酒器具的，就把他殺了。有一個臣跟他說，凡是男子都該殺，因爲他們都有犯淫的器具。可是，他爲什麼行這種野蠻的手段呢？就是因爲他出身微賤，怕人家看不起，所以用這種手段，以禁止人家的譏訕誹謗。這種情形在從前還有，像明太祖出身也很微賤，後來當了皇帝怕人家輕視，所以常看人家的文章。有一個人，他的文章裡頭有一句是「光天之下」，太祖認爲這句的意思是「禿天子之下」，因爲明太祖本來當過和尚，所以說有意侮辱他，就把這個人給殺了。像這樣兒，還能長久麼？所以說：「馬上得天下，不能以馬上治之。」

一九三一年四月

幫忙文學與幫閒文學

在北京大學第二院演講

魯　迅

我四五年來未到這邊，對於這邊情形，不甚熟悉；我在上海的情形，也非諸君所知。所以今天還是講幫閒文學與幫忙文學。

這當怎麼講？從五四運動後，新文學家很提倡小說；其故由當時提倡新文學的人看見西洋文學中小說地位甚高，和詩歌相彷彿；所以弄得像不看小說就不是人似的。但依我們中國的老眼睛看起來，小說是給人消閒的，是為酒餘茶後之用。因為飯吃得飽飽的，茶喝得飽飽的，閒起來也實在是苦極的事，那時候又沒有跳舞的。明末清初的時候，一份人家必有幫閒的東西存在的。那些會念書會下棋會畫畫的，陪主人念念書，下下棋，畫幾筆畫，這叫做幫閒，也就是蔑片！所以幫閒文學以名蔑片文學。小說就做著蔑片的職務。漢武帝時候，只有司馬相如不高興這樣，常常裝病不出去。至於究竟為什麼裝病，我可不知道。倘說他反對皇帝是為了盧布，我想大概是不會的，因為那個時候還沒有盧布。大凡要亡國的時候，皇帝無事，臣子談談女人，談談酒，像六朝的南朝，開國的時候，這些人便做詔令，做敕，做宣言，做電報——做所謂皇皇大文。主人一到第二代就不忙了，於是臣子就幫閒。所以幫閒文學實在就是幫忙文學。

中國文學從我看起來，可以分爲兩大類：㈠**廊廟文學**，這就是已經走進主人家中，非幫主人的忙，就得幫主人的閒；與這相對的是㈡**山林文學**。唐詩即有此二種。如果用現代話講起來，是「在朝」和「下野」。後面這一種雖然暫時無忙可幫，無閒可幫，但身在山林，而「心存魏闕」。如果既不能幫忙，又不能幫閒，那麼，心裡就甚是悲哀了。

中國是隱士和官僚最接近的。那時很有被聘的希望，一被聘，即謂之徵君；開當鋪、賣糖葫蘆是不會被徵的。我曾經聽說有人做世界文學史，稱中國文學爲官僚文學。看起來實在也不錯。一方面固然由於文字難，一般人受教育少，不能做文章，但在另一方面看起來，中國文學和官僚也實在接近。

現在大概也如此。唯方法巧妙得多了，竟至於看不出來。今日文學最巧妙的有所謂爲藝術而藝術派。這一派在五四運動時代，確是革命的，因爲當時是向「文以載道」說進攻的，但是現在卻連反抗性都沒有了。不但沒有反抗性，而且壓制新文學的發生。對社會不敢批評，也不能反抗，若反抗，便說對不起藝術。故也變成幫忙柏勒思（plus）幫閒。爲藝術而藝術派對俗事是不問的，但對於俗事如主張爲人生而藝術的人是反對的，則如現代評論派，他們反對罵人，但有人罵他們，他們也是要罵的。他們罵罵人的人，正如殺殺人的一樣——他們是劊子手。

這種幫忙和幫閒的情形是長久的。我並不勸人立刻把中國的文物都拋棄了，因爲不看這些，就沒有東西看；不幫忙也不幫閒的文學眞也不太多。現在做文章的人們幾乎都是幫閒幫忙的人物。有人說文學家是很高尙的，我卻不相信與吃飯問題無關，不過我又以爲文學與吃飯問題有關也不打緊，只要能比較的不幫忙不幫閒就好。

一九三二年十一月二十二日

泰戈爾

在「真光」的演講稿

徐志摩

我有幾句話想趁這個機會向諸君講，不知道你們有沒有耐心聽。泰戈爾先生快走了，在幾天內他就離別北京，在一兩個星期內就告辭中國。他這一去大約就不會再來的了。也許他永遠不能到中國。

他是六七十歲的老人，他非但身體不強健，他並且是有病的。去年秋天他還發了一次很重的骨痛熱病。所以他要到中國來，不但他的家屬，他的親戚朋友，他的醫生，都不願意他冒險，就是他歐洲的朋友，比如法國的羅曼・羅蘭，也都有信去勸阻他。他自己也曾經躊躇了好久，他心裡常常盤算他如期到中國來，他究竟能不能給我們好處，他想中國人自有他們的詩人、思想家、教育家，他們有他們的智慧、天才、心智的財富與營養，他們更用不著外來的補助與戟刺，我只是一個詩人，我沒有宗教家的福音，沒有哲學家的理論，更沒有科學家實利的效用，沒有工程師建設的才能，他們要我去做什麼，我自己又爲什麼要去，我有什麼禮物帶去滿足他們的盼望，他眞的很覺遲疑，所以他延遲了他的行期。但是他也對我們說到冬天完了春風吹動的時候（印度的春風比我們的吹得早），他不由得感覺了一種內迫的衝動，他面對著逐漸滋長的青草與鮮花，不由得拋棄了、忘卻了他應盡的職務，不由得釋放了他的歌唱的本能，和著新來的鳴雀，在柔軟的南風中開懷的謳吟，同時他收到我的催請的信，我們青年盼望他的誠意與熱心，喚起了老人的勇氣。他立即定奪了他東去的決心。他說趁我暮年的肢體不曾僵透，趁我衰老的心靈還能感受，絕不可錯過這最後唯一的時機，這博大、從容、禮讓的民族，我幼年時便發心朝拜，與其將來在黃昏寂靜的境界中萎衰的惆悵，何如利用這夕陽未瞑時的光芒，了卻我進香人的心願？

他所以決意地東來。他不顧親友的勸阻，醫生的警告，不顧他自身高年與病體，他也撇開了他在本國一切的任務，跋涉了萬里的海程，他來到了中國。

自從四月十二日在上海登岸以來，可憐老人不曾有過一天半天完整的休息，旅行的勞頓不必說，單就公開的演講以及較小集會時的談話，至少也有了三四十次！他的，我們知道，不是教授們的講義，不是教士們的講道，他的心府不是堆積貨物的棧房，他的辭令不是教科書的喇叭。他是靈活的泉水，一顆顆顫動的圓珠從地心裡兢兢的泛登水面都是生命的精波；他是瀑布的吼聲，在白雲間，青林中，石罅裡，不住地嘯響：他是百靈的歌聲，他的歡欣，憤慨，響亮的諧音，瀰漫在無際的晴空。但是他口倦了，終夜的狂歌已經耗盡了子規的精力，東方的曙色亦照出他點點的心血，染紅了薔薇枝上的白露。

老人是疲乏了。這幾天他睡眠也不得安寧。他已經透支了他有限的精力。他差不多是靠散拿吐瑾（一種藥物）過日的，他不由得不感覺風塵的厭倦，他時常想念他少年時在恆河邊沿拍浮的清福，他想望椰樹的清蔭與曼果的甜瓤。

但他還不僅是身體的疲勞，他也感覺心境的不舒暢。這是很不幸的。我們做主人的只是深深的負歉。他這次來華，不爲遊歷，不爲政治，更不爲私人的利益，他熬著高年，冒著病體，拋棄自身的事業，備嘗行旅的辛苦，他究竟爲的是什麼？他爲的只是：一點看不見的情感，說遠一點，他的使命是在修補中國與印度兩民族間中斷千餘年的橋樑，說近一點，他只想感召我們青年眞摯的同情。因爲他是信仰生命的，他是尊崇青年的，他是歌頌青春與清晨的。他永遠指點著前途的光明。悲憫是當初釋迦牟尼正果的動機，悲憫也是泰戈爾先生不辭艱苦的動機。現代的文明只是駭人的浪費，貪淫與殘暴，自私與自大，相猜與相忌，颶風似地傾覆了人道的平衡，產生了巨大的毀滅。蕪穢的心田裡只是誤解的蔓草，毒害同情的種子，更沒有收成的希冀。在這荒慘的境地裡，難得有少數的丈夫，不怕阻難，不自餒怯，肩上扛著剷除誤解的大鋤，口袋裡滿裝著新鮮人道的種子，不問天時是陰是雨是晴，不問是早晨是黃昏是黑夜，他只是努力的工作，清理一方泥土，施殖一方生命，同時口唱著嘹亮的新歌，鼓舞在黑暗中將次透露的萌芽，泰戈爾先生就是這少數中的一個。他是來廣布同情的，他是來消除成見的，我們親眼見過他慈祥的陽春似的表情，親耳聽過他從心靈底迸裂出來的大聲，我想只要我們的良心不曾受惡毒的煙煤熏黑，或是被惡濁的偏見污抹；誰不曾感覺他至誠的力量，魔術似的，爲我們生命的前途開闢了一個神奇的境界，燃點了理想的光明？所以我們也懂得他的深刻懊悵與失望，如其他知道部分的青年不但不能容納他的靈感，並且存心的誣毀他的熱忱。我們固然獎勵思想的獨立，但我們絕不能附和誤解的自由。他生平最滿意的成績就在他永遠能得青年的同情，不論在德國、在丹麥、在美國、在日本，青年永遠是他最忠心的朋友。他也曾經遭受種種誤解與攻擊，政府的猜疑與報紙的誣揑與守舊派的譏評，不論如何的謬妄與劇烈，從不曾擾動他優容的大量，他的希望、他的信仰、他的愛心、他的至誠，完全的託付青年。我的鬚、我的髮是白的，但我的心卻永遠是青的，他常常的對我們說，只要青年是我的知己，我理想的將來就有著落，我樂觀的明燈永遠不致黯淡。他不能相信純潔的青年也會墮落在懷疑、猜忌、卑瑣的泥潭。他更不能相信中國的青年也會沾染不幸的污點。他眞不預備在中國遭受意外的待遇，他很不自在，他很感覺異樣的愴心。

因此精神的懊喪更加重他軀體的倦勞。他差不多是病了。我們當然很焦急的期望他的健康，但他再沒有心境繼續他的講演。我們恐怕今天就是他在北京公開講演最後的一個機會。他有休養的必要。我們也絕不忍再使他耗費他有限的精力。他不久又有長途的跋涉，他不能不有三四天完全的養息，所以從今天起，所有已經約定的會集，公開與私人的，一概撤消，他今天就出城去靜養。

我們關切他的一切可以原諒，就是一小部分不願意他來做客的諸君也可以自喜戰略的成功。他是病了，他在北京不再開口了，他快走了，他從此不再來了。但是同學們，我們也得平心的想想，老人到底有什麼罪，他有什麼負心，他有什麼不可容赦的犯案？公道是死了嗎？爲什麼聽不見你的聲音了。

他們說他是守舊，說他是頑固，我們能相信嗎？他們說他是「太遲」，說他是「不合時宜」，我們能相信嗎？他自己是不能相信，眞的不能信。他說這一定是滑稽家的反調，他一生所遭逢的批評只是太新，太早，太急進，太激烈，太革命的，太理想的，他六十年的生涯只是不斷的奮鬥與衝鋒，他現在還只是衝鋒與奮鬥。但是他們說他是守舊，太遲，太老。他頑固的奮鬥的對象只是暴烈主義、資本主義、帝國主義、武力主義，殺滅牲靈的物質主義；他主張的只是創造的生活，心靈的自由，國際的和平，教育的改造，普愛的實現。但他們說他是帝國政府的間諜，資本主義的助力，亡國的奴族的流民，提倡裹腳的狂人！骯髒是在我們的政客與暴徒的心裡，與我們的詩人又有什麼關聯？昏亂是在我們冒名的學者與文人的腦裡，與我們的詩人又有什麼親屬？我們何妨說太陽是黑的，我們何妨說蒼蠅是眞理？同學們，聽信我的話，像他的這樣偉大的聲音我們也許一輩子再不會聽著的了。留神目前的機會，預防將來的惆悵！他的人格我們只能到歷史上去搜尋比擬。他的博大的溫柔的靈魂我敢說永遠是人類記憶裡的一次靈跡。他的無邊際的想像與遼闊的同情使我們想起惠德曼（惠特曼）；他的博愛的福音與宣傳的熱心使我們記起托爾斯泰；他的堅韌的意志與藝術的天才使我們想起造摩西像的密仡郎基羅（米開朗基羅）；他的詼諧與智慧使我們想像當年的蘇格拉底與老聃；他的人格的和諧與優美使我們想念暮年的葛德（歌德）；他的慈祥的純愛的撫摸，他的爲人道不厭的努力，他的磅礡的大聲，有時竟使我們喚起救主的心像；他的光彩，他的音樂，他的雄偉，使我們想念奧林匹克山頂的大神。他是不可侵凌的，不可逾越的，他是自然界的一個神秘的現象，他是三春和暖的南風，驚醒樹枝上的新芽，增添處女頰上的紅暈。他是普照的陽光。他是一派浩瀚的大水，來從不可追尋的淵源，在大地的懷抱中終古的流著，不息的流著，我們只是兩岸的居民，憑藉這慈恩的天賦，灌溉我們的田稻，紓解我們的消渴，洗淨我們的污垢。他是喜馬拉雅積雪的山峰，一般的崇高，一般的純深，一般的壯麗，一般的高傲，只是無限的青天枕藉他銀白的頭顱。人格是一個不可錯誤的實在，荒歉是一件大事，但我們是餓慣了的，只認鳩形與鵠面是人生本來面目，永遠忘卻，眞健康的顏色與彩澤、標準的低降是一種可恥的墮落；我們只是踞坐在井底的青蛙。但我們更沒有懷疑的餘地。我們也許端詳東方的初白，卻不能非議中天的太陽。我們也許見慣了陰霾的天時，不耐這熱烈的光焰，消散天空的雲霧，暴露地面的荒蕪，但同時在我們心靈的深處，我們豈不也感覺一個新鮮的影響，催促我們生命的跳動，喚起潛在的想望，彷彿是武士望見了前峰烽煙的信號，更不躊躇的奮勇前向？只有接近了這樣超逸的純粹的丈夫，這樣不可錯誤地實在，我們方始相形的自愧我們的口不夠闊大，我們的嗓音不夠響亮，我們的呼吸不夠深長，我們的信仰不夠堅定，我們的理想不夠瑩澈，我們的自由不夠磅礴，我們的語言不夠明白，我們的情感不夠熱烈，我們的努力不夠勇猛，我們的資本不夠充實……

我自信我不是恣濫不切事理的崇拜，我如其曾經應用濃烈的文字，這是因爲我不能自制濃烈的感想。但我最急切要聲明的是我們的詩人，雖則常常招受神秘的徽號，在事實上卻是最清明，最有趣，最詼諧，最不神秘的生靈。他是最通達人情，最近人情的。我盼望有機會追寫他日常生活與談話。如其我是犯嫌的，如其我也是情近神秘的（有好多朋友這麼說），你們還有適之先生的見證，他也說他是最可愛最可親的個人；我們可以相信適之先生絕對沒有「情近神秘」的嫌疑！所以無論他怎樣的偉大與深厚，我們的詩人還只是有骨有血的人，不是野人，也不是天神。唯其是人，尤其是最富情感的人，所以他到處要求人道的溫暖與安慰，尤其要我們中國青年的同情與情愛，他已經爲我們盡了責任，我們不應，更不忍辜負他的期望。同學們，愛你的愛，崇拜你的崇拜，是人情不是罪孽，是勇敢不是懦怯！

一九二四年五月十二日

徐志摩（一八九七—一九三一），浙江海寧人，著名詩人。一九二四年任北京大學英文系教授，著有《志摩的詩》、《翡冷翠的一夜》、《猛虎集》、《雲遊》等詩集、散文集、劇作。

文學的嚴肅性

在清華大學文藝晚會上的講演

朱自清

「嚴肅」這個觀念在我們現代文學開始發展時是認爲很重要的。當時與新文學的創造方面對抗的是「鴛鴦蝴蝶派」、「禮拜六派」的小說。他們的態度，不論對文學、對人生，都是消遣的。新文學是嚴肅的。這嚴肅與消遣的對立中開始了新文學運動，尤其是新文學的創作方面。

本來在傳統的文學裡，所謂「文」的地位是不很高的。文章，小道也。在宋朝還有人說作文害道。作文對道學有害，這是一種極端的看法，作文至少是小道。這裡面的小說，更是小而又小了，在新文學運動開始時，對人生先有一個嚴肅的態度。對文學，也有一個新的文學觀念，這觀念包括文學不是專門只爲消遣，茶餘酒後的消遣；他們認爲文學有重大的使命和意義，這是一層。第二，文學並非小道，有其獨立的地位。從前向來是不承認的，就是詩與文在文學中的地位很高，比起道來，仍然很差。五四運動開始時，反對「文以載道」，因爲這樣一說，文便成爲一種無足輕重的東西，主要的是道。道把文壓下來，所以要反對。但當時新文學運動如何表現這兩個觀念呢？這還得和鴛鴦蝴蝶派對著來看。

鴛鴦蝴蝶派的小說，寫的多是戀愛故事，但不是當作一件嚴肅的事情（當時也有爲戀愛而戀愛），總帶點把戀愛當遊戲的態度。看小說的，也是茶餘酒後，躺在床上看看。雖然看到悲哀的時候，也流幾滴眼淚，但總不認眞似的。他們的文學大部分是文言，就是用白話，也是從舊小說裡抄來的，不免油腔滑調。新文學在文字方面的態度很認眞，教你不能不認眞地看。有人看慣了舊的，看新的作品覺得太正經，不慣。在內容方面，注重攻擊禮教，諷刺社會。發掘中國社會的劣根性而表現出來，在這方面見出認眞的態度。

鴛鴦蝴蝶派的小說，倒合乎中國小說的傳統，中國小說本來是著重在「奇」的。如唐朝的「傳奇」，明朝的短篇集叫《拍案驚奇》，奇就是不正經，小說就要爲的奇。我們幼時，看小說還叫看閒書，小說自身就以不正經自居，明朝雖有《警世通言》、《醒世恆言》、《喻世明言》，名稱上似乎注重社會的作用，但這三種書被選出編成《今古奇觀》，足見仍然也是以「奇」爲主。鴛鴦蝴蝶派的小說就在滿足好奇的趣味，所以能得到許多讀衆。新文學卻不要奇，奇對生活的關係較少。要正，要正視生活。反禮教，反封建，發掘社會病根，正視社會、國家、人生，因此他們在寫作上是寫實的，即如《狂人日記》，裡面雖然是象徵意義，但卻用寫實筆法來寫，這種嚴肅的態度，維持不斷。直到後來，社會比較安定些，知識階級的生活也安定下來，於是嚴肅的態度改變了，產生言志載道的問題。

新文學初期反對載道，這時候更有人提倡言志。所謂言志，實在是玩世不恭，追求趣味。趣味只是個人的好惡，這也是環境的反映，當時政治上還是混亂，這種態度是躲避。他們喝酒，喝茶，談窄而又窄的身邊瑣事。當時許多人如此，連我也在內，但這種情形經過的時間很短，從言志轉到了幽默。好像說酒要一口一口地喝，還不成，一直要幽默到沒有意義，爲幽默而幽默，一面要說話，一面卻要沒有意義，這也是一種極端。生活的道路，越走越窄，一切都沒有意義，變成耍貧嘴、說俏皮話，這明明白白回到了消遣。

人生原是兩方面的，時代的壓迫稍鬆，便走到這一邊來。但中國的情形不允許許多人消遣。結果，消遣的時間很短，又回過頭來，大家認爲這種態度要不得。於是更明白地提出嚴肅的口號，魯迅先生介紹了一句話：「一方面是嚴肅的工作，一方面是荒淫與無恥。」這兩者相對比嚴肅和淸高相對更尖銳，這表示時代要求嚴肅更迫切了。

這裡應該補充一點。創造社的浪漫和傷感成爲一時的風氣，那是那個時代個人求解放的普遍趨勢。個人生活中靈肉的衝突是生死問題，是嚴肅的問題，民國十四年「五卅」以後，反帝反封建更是迫切。大家常提起魯迅先生介紹的那句話，並且從工作擴大到行動。於是文學運動又回到嚴肅。

現在更是嚴肅的時期。新文學開始時反對文以載道，但反對的是載封建的道。到現在快三十年了，看看大部分作品其實還是在載道，只是載的是新的道罷了。三十年間雖有許多變遷，文學大部分時間是工具，努力達成它的使命和責任，和社會的別的方面是聯繫著的。

一九四七年五月

朱自清（一八九八—一九四八），浙江紹興人，散文家、學者。著有散文集《背影》、《歐遊雜記》，長詩《毀滅》，學術論述《經典常談》、《詩言志辨》等。並有《朱自清全集》行世。

短篇小說

在西南聯大國文學會講

沈從文

說到這個問題以前，我想在題目下加上一個子題，比較明白。「一個短篇小說的作者，談談短篇小說的寫作，和近二十年來中國短篇小說的發展。」

因爲許多人印象裡意識裡的短篇小說，和我寫到的說起的，可能是兩樣不同的東西，所以我還要老老實實聲明一下：這個討論只能說是個人對於小說的一點印象，一點感想，一點意見，不僅和習慣中的學術莊嚴標準不相稱，恐怕也和前不久確定的學術一般標準不相稱。世界上專家或權威，在另外一時對於短篇小說規定的「定義」、「原則」、「作法」，和文學批評家所提出的主張說明，到此都暫時失去了意義。

什麼是我所謂的「短篇小說」？要我立個界說，最好的界說，應當是我作品所表現的種種。若需要歸納下來簡單一點，我倒還得想想，另外一時給這個題目作的說明，現在是不是還可應用。三年前我在師範學院國文會討論會上，談起「小說作者和讀者」時，把小說看成「用文字很恰當記錄下來的人事」。因為既然是人事，就容許包含了兩個部分：一是社會現象，是說人與人相互之間的種種關係；一是夢的現象，便是說人的心或意識的單獨種種活動。單是第一部分容易成為日常報紙記事，單是第二部分又容易成為詩歌。必須把人事和夢兩種成分相混合，用語言文字來好好裝飾剪裁，處理得極其恰當，才可望成為一個小說。

我並不覺得小說必須很「美麗」，因為美麗是在文字詞藻以外可以求得的東西。我也不覺得小說需要很「經濟」，因為即或是個短篇，文字經濟依然並不是這個作品成功的唯一條件。我只說要很「恰當」，這恰當意義，在使用文字上，就容許不怕數量的浪費，也不必對於詞藻過分吝嗇。故事內容呢，無所謂「眞」，亦無所謂「偽」（更無深刻平凡區別），要的只是那個「恰當」。文字要恰當，描寫要恰當，全篇分配更要恰當。作品的成功條件，就完全從這種「恰當」產生。

我們得承認，一個好的文學作品，照例會使人覺得在眞美感覺以外，還有一種引人「向善」的力量。我說的「向善」，這個詞的意思，並不屬於社會道德一方面「做好人」的理想，我指的是這個：讀者從作品中接觸了另外一種人生，從這種人生景象中有所啓示，對「人生」或「生命」能作更深一層的理解。普通做好人的鄉愿道德，社會雖異常需要，有許多簡便方法工具可以利用，「上帝」或「鬼神」，「青年會」或「新生活」，或對付他們的心，或對付他們的行為，都可望從那個「多數」方面產生效果。不必要文學來做。至於小說可做的事，卻遠比這個重大，也遠比這個困難。如像生命的明悟，使一個人消極的從肉體愛憎取予，理解人的理性和魔性，如何相互爲緣，並明白生命各種形式，擴大到個人生活經驗以外，爲任何書籍所無從企及。或積極的提示人，一個人不僅僅能平安生存即已足，尙必須在他的生存願望中，有些超越普通動物的打算，比飽食暖衣保全首領以終者更多一點的貪心或幻想，方能把生命引導到一個崇高理想上去。這種激發生命離開一個動物人生觀，向抽象發展與追求的興趣或意志，恰恰是人類一切進步的象徵。這工作自然也就是人類最艱難偉大的工作。推動或執行這個工作，文學作品實在比較別的東西更其相宜。若說得誇大一點，到近代，別的工具都已辦不了時，唯有「小說」還能擔當這種艱巨。原因簡單而明白：小說既以人事爲經緯，舉凡機智的說教，夢幻的抒情，一切有關人類向上的抽象原則學說，無一不可以把它綜合組織到一個故事發展中。印刷術的進步，交通工具的進步，既得到分布的便利，更便利的還是近千年來讀者傳統的習慣，即多數認識文字的人，從一個故事取得娛樂與教育的習慣，在中國還好好存在。加之用文學作品來耗費他個人剩餘生命，取得人生教育，從近三十年來年輕學生方面說，在社會心理上即賢於博弈。所以在過去，《三國志》或《紅樓夢》所有的成就，顯然不是用別的工具可以如此簡便完成的。在當前，幾個優秀作家在國民心理影響上，也不是什麼做官的專家部長委員可辦到的。在將來，一個文學作者若具有一種崇高人生理想，這理想希望它在讀者生命中保有一種勢力，將依然是件極其容易的事情。用「小說」來代替「經典」，這種大膽看法，目前雖好像有點荒唐，卻近於將來的事實。

這是我三年前對於小說的解釋，說的雖只是「小說」，把它放在「短篇小說」上，似乎還說得通。這種看法也許你們會覺得可笑，是不是？不過眞正可笑的還在後面，因爲我個人還要從這個觀點上來寫三十年！二十年在中國歷史上，算不得一個數目，但在個人生命中，也就夠瞧了。這種生命的投資，普通聰明人是不幹的！

有人覺得好笑以外也許還要有點奇怪，即從我說這問題一點鐘兩點鐘得來的印象，和你們事先所猜想到的，讀十年書聽十年講記憶中所保留的，很可能都不大相合。說完了，於是散會。散會以後，有的人還當作笑話，繼續談論下去，有的人又匆匆忙忙的跑出大南門，預備去看九點場電影，有的人說不定回到宿舍，還要罵罵「狗屁狗屁，豈有此理」。這樣或那樣，總而言之，是不可免的。過了三點鐘後，這個問題所能引起的一點小小紛亂也差不多就完事了。這也就正和我所要說的題目相合，與一個「短篇小說」在讀者生命中所占有的地位相合，講的或寫的，好些情形都差不多。這並不是人生的全部，只那麼一點兒，所要處理的，說他是作者人生的經驗也好，是人生的感想也好，再不然，就說他是人生的夢也好。總之，作者所能保留到作品中的並不多，或者是一個閃光，一個微笑，以及一瞥即成過去的小小悲劇，又或是一個人瀕臨生死邊緣做的短期掙扎。不管它是什麼，都必然受種種限制，受題材、文字以及讀者聽者那個「不同的心」所限制。所以看過或聽過後，自然同樣不久完事。不完事的或者是從這個問題的說明、表現方式上，見出作者一點語言文字的風格和性格，以及處理題材那點匠心獨運的巧思，作品中所蘊蓄的人生感慨與人類愛。如果是講演，連續到八次以上，從各個觀點去說明的結果，或者能建設出一個明明朗朗的人生態度。如果是作品，一本書也不會給讀者相同印象。至於聽一回，看一篇，即使能有會於心，保留一種深刻印象，對少數人言，即或辦得到，對多數人言，是無可希望的！

新文學中的短篇小說，係隨同二十二年前那個五四運動發展而來。文學運動本在五四運動以前，民六左右，即由陳獨秀、胡適之諸先生提出來，卻因五四運動得到「工具重造工具重用」的機會。當時談思想解放和社會改造，最先得到解放的是文字，即語體文的自由運用。思想解放社會改造問題，一般討論還受相當限制時，在文學作品試驗上，就得到了最大的自由，從試驗中日有進步，且得到一個「多數」（學生）的擁護與承認。雖另外還有個「多數」（舊文人與頑固漢）在冷嘲惡咒，它依然在幼稚中發育成長，不到六七年，大勢所趨，新的中國文學史，就只有白話文學作品可記載了。談到這點過去時，其實應當分開來說說，因爲各部門作品的發展經過和它的命運，是不大相同的。

新詩革命當時最與傳統相反，情形最熱鬧，最引起社會注意（作者極興奮，批評者亦極興奮），同時又最成爲問題，即大部分作品是否算得是「詩」的問題。

戲劇在那裡討論社會問題，處理思想問題，因之有「問題」而無「藝術」，初期也就只是熱鬧，作品並不多，且不怎麼好。

小說發展得平平常常，規規矩矩，不如詩那麼因自由而受反對，又不如戲劇那麼因莊嚴而抱期望，可是在極短期間中卻已經得到讀者認可而繼續下去。先從學生方面取得讀者，隨即從社會方面取得更多的讀者，因此奠定了新文學基礎，並奠定了新出版業的基礎。

若就近二十年來作個總結算，看看這二十年的發展，作者多，讀者多，影響大，成就好，實應當推短篇小說。這原因加以分析，就可知道，一是起始即發展得比較正常，作品又得到個自由競爭機會，新陳代謝作用大些，前仆後繼，人才輩出，從作品中沙中揀金，沙子多金屑也就不少。其次即是有個讀者傳統習慣，來接受作品，同時還刺激鼓勵優秀作品產生。

若討論到「短篇小說」的前途時，我們會覺得他似乎是無什麼「出路」的。他的光榮差不多已經成為「過去」了。它將不如長篇小說，不如戲劇，甚至於不如雜文熱鬧。長篇小說從作品中鑄造人物，鋪敘故事又無限制，近二十年來社會的變，近五年來世界的變，影響到一人或一群人的事，無一不可以組織到故事中。一個長篇如安排得法，即可得到歷史的意義、歷史的價值，它且更容易從舊小說讀者中吸收那個多數讀者，它的成功偉大性是極顯明的。戲劇娛樂性多，容易成為大時代中都會的點綴物，能繁榮商業市面，也能繁榮政治市面，所以不僅好作品容易露面，即本身十分淺薄的作品，有時說不定在官定價值和市定價值兩方面，都被抬得高高的。其中唯有短篇小說，費力而不容易討好，將不免和目前我們這個學校中的「國文系」情形相同，在習慣上還存在，事實上卻好像對社會不大有什麼用處，無出路是命定了的。

不過我想在大家都忘不了「出路」，多數人都被「出路」弄昏了頭的時候，來在「國文學會」的討論會上，給「短篇小說」重新算個命，推測推測它未來可能是個什麼情形。有出路未必是好東西，這個我們從跑銀行的大學生，有銷路的雜誌，和得獎的作品即可見到一二。那麼，無出路的短篇小說，還會不會有好作者和好作品？從這部門作品中，我們還能不能保留一點希望，認爲它對中國新文學前途，尚有貢獻？要我答覆我將說「有辦法的」。它的轉機即因爲是「無出路」。從事於此道的，既難成名，又難牟利，且絕不能用它去討個小官兒做做。社會一般事業都容許僥倖投機，作爲取巧，用極小氣力收最大效果，唯有「短篇小說」可是個實實在在的工作，玩花樣不來，擅長「政術」的分子絕不會來摸它。「天才」不是不敢過問，就是裝作不屑於過問。即以從事寫作的同道來說，把寫短篇小說作終生事業，都明白它不大經濟。這一來倒好了。短篇小說的寫作，雖表面上與一般文學作品情形相差不多，作者的興趣或信仰，卻已和別的作者不相同了。支持一個作者的信心，除初期寫作，可望從「讀者愛好」增加他一點愉快，從事此道十年八年後，尚能繼續下去的，作者那個「創造的心」，就必得從另外找個根據。很可能從外面刺激凌轢（欺壓），轉成爲自內而發的趨勢。作者產生作品那點「動力」，和對於作品的態度，都慢慢地會從普通「成功」，轉爲自我完成，從「附會政策」，轉爲「說明人生」。這個轉變也可說是環境逼成的，然而，正是進步所必需的。由於作者寫作的態度心境不同，似乎就與抄抄撮撮的雜感離遠，與裝模作樣的戰士離遠，與逢人握手每天開會的官僚離遠，漸漸的卻與那個「藝術」接近了。

照近二十年來的文壇風氣，一個作家一和「藝術」接近，也許他就應當叫作「落伍」了，叫作「反動」了，他的作品並且就要被什麼「檢查」了，「批評」了，他的主張意見就要被「圍剿」了，「揚棄」了。但我們可不必爲這事情擔心。這一切不過是一堆「詞」

而已，詞是照例搖撼不倒作品的。作品雖用紙張印成，有些國家在作品上澆了些煤油，放火去燒它，還無結果！二三子玩玩字詞，用作自得其樂的消遣，未嘗無意義。若想用它作符咒，來消滅優秀作品，其無結果是用不著龜筮卜算的。「落伍」是被證明已經「老朽」，「反動」，又是被裁判得受點處分，使用的意義雖都相當厲害，有時竟好像還和「偵探告密」、「坐牢殺頭」這類事情牽連在一處。但文人用來加到文人頭上時，除了滿足一種卑鄙的陷害本能，是並無何等意義，不用擔心嚇怕的。因爲這種詞用慣後、用多後，明眼人都知道這對於一個誠實的作家，是不會有何作用的。文學還是文學，作品公正的審判人是「時間」（從每個人生命中流過的時間），作品在讀者與時間中受試驗，好的存在，且可能長久存在，壞的消滅，即一時間偶然僥倖，遲早間終必消滅。一個作者眞正可怕的事，是無作品而充作家，或寫點非驢非馬作品應景湊趣，門面總算支持了，卻受不了那個試驗，在試驗中即黯然無光。

日月流轉，即用過去二十年事實作個例，試回頭看看這段短短路上的陳跡，也可長人不少見識。當時文壇逐鹿，恰如運動場上賽跑，上千種不同的人物，穿著各式各樣的花背心和運動鞋，用各自習慣的姿勢，從跑道一端起始，飛奔而前。其中有僅僅跑完一個圈子，即已力不從心，搖搖頭退下場了的。有跑到三五個圈子，個人獨在前面，即以爲大功告成而不再幹的。有一面跑一面還打量到做點別的節省氣力事情，因此裝作摔了一跤，腳一跛一跛向公務員叢中消失了的。也有得到親戚、朋友、老闆、愛人在旁拍巴掌叫好，自己卻實在無出息，一陣子也敗潰下來的。大致的說來，跑到三五年後，剩下的人數已不甚多。雖隨時都有新補充分子上場，跑到十年後，剩下的可望到達終點的人就不過十來位了。設若這個競賽是無終點的，每個人的終點即是死，工作的需要是發自於內的一點做人氣概，以及支持三五十年的韌性，跑到後來很可能觀衆都不聲不響，不拍掌也不叫好，多數作家難以爲繼，原是極其自然的。所以每三五年照例都有幾個雄赳赳的人物，寫了些得商人出力、讀者花錢、同道捧場、官家道賀的作品，結果只在短短「時間」陶冶中，作品即已若存若亡，本人且有改業經商，發了三五萬橫財，討個如夫人在家納福的。或改業從政，做個小小公務員，寫點子虛烏有報告的。或傍個小官，代筆做做秘書，安分樂生混日子下去的。這些人倒眞是得到了很好的出路！逝者如斯，不捨晝夜，歷史雖短，也就夠令人深思！

「得到多數」雖已成爲一種社會習慣，在文學發展中，倒也許正要借重「時間」，把那個平庸無用的多數作家淘汰掉，讓那個眞有作爲誠敬從事的少數，在極困難挫折中受試驗，慢慢的有所表現，反而可望見出一點成績（三五個有好作品的作家，事實上比三五百掛名作家更爲明日社會所需要，原是顯然明白的）。對這些個少數作家而言，我覺得他們的工作，正不妨從「文學」方面拉開，安放到「藝術」裡去，因爲它的寫作心理狀態，即容易與流行文學觀日見背馳，已漸漸和過去中國一般藝術家相近。他不是爲「出路」而寫作，這個意見是我十三年前提起過的，我以爲值得舊事重提，和大家討論討論。

記得是民國十七年秋天，徐志摩先生要我去一個私立大學講「現代中國小說」。上堂時，但見百十個人頭在下面轉動，我知道許多「腦子」也一定在同樣轉動。我心想：「和這些來看我講演的人，我說些什麼較好？」所以就在黑板上寫了一行字：「請你們讓我休息十分鐘吧。」我意思倒是咱們大家看看，比比誰看得深。我當然就在那裡休息，實在說就是給大家欣賞我那個亂蓬蓬的頭，那種狼狽神氣。到末後，我開口了，一說就是兩點鐘。下課鐘響後，走到長廊子上時，聽到前面兩個人說：「他究竟說些什麼？」這種講演從一般習慣看來，自然是失敗了。那次「看」的人可能比「聽」的人多，看的人或許還保留一個印象，聽的人大致都早已忘掉了。忘不掉的只有我自己，因爲算是用「人」教育「我」，眞正上了一課。這一課使我明白文字和語言、視和聽給人的印象，情形大不相同。我寫的小說，正因爲與一般作品不大相同，人讀它時覺得還新鮮，也似乎還能領會所要表現的思想內容。至於聽到我說起小說寫作，卻又因爲解釋的與一般說法不同，與流行見解不合，弄得大家莫名其妙了。這對於我個人，眞是一種離奇的教育。它刺激我在近十年中，繼續用各種方式去試驗，寫了一些作品和讀者對面。我寫到的一堆故事，或者即已說明我對這個問題的意見和態度，若不曾從我作品中看出一點什麼，這種單獨的講演，雖只會作成你們的複述那個「他究竟是說什麼」印象的。

其實當時說的並不稀奇古怪，不過太誠實一點罷了。「誠實」二字雖常常被文學作家和理論家提出，可是大多數人照例都怕和誠實對面。因爲它似乎是個鄉巴佬使用的名詞，附於這個名詞下的是：坦白、責任、超越功利而忠貞不易，超越得失而有所爲有所不爲。把這名詞帶到都市上來，對「玩」文學的人實在是毫無用處的。其實正是文學從商業轉入政治，「藝術」或「技巧」都在被嘲笑中地位縮成一個零。以能體會時代風氣寫平庸作品自誇的，就大有其人。這些人或彷彿十分前進，或儼然異常忠實，用阿諛「群衆」或阿諛「老闆」方式，認爲即可得到偉大成就。另外又有一部分作家，又認幽默爲人生第一，超脫瀟灑的用個玩票白相（不務正業）態度來有所寫作，諧趣氣氛的無節制，人生在作者筆下，即普遍成爲漫畫化。「淺顯明白」的原則支配了作者心和手，其所以能夠如此，即因爲這個原則正可當作作品草率馬虎的文飾。風氣所趨，作者不甘落伍的，便各在一種預定的公式上寫他的傳奇，產生並完成他「有思想」的作品。或用一個滑稽諷笑的態度，來寫他的無風格、無性格、平庸乏味的打哈哈作品。如此或如彼，目標所在是「得到多數」。用的是什麼方法，所得到的又是什麼，都不在意。

關於這一點，當時就覺得，這是不成的。社會的混亂，如果一部分屬於一般抽象原則價值的崩潰，作者還有點自尊心和自信心，應當在作品中將一個新的原則重建起來。應當承認作品完美即爲一種秩序。一切社會的預言者，本身必須堅實而壯健，才能夠將預言傳遞給人。作者不能只看今天明天，還得有個瞻望遠景的習慣，五十年一百年世界上還有群衆！新的文學要它有新意，且容許包含一個人生向上的信仰，或對國家未來的憧憬，必須得從另外一種心理狀態來看文學，寫作品，即超越商業習慣上的「成功」，完全如一個老式藝術家製作一件藝術品的虔敬傾心來處理，來安排。最高的快樂從工作本身即可得到，不待我求。這種文學觀自然與當時「潮流」不大相合，所以對我本來懷有好感的以爲我莫名其妙，對我素無好感的，就說這叫作「落伍」、「反動」。不過若注意到這是從左右兩方面來的詛咒，就只能令人苦笑了。

我是個鄉下人，鄉下人的特點照例「相當頑固」，所以雖被派「落伍」了十三年，將來說不定還要被文壇除名，還依然認爲一個作者不將作品與「商業」、「政策」混在一處，他腦子會清明一些。他不懂商業或政治，且極可能把作品也寫得像樣些。他若是一個短篇小說作者，肯從中國傳統藝術品取得一點知識，必將增加他個人生命的深度，增加他作品的深度。一句話，這點教育不會使他墮落的！如果他會從傳統接受教育，得到啓迪或暗示，有助於他的作品完整、深刻與美麗，並增加作品傳遞效果和永久性，都是極自然的。

我說的傳統，意思並不是指從史傳以來，涉及人事人性的敘述，兩千多年來早有若干作品可以模仿取法。那麼承受傳統毫無意義可言。主要的是有個傳統藝術空氣，以及產生這種種藝術品的心理習慣，在這種藝術空氣心理習慣中，過去中國人如何從一切不同的材料、不同的方法，來處理人的夢，而且又在同一材料上，用各樣不同方法，來處理這個人此一時或彼一時的夢。藝術品的形成，都從支配材料著手，藝術製作的傳統，即一面承認材料的本性，一面就材料性質注入他個人的想像和感情。雖加人工，原則上卻又始終能保留那個物性天然的素樸。明白這個傳統特點，我們就會明白中國文學可告給作家的，並不算多，中國一般藝術品告給我們的，實在太多太多了。

試從兩種藝術品的製作心理狀態，來看看它與現代短篇小說的相通處，也是件極有意義的事情。一由繪畫塗抹發展而成的文字，一由石器刮削發展而成的雕刻，不問它是文人藝術或應用藝術，藝術品之眞正價値，差不多全在於那個作品的風格和性格的獨創上。從材料方面言，天然限制永遠存在，從形式方面言，又有個社會習慣限制。然而一個優秀作家，卻能夠於限制中運用「巧思」，見出「風格」和「性格」。說誇張一點，即是作者的人格，作者在任何情形下，都永遠具有上帝造物的大膽與自由，卻又極端小心，從不濫用那點大膽與自由超過需要。作者在小小作品中，也一例注入崇高的理想，濃厚的感情，安排得恰到好處時，即一塊頑石，一把線，一片淡墨，一些竹頭木屑的拼合，也見出生命洋溢。這點創造的心，就正是民族品德優美偉大的另一面。在過去，曾經產生過無數精美的繪畫，形制完整的銅器或玉器，美麗溫雅的瓷器，以及形色質料無不超卓的漆器。在當前或未來，若能用它到短篇小說寫作上，用得其法，自然會有些珠玉作品，留到這個人間。這些作品的存在，雖若無補於當前，恰恰如杜甫、曹雪芹在他們那個時代一樣，作者或傳說餓死，或傳說窮死，都緣於工作與當時價值標準不合。然而百年後或千載後的讀者，反而唯有從這種作品中，取得一點生命力量，或發現一點智慧之光。

製硯石的高手，選材固在所用心，然而在一片石頭上，如何略加琢磨，或就材質中小小毛病處，因材使用做一個小小蟲飾，一個小池，增加它的裝飾性，一切都全看作者的設計，從設計上見出優秀與拙劣。一個精美硯石和一個優秀短篇小說，製作的心理狀態（即如何去運用那點創造的心），情形應當約略相同。不同的爲材料，一是石頭，頑固而堅硬的石頭，一是人生，複雜萬狀充滿可塑性的人生。可是不拘是石頭還是人生，若缺少那點創造者的「匠心獨運」，是不會成爲特出藝術品的。關於這件事，《紅樓夢》作者曹雪芹，比我們似乎早明白了兩百年。他不僅把石頭比人，還用雕刻家的手法，來表現大觀園中每一個人物，從語言行爲中見身分性情，使兩世紀後讀者，還彷彿可看到這些紙上的人，全是些有血有肉有哀樂愛憎感覺的生物（談歷史的多稱道乾隆時代，其實那個輝輝煌煌的時代，除了遺留下一部《紅樓夢》可作象徵，別的作品早完了）！

再從宋元以來中國人所作小幅繪畫上注意。我們也可就那些優美作品設計中，見出短篇小說所不可少的慧心和匠心。這些繪畫無論是以人事爲題材，以花草鳥獸雲樹木石爲題材，「似眞」、「逼眞」都不是藝術品最高的成就，重要處全在「設計」。什麼地方著墨，什麼地方敷粉施彩，什麼地方竟留下一片空白，不加過問。有些作品尤其重要處，便是那些空白不著筆墨處，因比例上具有無言之美，產生無言之教。

短篇小說的作者，能從一般藝術鑑賞中，涵養那個創造的心，在小小篇章中表現人性，表現生命的形式，有助於作品的完美，是無可疑的。

短篇小說的寫作，從過去傳統有所學習，從文字學文字，個人以爲應當把詩放在第一位，小說放在末一位。一切藝術都容許作者注入一種詩的抒情，短篇小說也不例外。由於對詩的認識，將使一個小說作者對於文字性能具特殊敏感，因之產生選擇語言文字的耐心。對於人性的智愚賢否、義利取捨形式之不同，也必同樣具有特殊敏感，因之能從一般平凡哀樂得失景象上，觸著所謂「人生」。尤其是詩人那點人生感慨，如果成爲一個作者寫作的動力時，作品的深刻性就必然因之而增加。至於從小說學小說，所得是不會很多的。

所以短篇小說的明日，是否能有些新的成就，據個人私意，也可以那麼說，實有待於少數作者，是否具有勇氣肯從一個廣泛的舊的傳統最好藝術品中，來學習取得那個創造的心，印象中保留著無數優秀藝術品的形式，生命中又充滿活潑生機，工作上又不缺少自尊心和自信心，來在一個新的觀點上嘗試他所努力從事的理想事業。

一九四一年五月二日

沈從文（一九〇二—一九八八），湖南鳳凰人，文學家、文化史專家。抗日戰爭爆發後，任昆明西南聯合大學教授。抗戰勝利後，任北京大學教授。

社會意識與小說藝術

五四以來中國小說的幾個問題　香港首屆「中文文學週」

白先勇

五四以來中國現代小說的主流一直表現著一種強烈的社會意識，這個主流也就是以魯迅、巴金、茅盾、老舍、丁玲為首，以及後來許多左翼作家創作的一種寫實主義的小說，無論是一九四九年以前對舊社會的批判攻擊，或是一九四九年以後對新社會的歌頌擁護，評論家往往以小說中的社會意識是否合於某種社會政治的教條主張做為小說批評的標準，而小說中的藝術性反而成為次要。中國現代小說家不僅是一個文藝工作者，而往往同時被要求扮演一個社會改革者。這個現象，當然與中國現代小說產生的特殊社會背景有關。民國以來，文學的思想上有兩大運動，五四前後的文學革命跟其後的革命文學。這兩大運動雖然倡導者和參與者不同，前者以胡適為首，後者由創造社所提倡，但兩派的精神上卻是一脈相承的。兩大運動雖然以文學為名，其實是以社會政治改革為目的，不是以文學本身的藝術價值或功能為標準，而是把文學定為社會改革或政治變更的工具。

這種功利主義的文學觀，自然有其歷史的不可避免性。十九世紀中葉鴉片戰爭以來，長期的喪權辱國，使得以天下爲己任的中國知識分子，興起了救亡圖存的使命感，因而要改革文字，倡導白話運動，使得凡識字的國民都能了解世界國家大事，擔負起救國救民的責任。當時許多知識分子相信文學可以改變人心，拯救國家。一九〇三年梁啓超發表在《新小說》創刊號那篇有名的〈論小說與群治的關係〉，開宗明義便說：

> 欲興一國之民，不可不新一國之小說，故欲新道德，必新小說，欲新宗教，必新小說，欲新政治，必新小說，欲新風俗，必新小說，欲新學藝，必新小說，乃至欲新人心，欲新人格，必新小說……。

梁啓超這種以小說改革世道人心的態度精神，正是後來五四運動胡適、陳獨秀、魯迅以及以後許多人所繼承的。也就是夏志清教授在一篇論文裡談到的現代中國文學感時憂國的精神。這篇論文的英文題目是「Obsession with China: The Moral Burden of Modern Chinese Literature」，他認爲中國現代小說家對中國命運所背負的道德重擔，使他們流入一種狹窄的愛國主義，與西方現代作家，像杜思妥也夫斯基、托馬斯．曼等人那樣，超越自己的國籍，共同探索現代文明的病源那種世界性的精神，迥然不同。

文學革命到革命文學，這兩大運動演變下去，一九三〇年，左翼作家聯盟成立，普羅文學大行其道，至一九四二年，毛澤東「在延安文藝座談會上的講話」，提出「工農兵文學」的主張，文學爲政治服務便成了日後檢驗文學的最高標準，小說藝術的重要性，也就相對受到貶抑。中國現代小說，社會意識逐漸壓凌小說藝術的現象，是五四以來中國小說發展的一大特色。做為一個中國現代小說家的處境非常艱難，他所扮演的雙重角色：藝術家和社會改革家，往往互相衝突，不能和諧。一個小說家如何能忠於自己的藝術良知，寫出社會的不平，人民的痛苦，而又能不干犯政治的信仰教條呢？這項基本的衝突，也就是二〇年代、三〇年代文藝大論戰以及日後中共政權清算文人的由來。

五四以來中國小說中的社會意識，是一種充滿革命激情的社會意識，狂熱的反傳統，揭發舊社會的黑暗，宣布舊社會的死亡。譬如魯迅的《狂人日記》控訴中國傳統禮教吃人。巴金的《家》鼓勵「家庭革命」，在當時都產生了巨大的迴響。五四反傳統的狂潮，波瀾壯闊，四十年後的「文化大革命」，再度掀起高潮，達到巔峰。環顧世界各國，近半個世紀以來，似乎還沒有一個國家民族像中國人這樣對自己的傳統文化如此仇視憎恨，摧毀得如此徹底的。我們的舊傳統社會確實有其不可彌補的缺點，應當改革。但是對一個小說家來說，跟自己國家民族的傳統過去，一刀兩斷，對他的藝術創作，害處甚大。中國文學的一大特色，是對歷代興亡、感時傷懷的追悼，從屈原的《離騷》到杜甫的「秋興」八首，其中所表現出人世滄桑的一種蒼涼感，正是中國文學最高的境界，也就是《三國演義》中：「青山依舊在，幾度夕陽紅」的歷史感，以及《紅樓夢》好了歌中：「古今將相在何方，荒塚一堆草沒了」的無常感。當然，對過去傳統的感懷並不限於中國文學。我們試比較一下十九世紀及二十世紀西方文學幾本小說名著，追懷傳統，也是重要主題之一。

譬如說托爾斯泰的《戰爭與和平》，這本被譽為俄國最偉大的小說，便是追懷俄國人抵抗拿破崙侵俄的光榮歷史。托爾斯泰本人是一個身體力行的社會改革家，對沙俄時代的舊社會，深懷不滿，但這並不阻礙他在藝術創作中表露他對俄國歷史的尊重。又例如法國小說家普魯斯特（Marcel Proust），他那本《往事追憶錄》（《追憶逝水年華》）也被評論家公推為二十世紀法國小說的翹楚，這本小說也是追憶第一次大戰前後逐漸消逝的法國貴族社會。但值得注意的是這部小說的藝術感性及表現技巧是完全現代，具有劃時代革命性的，但所表示的社會意識，卻是對法國舊傳統的懷念。一般說美國人並不太有追憶歷史的習慣，但福克納（William Faulkner）的巨著《聲音與憤怒》，卻是對美國沒落的南方文化一往情深的悼念。這部小說跟普魯斯特的《往事追憶錄》一樣，在藝術創作上，表現了驚人的創新和實驗性。這幾位偉大的西方小說家，他們的作品如此深厚感人，無疑的，都得力於他們對他們自己國家的文化傳統深刻的了解和追懷。而五四以來，中國幾位重要的小說家，他們表現於作品中的意識形態，多是一種反封建反傳統，社會革命的意識形態，對中國的舊社會舊傳統，當然不會留戀，進而毫不留情的貶抑攻擊。他們這種棄舊迎新，斬斷過去的態度精神，不僅有別於中國的傳統文學，跟同時代的西方文學，亦大異其趣。

當然，一篇小說中的社會意識與其藝術價值並不必要互相衝突，彼此不容。而且如果作品中的社會意識與小說藝術取得平衡，內容與技巧互相協調，因為作品的社會意義，便更能反映時代精神。我前面提到五四以來許多小說的社會意識強烈有餘，而藝術成就不高，一方面固然是受到當時的文藝思潮、功利主義的文學觀、文學工具論的影響；二方面更不幸的受到後來政治干擾，文學淪爲替政治服務的工具，喪失了文學藝術的獨立性。我們研究五四以來中國現代小說，會發覺成功優秀的作品都是在社會意識及小說藝術之間取得了平衡妥協後的成果。五四時代影響力最大的小說家當然首推魯迅。魯迅的重要影響有兩方面：一方面是他對中國舊社會封建傳統的黑暗面深刻尖銳的批判揭發，他這種道德的覺醒與道德的勇氣，替五四時代的知識分子樹立了一種典範，另一方面是他第一次將西方現代小說的技巧形式成功地引進他的創作中而開創了中國小說，尤其是中國現代短篇小說的新風格。魯迅生於新舊交替之間，本身的性格又異常複雜，矛盾重重。他的雜文，往往表露出他嫉惡如仇的一面，有時不免流於偏激尖刻，但他在《徬徨》、《吶喊》兩部小說創作中，他那種激進叛逆的社會意識，卻受到相當的藝術上的節制。這兩部小說集的作品，冷靜客觀，不帶夾評風格是其最大的特色，亦是其藝術成就的重要因素。例如「孔乙己」，魯迅運用西洋現代小說，第一人稱旁觀者的叙事觀點，由一個小孩子的口中，說出一則新舊社會交替之間，一個跟不上時代的傳統知識分子的悲劇。魯迅以經濟的手法，低沈的調子，非常有效的表達出這篇小說中的社會意識。這篇小說的主題，雖然在抨擊舊社會，但魯迅對孔乙己這個象徵舊社會落伍的人物，卻懷有相當的同情與了解。這也是魯迅在小說創作上最成功的地方，他對他筆下的小說人物大多心懷悲憫，創造出一連串令人難忘的角色，從阿Q、祥林嫂、孔乙己到潤土。這跟他在雜文中攻擊異己，睚眦必報的狹窄心胸，完全不同。魯迅一方面是一個社會改革者，一方面也是一個忠於藝術的小說家，這雙重身分，雖然造成他性格的矛盾，但魯迅卻能相當成功的不讓他的革命意識，干擾他的藝術良知。十九世紀末俄國的小說家契可夫，他的時代與社會，與魯迅相似，生長在舊俄帝國分崩離析，革命狂熱逐漸高漲的前夕。他雖然出身農奴階級，但他在小說創作中，表現出一種異常冷靜客觀的態度，深刻的分析批判了帝俄時代的舊社會。他的基本精神，是一種悲天憫人的胸懷，對受苦受難的人們，不分階級，不分職業，一律施予同情，而且了解。契可夫被譽為西洋現代短篇小說的鼻祖，一方面是由於他具有強烈的社會意識、時代感性，二方面是因為他將短篇小說，提煉成一種最精緻的藝術形式。

魯迅以後，三〇年代以來，許多社會寫實派的小說家，承受了五四時代以魯迅為首那種偏狹激進的社會意識，作品中，所表現的往往是情緒化的喧囂，缺乏《徬徨》、《吶喊》中特有的冷靜客觀的精神。魯迅的小說藝術，對蕭軍、丁玲等社會意識強烈的作家，並未能產生重大影響。半個世紀以後，台灣的一位小說家，仍然繼續了魯迅的傳統。陳若曦回歸中國大陸，經過文化大革命的浩劫，出來後寫下的兩部短篇小說集《尹縣長》及《老人》，這裡面的故事也跟《徬徨》、《吶喊》相類似，以小說形式，從各種角度，批評一種社會制度。筆調風格，也以客觀冷靜見長。譬如〈尹縣長〉跟〈孔乙己〉一樣，亦是運用第一人稱旁觀者的敘事觀點，道出一個忠心耿耿的老幹部，被社會制度做為犧牲品的悲劇故事。在這篇小說中，陳若曦運用低沈的筆調，釀造出一股陰森的氣氛，使人聯想起魯迅的名著〈藥〉裡面，革命分子受刑時的恐怖。〈狂人日記〉中，魯迅最後提出了他有名的呼籲：救救孩子！這個呼籲，五十年後在陳若曦的〈晶晶的生日〉裡以不同方式，再度出現，中國的孩子仍舊在期待著解救。《徬徨》、《吶喊》、《尹縣長》及《老人》，這幾部短篇小說集中，許多篇作品，不僅是一種社會批評，亦是成功的藝術創作。這些作品之成功，是因爲這兩位作者，能將強烈的社會意識，以小說藝術，有效的表達出來。

我們再舉一位三〇年代社會寫實派的主要作家茅盾爲例，檢驗一下他作品中，社會意識與小說藝術之間的消長得失。《子夜》與《春蠶》，是茅盾比較有名的兩部小說。尤其是《子夜》，常被譽爲茅盾的代表作。一般評論家，認爲《子夜》的意義在於刻劃上海的都市罪惡，上海資產階級的沒落。因爲這本小說提出了尖銳的勞資對立社會問題，被評論家認爲是三〇年代批判資本主義的經典之作。但從小說藝術的觀點來看，這是茅盾的失敗之作，這本小說的文字技巧相當粗糙，人物描寫，止於浮面，尤其是書中主角資本家吳蓀甫，茅盾筆調幼稚。我數了一下，書中吳蓀甫「獰笑」過十幾次。這兩個情緒化的字，用一次已經嫌多，茅盾描寫同一個人，竟用了這麼多次。據我了解，舊社會中的上海大商人，大多手段圓滑，應付人，八面玲瓏，不可能整天「獰笑」。茅盾筆下的資本家，是一個概念化的人物，缺乏眞實感。小說人物是否寫得生動眞實，是對小說家的一大考驗。茅盾在這本小說中，顯然沒有通過這項考驗。《子夜》是一本都市小說，甚至於有人稱這本小說是自然主義的小說，因爲茅盾用了許多細節，來描寫上海這個都市的外貌。自然主義小說家，當然以十九世紀法國小說家左拉（Zola）爲一代宗師。自然主義小說，標榜客觀冷靜，以科學態度，剖析社會。但茅盾在《子夜》中，對上海懷有極深的意識形態上的偏見，認定上海是個罪惡都市，他當時對上海的了解與認識，恐怕是相當膚淺的。我相信舊社會的上海確實罪惡重重，但像上海那樣一個複雜的城市，各色人等，魚龍混雜，也必有它多姿多采的一面。茅盾並未能深入探討，抓住上海的靈魂。《子夜》的上海味兒，是非常不夠的。反而不如張愛玲的一些短篇小說，描寫上海人，入木三分。主要因爲張愛玲對上海並沒有意識形態的偏見，她只是將上海及上海人的特性，用極度精緻的文字技巧，忠實的記錄下來，反而眞實。十九世紀英國的偉大小說家狄更斯（Dickens），他也是一個社會意識極烈的作家，對工業革命後的英國懷有不滿及批判精神。但他對倫敦有深刻的了解，倫敦的黑暗罪惡，倫敦的光榮偉大，他都瞭如指掌。因此，狄更斯筆下的倫敦才會如此生動眞實，如此令人著迷。

不過茅盾的《春蠶》，卻是一篇成功的小說創作。《春蠶》的主題是抗議帝國主義經濟侵略，中國農村破產。但茅盾卻將這個具有強烈社會意識的主題，在結尾時，輕輕帶過，恰到好處。他對小說中的主角，老東寶這個人物的描寫刻劃，卻全力以赴，把老東寶塑成一個有血有肉，令人尊重喜愛的老農人，尤其描寫中國農人養蠶的那一場，那種近乎宗教虔誠，寫得異常細緻動人。與《子夜》中的粗糙輕率，恰成對比。

三十年代的長篇小說，如果我們要選一本最能影響當時社會，最受年輕人喜歡的小說，恐怕我們要數巴金「激流三部曲」中的《家》。當時《家》一出來，一下子印到二十幾版，又編成戲劇，而且數度被禁演出，可見其影響力之大。因爲《家》主張家庭革命，推翻舊制度。這個具有強烈社會意識的主題，對當時正在爲個人自由、婚姻自由而掙扎的中國青年，有絕大的吸引力與煽動性。但從小說藝術的觀點來看，這卻是巴金一本失敗之作。這本小說的對話，充滿了五四時代的所謂「新文藝腔」，是一種非常不自然、矯揉做作的語言。而且巴金喜歡在小說中現身說法，作者干擾非常厲害。作者的愛憎偏見，在《家》這部小說中，在在可見。巴金那個時候的情感思想，還未成熟，因此這部小說，往往反映出作者的幼稚。巴金經抗日戰爭的洗禮後，人生觀及文字風格都開始變得成熟收斂，他抗戰時期的長篇小說《寒夜》，在藝術成就上，要比《家》高得多。雖然兩本小說都是討論家庭倫理的問題，《寒夜》缺少《家》裡面的革命意識，但小說中的人物刻劃，要比《家》細緻眞實得多。

由上面所舉的例子，我們得到一個結論：五四以來以社會寫實主義爲主流的中國現代小說：凡是成功的作品，都是社會意識，與藝術表現之間，得到一種協調平衡後的產品。換言之，也就是小說內容主題與小說技巧形式合而爲一的作品。如果小說只顧表現強烈的社會意識，而忽略其表現藝術，這一類的作品，我們今天看來，往往感到過時，不耐讀。因爲社會問題，爲時空所限。社會問題的本身不存在後，如果沒有藝術價值在支撐，那麼小說對讀者常常會失去吸引力。譬如巴金的《家》，是攻擊中國舊社會大家庭的制度，現在大家庭制度已經沒有了，《家》裡面的社會問題已經不存在，今天的中國青年，便不可能像從前那樣對這本小說狂熱擁護。

五四以來，中國現代小說的發展，眞是路途崎嶇，困難重重。我覺得中國現代小說沒有得到健康的發展，歸納起來有幾個重大的因素。

一、「五四」及「三〇年代」的文藝思潮是一種以文學為社會改革工具的功利主義文學觀。文學的藝術性不得獨立。

二、五四運動，狂熱反傳統，使得中國現代小說與我們的傳統文化脱節，缺少了中國傳統文學中一向具有的深厚的歷史感，情感及思想往往流於淺薄。

三、中國現代文學的發展受政治干擾太厲害，中國現代小說不能超越政治意識形態的框框，以超然的立場批判社會，反而淪為政治服務的工具。

五四新文學運動，到今天已經有了六十年的歷史。這六十年間，中國社會經歷了兩千年來，前所未有的大變動。中國人內憂外患，所受的災禍痛苦，恐怕別的國家民族少與倫比。文學是人類心靈的呼聲，中國人的心靈近世紀曾經受到莫大的創傷，需要迫切的「吶喊」。小說代表社會良知，這幾十年來，中國社會一直動亂未已，可以想見，今後的中國小說，社會意識，仍舊必然強烈。最近我讀到不少中國大陸的「社會主義悲劇文學」、「傷痕文學」、「地下文學」，有的非常令人感動。但其中小說，如以藝術眼光來批評，技巧還是不足擔負那樣重大強烈的社會意義的。恐怕還要假以時日，文革後的中國文學才能成熟。倒是從中國大陸出來居香港的一些作家，這幾年在香港默默寫作耕耘，已經有了相當的成就。例如林也牧、金兆、吳甿、虞雪等等，以及這次市政局舉辦的小說比賽的徵稿中，有幾篇寫得相當不錯。使我對香港產生了很大的期望，在台灣及中國大陸外，希望香港變成中國文學的第三座重鎮。

一九七九年，原刊於爾雅出版《第六隻手指》

白先勇（一九三七—），廣西桂林人，小說家。美國加州大學聖塔巴巴拉分校教授，著有小說集《台北人》、《孽子》、《寂寞的十七歲》；雜文集《驀然回首》、《第六隻手指》、《樹猶如此》等。

作為一個作家……

第三屆全省巡迴文藝營成功大學專題演講

陳映真

今天，我想跟大家一塊兒聊聊的題目是：「作爲一個作家……」。

青年人心目中的作家形象

今天在座的青年朋友們，大概都是六〇年代中期、後期出生吧。你們這一代的整個生活內容和成長的過程，跟我這一代比較，有極大的不同。因此，恐怕你們對於「作爲一個作家」的形象，也停留在與我們不同的理解和看法上。

在今天的電視劇裡，不管男作家、女作家，都是瀟灑、漂亮，頭髮長長的，性情浪漫，身裁瘦瘦的，有點蒼白。男作家有很多女朋友，女作家有很多戀愛故事。他們經常戴著寬邊眼鏡，在書房裡一邊抽菸或煙斗，一邊看著窗外的月亮，低下頭寫兩句，再看看遠方的星星，低頭再寫兩句。電視劇裡的作家，大概是這種形象。總之，作家在你們這一代的理解中，是非常令人好奇的、令人羡慕的、受到社交圈歡迎的、受到異性傾慕、生活多采多姿的人。一般人對作家總覺得有一點神秘，而且帶著一點羨慕，或許因爲這樣，才會有這麼多人報名參加這個文藝營。

大概作家有時也個別地會有人是這種形象；可是我們民族所需要、所要求的作家，恐怕離這有一定的、極大的差距。現在，我們先來談談，當我們的社會變得富裕化以後文學所面臨的問題，然後再進一步討論，我們所需要、所要求的，是什麼樣的作家。

消費文明堆砌的台灣社會

目前，台灣的社會正經歷著中國社會有史以來從沒有過的、極大的變化。中國歷史上，從來沒有一個地方，以「省」的範圍，在短短的時間內，生活變得這麼富裕，經濟變得這麼發達。我們的社會和人，因此也經歷了我國社會史上從來沒有過的變化。簡單地舉幾個例子來說；我們現在有了前所未有的高生產技術和生產能力，因此我們可以生產遠超過台灣省人民自然的需要的產品。我們的社會變成一個非常富足的資本主義商品社會。

聖經中所記載的財主，每天去開他的倉庫，數數倉庫裡的財貨，然後心滿意足地說：「感謝主，我有這麼多東西，實在很好」，然後關上倉庫，以豐富的屯積爲快樂。今天的資本家們不會這樣了。當他生產了這麼大量的商品或產品時，他一定要想盡辦法賣出去，才能換成現金，實現其利潤，然後利用這些金錢從事再生產和擴大再生產。於是，商品便逐漸遠遠多出我們人類自然的需要，資本家也勢必用很多方法來促銷這些商品——這就是所謂的「行銷」的工作。

行銷管理（Marketing Management）的工作，簡單地說，就是在人工地激發和創造超乎人類自然的，對於商品的慾望。肚子餓了想吃，身體冷了想穿，這是人類自然的需要和慾望；可是光是這自然的無窮慾望，已經不夠來消化今天的大量生產的生產方式所生產的這麼多過剩的商品。因此資本家設計出很多辦法，來創造或複製人對於財貨的慾望，使慾望盡量擴大，超出自然的需要。這是我們在今天的文化裡整個看到的現象。各種型式的廣告或商業廣告影片，便是習見而生動的例子。

對中國人來說，吃口香糖這回事，根本沒什麼傳統，也沒具體的利益。可是，我們的資本家，就知道怎麼把口香糖推銷出去。他們找到一群廣告人、行銷人一塊兒開會，一起工作，研究出怎麼樣製造吃口香糖的需要。也許他們先做界定，吃口香糖的人口應該是十六歲到二十二歲的年輕人（就像你們這樣的年輕人。像我這種年歲，很少會沒事嚼口香糖的），以像你們這樣的年輕人爲對象，按照你們的需要、情調、行爲習慣……來製作廣告片。於是我們就看到這樣的廣告片：一大群年輕人在狄斯可舞廳跳舞，以快速的旋轉的鏡頭來表現現代的、年輕的節奏感，配上大家熟悉的狄斯可音樂，然後以特寫鏡頭，以幾乎占滿畫面的方式來表現嚼著某一牌子口香糖的嘴唇。這片子播了一兩個月以後，你們便會覺得某品牌口香糖代表著年輕、快樂、自由、奔放，覺得跳狄斯可一定要一邊跳一邊嚼口香糖才夠正點，下一次到狄斯可舞廳跳舞的時候，一定會在門口買一包那種牌子的口香糖。就這樣，幾萬條、幾十萬條的口香糖就銷出去了。

同樣的道理，在雜誌、傳播媒體、連續劇，甚至電影裡，都不斷地堆砌著一種文明，那就是大眾消費的文明。在大眾消費的文明裡，人們以一個人擁有的商品或貨幣的數量與品質來判斷一個人的社會價值；你的房子大不大，你有沒有車子、家中有沒有各式各樣的現代家電用品，或者你有沒有很多現鈔來擁有這些如山如海的商品。凡此種種，變成了一般人用來評定一個人有沒有價值、有沒有地位的非常重要的標誌。總之，在大眾消費社會裡面，有些前所未有的情況便發生了。

第一個變化便是：人類慾望的空前解放。在過去，慾望是一種有些令人差恥的東西，一件尷尬的事。如果一個人整天只談吃的穿的，人家便覺得這人沒什麼長處。如果讀書人談什麼東西好吃，什麼地方的什麼東西好玩，知識分子便會覺得不齒。今天已經不是這樣了。今天，慾望非但不是一種可恥的事，反倒是正面的、有成就的表現。現在很多人，一碰面便先摸摸對方的衣料，鑑別其品牌，看看他的鞋子是什麼牌子，而且這已成爲自然而普遍的現象。這樣的社會，人逐漸以「消費」做爲一生最大的目標。人生最大的職責、生命最終極的目標，就是消費。每個人拚命上大學，上大學之後拚命找好工作，找到好工作之後，在公司拚命尋升遷之道，然後逐級上升或跳槽，接著準備用十年二十年的時間，分期繳一幢大房子。買車、買各種家電產品，各種帶來舒適的產品。在不知不覺當中，人的一生中最有創意的時光就在徵逐商品之消費中流逝了。房子有了，車子有了，兒女也長大了，然後他說：「好吧，我把希望寄託在下一代！」而下一代又走著相同的路……。

我想，在長久的人類歷史當中，人類從來沒有像現在的我們這樣，只把一生的目標定在短短的幾十年，從二十五歲到四十五歲之間，拚命地去追求物質、名望、地位，在對商品的飢餓，追逐，滿足，而後倦怠、空虛，而後又燃燒起對別的新產品的飢渴，如此循環返覆，過掉一生。人的向度（dimention）變得越來越小。記得我小時候，鄰家偶爾接到一封寄自三重埔的信——原來那個曾經浪蕩的孩子寫信回來，告訴他母親，他已經學乖變好了，在一家工廠做工，跑外務，也有了女朋友，準備過些時候帶她回家給阿母看。這樣的一封信，可以驚動左鄰右舍，大家爭著來看信，跟這家人一起歡喜，說：「你們家的阿財總算浪子回頭了」。不識字的老阿婆也一邊聽著人家讀這封信，一邊高興地流淚。像這種大家可以一起高興、一起悲傷的社會，已經逐漸沒有了。在大衆消費社會中，在一切高度商品化的社會裡，人失去了愛的能力、失去了關心的力量、憤怒的力量，甚至於失去了反叛的力量。人的向度越來越小，越來越不自知地成爲單純的「消費機器」——一種制度化消費的工具。人每天看雜誌、電視、各類節目、廣告，不自覺地追逐於各式各樣的財貨與物質當中，胡里胡塗就過掉飽食又空虛的一生。

我看到許多大學剛畢業的年輕朋友，他們才一畢業，就不知不覺地對這個社會的消費行爲發揮驚人的作用，影響社會的知識、選擇、價值和風尙。他們才畢業不久，到各種期刊雜誌社去工作。比如說一些女性類的刊物吧，這些年輕的「編輯」們，便在雜誌上東抄西湊寫文章，告訴讀者：人應該怎麼過活、先生生日時做太太的該怎麼去挑選領帶做爲禮物、夫妻的關係應該如何、父子的關係應該怎樣，應該怎麼布置客廳和臥室，目前流行的衣飾是什麼，應該聽什麼唱片，應該怎麼化妝，怎麼跟人家溝通交往……等等。其實，這些年輕的記者對這些問題大部分是一知半解的，甚至於我們成長的身體，生理與心理的問題，也由這些半生不熟的年輕人東抄西抄地湊成一篇又一篇的文章。他們也影響了多數人對衣服的品味、居住環境的趣味、商品的選擇、對人生的價值判斷等等，也「創造」了一大堆像「單身貴族」這類的名堂。當我發現這些事情時，非常驚奇。實際上，他們的生活或人生的歷練都還不夠成熟，可是他們變成了影響整個社會該聽什麼歌、該看哪一種電影、該買什麼東西送給你丈夫或男女朋友的一群人。他們甚至告訴你，當你的婚姻關係有問題時該如何解決，父子關係應怎麼調整，人生應該如何才對等等。這些重要的事情，竟然由二十幾歲的女性或男性在操縱，實在是非常奇特的現象。人失落了從實際生活來的智慧與選擇，似是而非的、零碎的「常識」成了商品，透過媒體指導我們的人生。

文學喪失了夢、意義和理念

這種情形，表現在我們的文學裡面，就成了人的意義的喪失：當一個消費社會形成，人變成了消費的機器或手段，人生的意義和理想就逐漸喪失了。因此，在我們的文學裡，也整個喪失了夢；喪失了意義和理念。我記得《人間雜誌》曾對於台北市西門町那些「新人類」做過一次粗糙的問卷調查。結果連我這自以爲對年輕一代有一點點理解的人，都大吃一驚。我們以一百多份的問卷，問這些年輕人人生最重要的理想是什麼。我們小時候，總是說我將來要做將軍、醫生、工程師、文學家、音樂家、舞蹈家……。現在，一百零幾份問卷裡，只有一個女生，說她想要當法官（這還不排除一種可能的理由：或許她叔叔當法官、以至於家裡很有錢，所以她立志要當法官）。但所有其他人的人生最終極、最高的目標，就是：多財、快樂、幸福、享受。沒有一個人說他將來要當工程師，或文學家。在他們看來，人生最大的成就，就像電視節目中那種企業管理階級，會議一開，一決定就是幾百萬鈔票，出門就有車子，住的是客廳有一般家庭五倍大，當中還有一道旋轉樓梯的那種大房子。在電視的影響下長大的孩子，已經完全改變了，他們從很小便喪失了自己的夢想。我們這一代年輕時還比較不一樣，還想過要當律師、當畫家，慢慢到了四十多歲才逐步放棄因爲現實生活上的限制而無法達成的夢；可是現在年輕的一代，卻從小便開始放棄夢想。這實在是一個相當大的危機。因爲文學一旦失去了夢、一旦失去了vision（憧憬、希望），文學就要從它的根部枯萎了。

我們可以看到不少西方世界的文學或電影，題材上無非表現人在生活裡的極端的無聊與空虛。作品中人物在奮鬥一生之後，忽然不知自己要幹什麼。他們感到空茫、空虛，跟鄰人的關係、夫妻間的關係，一切都是空的，有一大堆時間，不曉得如何打發。在我看來，這飽食的貧窮，實在是人生中蠻淒慘的處境。

我曾經讀過這樣一本小說：主角奮鬥了半生，到了五十幾歲，什麼都有了，卻忽然覺得他跟妻子、兒女、部屬、鄰人，完全沒有了關係。他的兒子當嬉皮，假裝進步地罵他是「一頭資產階級的豬」；太太原來十幾年來也另外有個男朋友。他發現表面上忠心耿耿的部屬，原來就是在背後搞他，終於取代他位子的人。到最後，他感到一切極端孤單，連自殺都提不起勁。很多現代西方的小說、文學、電影，都表現了同樣的題材：愛的不在、意義的不在，甚至連性的描寫都非常枯燥無味。現代社會因工業化人口集中，人越來越多，上街都摩肩接踵，可是每一個人最深最深的內裡，卻非常的孤獨。人在旋轉不斷的消費社會中，變得完全失落、空虛、無意義。這也是所謂先進國的進步社會中，文學與電影極普遍的題材。每年國際電影節中，法、德、美、日的電影，最常見的正是這樣的題材。那種痛徹心肺的孤單，那種像艾略特（T. S. Eliot）詩中那種「荒地」的感覺，變成了今天物質進步的社會共同的疾病。

「文化」徹底被商業利用

再者，人類也從未曾像今天那樣，讓資本主義利潤動機滲入人類幾千年來不曾讓商業主義、金錢崇拜觸及的領域。在過去，朋友之誼、父子之義、夫妻之情，或者宗教的信仰、藝術、文學、哲學等領城當中，錢是發揮不了作用的。可是今天，商業卻非常徹底地影響了精神領域。一方面，商業的滲透力越來越強；另一方面，文化和知識、技術，非常徹底地被商業所利用，被徹底地商品化、可交易化。

以前「老王賣瓜，自賣自誇」式的廣告，就算是不錯的廣告了；今天的廣告卻十分細緻、甚至連我有時都不得不欣賞。以洗髮精廣告爲例：台灣的洗髮精廣告，變來變去無非是：一個頭髮漂亮的女孩子甩頭髮，然後用慢動作表現秀髮飄逸的樣子，然後再以近攝鏡頭，告訴觀衆，這種洗髮精含有「蛋黃質」什麼的，對髮質有特殊的保護作用等等。最近的洗髮精廣告，乾脆不告訴你某種品牌的洗髮精對頭髮到底有什麼好處。它不賣成分的好壞，它賣的是一種 mood（情調），一種氣氛，一種感情，一種認同，一種調調兒，一種感覺……。比方有一種洗髮精，以十八歲到二十二歲的少女爲訴求對象，它的廣告影片便出現以下的畫面：一個大約十八歲的女孩在課堂發呆，老師走到她面前，她才猛然驚醒／她接到男朋友寄來的情書，高興得不得了／在電話裡和男朋友吵架，一氣之下，電話也不掛，任由話筒懸在半空擺蕩／另有一個傻里傻氣的男生想追她，她心煩，便一個耳光甩過去／最後出現一瓶樣子很奇怪的洗髮精。

這個廣告告訴你，這就是「我們」的洗髮精，是妳我這個談戀愛、上課不聽老師講話、寫情書、跟男朋友吵架的年紀的「我們」所專用的洗髮精。妳也不管它是不是洗得乾淨、有沒有「蛋黃質」，反正就直覺地認爲這種洗髮精好棒。下次就告訴媽媽：「媽，我要買××牌洗髮精」，結果妳家就有了媽媽用的洗髮精，和妳專用的洗髮精。

現代資本主義也非常精細地涉入非常高級的文化和精神領域。有時候，一個企業會刊出一個廣告，或組織一個基金會，向社會表示他們對環境、對殘障兒童的關懷，或者資助一個國際性的學術會議，提高企業形象，間接有利於產品的銷售。資本主義爲了擴大生產與消費市場，調動了最精緻的專門學科的技術與知識，另一方面，商業本身也以人類有史以來從沒有過的活力滲透到其向來不爲物質、金錢左右的領域，甚至連宗教、藝術、學術也受到金錢關係的影響。

金錢關係使很多情況改變。比如父子關係吧，有些情況也會介入金錢的關係，這是大家司空見慣的。兒子不拿錢給爸爸，做爸爸的就與兒子斷絕父子關係；父子關係顛倒了。以前老爸爸一生耕田，現在兒子在城裡當經理；以前孩子沒有發言的機會，兒子只有聽老爸的，現在因爲老爸爸要伸手向孩子要錢，不能不對兒子低聲下氣，關係變得十分尷尬。甚至於有些做父母的爲了錢，竟把親生的女兒賣到娼家……這一些因爲金錢而發生的改變，可說前所鮮有。

藝術、文學或精神領域，也同樣受到資本主義金錢關係的影響。現在的繪畫或流行音樂（pop music）是個明顯的例子。以繪畫來講，在紐約、巴黎，繪畫已經變成畫商、收藏家和「藝評家」所操縱的商品。他們眼看橫線條的繪畫已成昨日黃花，便想辦法推出大塊面的黃黑對比畫風，然後由「藝評家」在媒體上大力鼓吹，胡謅些「後現代主義」、「半後現代主義」之類的名詞，鼓動有錢人去收藏。

流行音樂和電影的「企劃」，更是極盡「行銷企劃」技巧之能事。比如要推出一個青年偶像型歌星之前，企劃者會先調查年輕人的行爲和感情。調查之後，也許發現青年具有叛逆傾向，青年一般地覺得不被成人世界所理解，感情豐富卻很孤單。於是唱片公司當局便掌握「孤單」這個感覺，定出年輕人的消費品味與感情的焦點，找來一位歌星，把頭髮留長，把領子翻起來，皺著眉頭點菸，一副孤單、叛逆、可憐而惹人愛惜的樣子，使年輕人在歌星身上發現自己的投影。歌詞則充滿寂寞、對愛與關心的飢渴，然後請音樂家作曲，配著很重的貝斯（bass），接著在各種青年人的電視、電台節目上打歌，在青年人的雜誌上報導。就這樣，把幾十萬張唱片賣出去了。

電影也一樣，越來越多的電影製作，純以市場爲取向。最近的電影市場裡最需要什麼，他們便拍些什麼。甚至據說如今可以電腦化到把一切賣過好座的電影程式化的程度。

比如：開映後五分鐘要安排笑料，接著兩分鐘的故事，接著又插入兩分鐘床戲，再來要一場打鬥，再接著一場詼諧的對話……就這樣把公式安排好了，再丟給創作小組去完成。電影劇本作家成爲按照菜譜做菜的人，完全喪失了主體的創作功能，電影公司丟給你一個公式，告訴你：「我要的劇本裡，要有百分之二十的笑料、百分之三十的戀愛、百分之十的床戲、百分之五的悲傷、百分之十二的對老師跟家長的反叛……等等」。你寫吧，你要這份薪水，你就寫吧！

資本主義因素也侵入文學領域。美國有一種流行文學，每個出版社每月推出十幾本。封面上的畫十分漂亮、浪漫、動人，最常見的就是畫著一個英俊瀟灑的男士癡情凝望著一個美麗迷人的女子。這是專門供應無聊、不知如何打發生活、生活內容平庸單調的中產階級的婦女或男士來消費的書。內容通常是：一個涉世未深的少女，找了工作，突然發現上司能力很強，於是她在無法自制的情況下愛上了上司，然後展開一段戀情，以及美國郊區中產階級社區中鄰人之間的偷情之類。

資本主義規律已經史無前例地整個滲透到人類文化、精神、知識、思想的領域。換句話說，在資本主義社會之前，在若干精神、文化、知識、哲學、宗教的領域裡，多少還保持了相對的獨立性，獨立於庸俗金錢或物質的關係，爲人類文明留下相當大的遺產；如今，這樣的社會已不可復得。有人稱這種現象是「後現代主義」的特色，也就是說，廣泛、細緻的商品化，已成爲「後現代」時期暨資本主義爛熟時代裡一個十分鮮明的特色。

資本主義因素細緻地滲透到人類最細緻的精神產物的領域，使金錢關係史無前例地擴散到最細密的精神生活中，爲資本主義利潤動機做直接和間接的服務，這是今天我們面對的一個深刻的問題。文學藝術的創造性、相對獨立性，反叛和批判、斷裂的屬性的復權，就必須以顛覆資本主義的諸關係的思想和實踐，也許才有辦法吧。

如何復活傳統的文學氣質？

怎麼復活傳統的原來的文學的氣質？怎麼重新把文學從整個物質化、商業化的社會「機器」裡解放出來？這是今天文學所面臨的最嚴肅而且重大的課題。換言之，怎麼透過文學創作，重新點燃人類對於愛的可能性、對於憤怒的可能性、對於關心的可能性；怎麼透過文學的創作、思考、敘述，重新恢復人類愛的能力、關懷、憤怒，甚至反叛的能力，是今天文學工作者極重大的責任。特別是像中國這樣一個國家，在可見的將來一段時期，整個民族的命運，還有一段很艱苦的道路要走的國家，文學應該負起解放的任務——將人從思想的、物質的、制度的束縛裡，重新釋放出他們原該有的愛的能力，關懷與創造的能力，去變革已經被資本主義制度化（或被商業規律所束縛）的世界。

這樣看來，理想中的文學，乍聽之下，好像在「先進」資本社會中已經不存在了。其實不然。因爲遼闊的第三世界的文學，正表現它們豐沛的生命力。第三世界文學或電影，能嚴肅逼視人的解放，即人從封建主義和帝國主義雙重枷鎖中解放，描寫著革命與反革命、侵略與反侵略的、激盪不已的歷史中，人的戰鬥與發展——這便是爲什麼它們能引起在行動上或語言上懦弱無力的西方文藝界深刻關懷和注目的一個重大原因。

最近，我曾經在東南亞做過短暫的旅行。香港、新加坡和漢城等這些所謂「新興工業化」的國家，表面上看來都跟台灣差不多，物質都很豐富。可是一到馬尼拉，你可以從皮膚感覺到整個古老亞洲的貧困，感覺到以前只在書本上看到的，一個受到封建主義與帝國主義雙重壓迫的民族與社會的那種絕望的狀態。在泰國的清邁，你可以看到最豪華的飯店，以及離飯店沒多遠就存在的非常明顯的貧困，人的價值，從金錢的翻譯上是那麼便宜，便宜到令你吃驚。可是在這些貧困的亞洲大地上，卻到處充斥著外國的商品：可口可樂、百事可樂、各式各樣的日本機車，以及各種廠牌的汽車。在整個旅行途程中，你可以非常具體地感覺到遼闊、古老的第三世界貧困的深重問題，也可以從中看到大約四十年前或更早的中國，處於各種傳統及外來力量交相煎迫的困境。

在這樣的社會中的作家，和我們處在完全不同的情況。他們對於什麼是文學；文學到底爲誰；爲什麼，怎麼寫等等問題的答案，就與我們有非常大的差距。記得一九八三年，我有機會到美國愛荷華，見到幾位貧苦國家的作家。對這些作家而言，怎麼寫一首詩，態度和思想上跟我們的詩人是極不一樣的。他們的同胞中將近百分之八十是文盲，他們不會去考慮一個句子用什麼文字寫比較「過癮」，也不考慮「語言的張力」或「跳躍性」等等；他們也許要用聲音去思考，以便能以朗誦的形式在文盲群衆當中發表。有一位來自南非的女詩人，她既沒錢出版自己的詩集，又因爲站在整個有色人種的立場來抵抗白色政權，更沒有一個南非出版商敢出版她的詩集。所以，她創作時思考的方式和對象，就跟我們的作家不同。她在「爲什麼寫詩」的這個基本問題上，完全是因爲受到生活裡每天深重的壓迫和不義所逼，而不得已於不寫詩的。接著她想到她詩的對象是那些一輩子未接受過教育、生活在貧困和絕望中的那些黑人同胞，她必須用語言的聽覺去思考和創作，以便他們可以接受，可以體會，可以共鳴。

我自以爲，我還算是一個社會派的作家吧。可是跟他們討論之後，我發現自己對於文學的哲學中最基本的課題，都得重新思考。第三世界貧困的國家，不像我們每個家庭都有電視機。電視機「教」我們很多東西，從小到大，從我們聽得懂話，聽得懂歌曲，看得懂畫面的時候，我們便開始受到電視的宰制。可是實際上，台灣的電視節目卻糟糕到極點，這對我們的一生及整個社會，無形中有非常巨大的負面影響。在這樣的社會，文學就變得十分沒有力量。然而在菲律賓、印尼、斯里蘭卡、印度，甚至像中國這樣的國家，文學卻能發揮相當大的作用。每當有一本詩集或小說集出版，他們的作家每個月都會接到無數讀者的來信。這些讀者寫來與作家討論寫作及其他問題的信，大旣有一布袋那麼多。這種情形在台灣大概沒有，很少有人寫信來跟你討論，到底你寫的東西對不對，或怎麼啓發了讀者對人生的看法。在窘迫的第三世界國家中，文學跟詩歌對民衆來講，卻是廣大的知識分子(不只是文學青年)跟群衆追索個人或整個民族亟待解答的各種問題答案的來源。他們會去討論一個作家及作家的作品，從中去探討他個人的前途以及國家民族的未來。文學的這樣的性格，只有在遼闊、貧困、還在爲自己民族的解放與國家獨立掙扎中的民族，才可能見到，從這個觀點看來，作爲一個作家或藝術家，絕非輕鬆，也不簡單，而是一生一世的艱苦的事業，是他自己跟他的民族、國家，整個連接起來的一個非常沈重而艱難的功課。

四九年後台灣文學的一些問題

接下來，我想談談在國家分斷、民族分離的四十年來，台灣文學的一些基本問題。

一九四九年以後，由於國家內戰以及東西兩陣營冷戰對立的全球局勢的影響，中國的大陸本部與台灣，在政治上、地理上、社會上、經濟上，都變成兩個完全不相往來的分斷的狀態。於是台灣文學產生了一些問題。

第一個問題就是「斷層」的問題，也就是中國「五四」新文學運動以來的文學在台灣發生了斷層。從來沒有一個國家或民族的文學，不需要從自己的文學傳統裡去學習、發展文學的命脈的。但實際上，我這一代的文學卻在與中國新文學四十年來的文學完全切斷的情況下，從外國（美國）去尋找文學傳統，而發展起來的。不過，這個斷層在四十年後的最近，已很有希望再彌補過來。

第二個問題是，台灣四十年來在國家分裂及附從於西方經濟圈的發展，使整個文學陷入了西化主義、逃避主義、依賴主義、模仿主義的狀態。尤其在一九五〇—七〇年的時期，在國家安全及對美依從的基本結構上，文學起了很大的改變，而與一九五〇年以前的台灣文學有了完全不同的面貌。這段時期的台灣文學，從西方支借了各種文學表現的內容及形式，脫離了台灣和中國的具體生活和感情，成爲買辦的、模仿的、進口品的文學。

第三個問題是，中國焦點的喪失。對你們這一代而言，中國大陸已經彷彿是個外國，那邊是「匪區」，那裡的人臉是綠的，頭上還長了角，大概都生活在水深火熱之中……。雖然長輩常說，我們家在山東、河南；但這些地方對你們而言，是赤地千里，一點感情也沒有。對大陸在物質和感情的斷裂，很多作家也曾公開表示，毫不隱諱。我想，這不能怪他們「數典忘祖」或「沒有民族國家觀念」；這是國家在外來勢力干涉下分裂四十年的具體現實下的結果。台灣跟大陸文化、經濟、生活的完全斷絕，使台灣文學失去了對中國的焦點，失去了中國的形象。這種中國焦點及形象的喪失，即使在日本帝國主義占領台灣五十年的台灣歷史中，也很少見。最近，中國大陸當代文學，在有選擇、有監督的情況下可望開放。這或者將有助於這個情況的改善。然而，就在這樣的背景下，有人開始了一些奇怪的討論，諸如：台灣文學是什麼？台灣是什麼？台灣人又是什麼？這類討論特別在一九七九年美麗島事件以後，突然增加，這正是客觀的四十年來祖國分斷的具體現實所造成的。

最後一個問題是，由於長年以來的戒嚴，長期的思想禁錮和思想檢查，使我們的文化界、文學界和藝術界，基本上缺少批判的思想，以致於整個文學藝術缺少了文化和思想。這種情形在第三世界文學裡幾乎是看不到的，我們成了對世界資本主義體系或對美國、日本完全缺少批判思考的唯一的第三世界地區。我常喜歡用「思想的貧困」來說明這種現象。當然，這並不是說所有的文學都要談思想才算文學，但台灣文學藝術特別過分地缺少思考性和批判性，卻會深入地影響台灣文學和藝術的品質。

以上所說的各式各樣的問題，隨著亞洲、太平洋冷戰結構的重新編組，以及政府自去年比較明顯的民主化改革與戒嚴令的解除，我想，應該可以慢慢得到解決。可是也因此，台灣文學界便面臨了比過去任何時代更為強大的挑戰。以前不准你講話，現在為你鼓掌，請你上台，給你麥克風，把問題拋在你身上，所有聚光燈照在你臉上了。如果真的忽然整個民主化了，思想的框框解除了，四十年來我們沒有作好的文學課題，就必須在一夜之間寫好。捉襟見肘，手忙腳亂、怨天尤人……的情況就會出現吧。

在這種情勢下，面對你們這群年輕、天真、可愛的文藝青年，我的心情是沈重的。所以我要不憚於強調，你們千萬別以為文學就是瀟灑的、玫瑰色的、受萬人矚目的、一進會場就受到萬人喝采、受到公卿王侯歡迎的，或者是廣結異性良緣的一種工作。正好相反，極可能，作為一個文學家，所要遭受的壓力或挑戰，遠比其他行業還大。比如第三世界國家，作家常常在半夜有人來查他的書房，帶走他的稿子，或者甚至被戴上手銬帶走。一九八三年我到愛荷華參加國際寫作計劃，會議開幕了一兩個禮拜，幾位受邀者的寢室的門還一直鎖著。他們是幾個威權專制主義國家的作者，有的是被當地政府限制出境，有的則早已被監禁起來了。所以都不能來赴會。看到那麼多IWP的公事和通知堆在寢室門口，我才具體感覺到，作為一個作家，對於巨大的權力是那麼毫無自我防衛的能力；那麼容易受到傷害。我想，全世界為了說出真話的作家、新聞工作者、教授或知識分子，常是這種境遇吧。但我不是在嚇唬你們，而是要讓你們知道，應該要用嚴肅的心情，重新去檢討和思考一個作家的職責、命運和功能……。

作為一個作家的基本條件

最後，我要講的是，作爲一個作家，應該具備的一些比較基本的條件。

第一，文學是用語言文字來表現的藝術，一個中國作家，先就應該搞好漢語文的表現。我自己辦了《人間雜誌》以後才理解到，台灣整個世代的漢語表現，幾已受到嚴重的破壞。常常有人寫了一大篇東西，不知焦點何在，到底要告訴讀者什麼。其次則是潦草、不認眞，錯別字不說，連標點符號也不會用。常常在一段文字中，只會把逗點點到底，最後才是一個句點。至於遺詞用字、文法、邏輯的錯誤與貧乏，則比比皆是。對於中國人，漢語文的表達力，不單單是作一個作家之所必需，也是當一個知識分子之所必需。因爲知識分子應該鍛練自己使用母語優秀、準確地來表達或表現自己的想法。這必須從當代優秀的中國文學作品，或是老祖宗遺留下來的數千年輝煌的漢語文學作品中去汲取泉源，並且要非常用功才行。

第二個條件是，一定要跟生活的現場有生動活潑的接觸。我辦了兩年的《人間雜誌》，這一點感觸特別深。我們雜誌社的年輕工作同仁，固然很勤勉；但眞正教育他們的，是他們在採訪工作的現場中認識了生活、認識了人、認識了世界、認識了採訪的現場以及其中的人。記得《人間雜誌》曾探討山地雛妓的問題，基於工作的考慮，我們覺得派女記者去採訪比較合適。我們的記者去採訪了十幾天，回到雜誌社的那個下午，我正坐在我面對著牆壁的辦公桌前忙著辦理公事。我請她坐在我背後的椅子，我說：「妳儘管說，雖然我手中在工作，但我會聽著你說。」她就開始敘述採訪的過程，講了大約十五分鐘，忽然中止了。我就把手上的一封信寫完，回過頭去看她。她那時正轉身對著牆壁，掏出手絹擦淚。我知道她正在哭，就靜靜坐在座位上等她哭完，當時我想，哭，對她和我們這生活在無情化的環境中的人來講是很好的！哭過以後，擦乾眼淚，她說：「我非常感謝那些女孩子。」這話乍聽之下，有點令人不解，因為一般人通常會說，她很為那群可憐的女孩感到「同情」或「難過」，她怎麼會說「感謝」那些雛妓呢？我問她原因，她說：「我跟那些女孩工作了十幾天，每一次與她們談話，我總以為她們應該把桌上的茶潑到我臉上，捶著桌子罵我……」我問：「為什麼？」她告訴我：「她們有足夠的理由對我破口大罵：我們年齡相差無幾，妳憑什麼比我幸福，而且居然坐在我面前問我這麼痛苦的故事。我越採訪越覺得那些可憐的女孩有權利對我發脾氣……」可是，那些女孩終究沒有生氣，她們一起哭，一起分享著人間最大的不幸，一起體會內心夢魘般的痛楚。經過了這次的採訪工作，她說：「如果沒接觸到這些人，我從來就不曉得生活是那麼不容易，也不會知道原來還有那麼多的女孩竟然過著與我全然不一樣的可怕的生活。這以前，從來沒有經驗可讓我深刻地感受到，在台灣目前的社會，女孩子是這麼容易受到傷害，而且一旦受騙，到了那種場所，就得遭受那樣令人難以想像的萬劫不復的痛苦。」

很多這樣的例子告訴我們，只有眞正離開自己的階級、離開自己的工作與生活範圍，進入遼闊的生活現場，接觸更多的人生，才可能理解到生命的尊嚴、生活的尊嚴，或者是人類在黑暗當中所散發出來的潛能與不可置信的韌性。你們一定要到現場去、曬曬太陽、流流汗，和別人一起憤怒，一起流淚，用你們的皮膚、眼睛、耳朵具體地體會，用思想去理解眞正的人民的生活，以及生活的本質。生活和人是文學創作最豐富，也可能甚至是唯一的泉源，所以你們一定要透過生活現場的接觸，去豐富生活，再轉化爲創作與思想的養分。只有在那裡，你們才可以眞正地成爲一位有血有肉的作家。

作爲一個作家的第三個基本條件，我認爲就是應該具有批判的視野。我再以《人間雜誌》爲例，來說明這個觀念。目前有很多市場上的市民消費的雜誌，都只是由一個角度出發——那就是由社會上幸福的、年輕的、漂亮的、健康的、口袋有錢消費的這些人的立場去看生活和世界，去製作每一期的內容。在這些雜誌裡，我們看到的是：嘴裡啣著雪茄，一決策就是幾百萬或上千萬的董事長，再不就是月入五、六萬以上的風度翩翩的上班族丈夫、生活優閒的漂亮的家庭主婦，臉上可摘得下蘋果的可愛的女兒，比一般家庭還大了四、五倍的裝潢豪華的客廳……完全虛構的生活、流行、服飾、玫瑰花、愛等等。

可是《人間雜誌》卻試圖從社會弱小者的立場去看人、看世界、看大自然、看生活。我想，全世界，古今中外吧！從來就沒有歌功頌德的文學，作家通常都在爲民請命，爲不正義抱不平，發出良知的怒吼。如果他對黑暗關心，恰恰表現他對光明有一分比別人更強的信仰；如果他對弱者有一分非常堅強的同情，恰恰好是因爲他對每一個人成爲強者，有一分很深的寄望。因此，一個作家，必須要有批判的知識和眼光，善於替社會的底層，從最不被重視的大多數人的立場去看世界、看生命、看生活，爲了與幸福的人分享喜悅，爲了使受辱的人得勇氣，爲了使被逼迫的人有反抗的勇氣，爲了使仆倒的人站立……而寫作。

要具備批判的眼光和知識，並非易事。特別是在現代社會這麼複雜的世界裡，更需要用功。立志當一位作家，絕對不能是只因爲理工科的功課不好，作文課算不錯，才做這種決定。作家跟其他門類的專家學者一樣，必須辛勤而用功地去求索各種知識，對廣泛的人文社會知識，知識應該有非常直接或間接的理解，涉獵或研究的成果，以便深刻了解現代世界與社會生活的本質與核心。現在已經不是讀一部四書五經就可以寫書、寫小說的時代了；複雜的世界、複雜的生活，重重虛構的幃幕與現象，要求作家用犀利的知識去分析、去批判，才能找到生活眞正具體的本質，然後才發爲文學。

作家的道路

作家的路，是非常嚴肅、艱苦的，我並不希望因此而潑你們冷水，可我也非常不希望你們帶著不切實際的夢想去跨出文學生涯的第一步。今天，大體是由我個人的一些體驗，去談六〇年代到八〇年代的種種文學現象及問題。據說，我也是一個寫小說的人，所以我想，應該把一些實話或故事的另一面告訴你們。

最後我要再次地強調：作爲一個作家，絕對不是輕鬆的工作，反而是十分艱苦、嚴肅，而且恐怕偶爾也是拚命的工作。我衷心地希望，在座當中將來能出現眞正屬於新時代的、非常優秀的、中國的作家。謝謝。

天洛記錄（一九八七年），作者本人親自修訂，原刊於人間出版《鳶山》

陳映真（一九三七—），出生於台灣竹南，小說家、評論家。著有小說集《第一件差事》、《夜行貨車》、《山路》、《忠孝公園》等；《鳶山》等文集。

4

說美學

以美育代宗教說

在北京神州學會演說

蔡元培

兄弟於學問界未曾爲系統的研究，在學會中本無可以表示之意見，唯既承學會諸君子責以講演，則以無可如何中，擇一於我國有研究價値之問題爲到會諸君一言，即「以美育代宗教」之說是也。

夫宗教之爲物，在彼歐西各國，已爲過去問題。蓋宗教之內容，現皆經學者以科學的研究解決之矣。吾人遊歷歐洲，雖見教堂棋布，一般人民亦多入堂禮拜，此則一種歷史上之習慣。譬如前淸時代之袍褂，在民國本不適用，然因其存積甚多，毀之可惜，則定爲乙種禮服而沿用之，未嘗不可。又如祝壽、會葬之儀，在學理上了無價値，然戚友請帖、訃聞相招，勢不能不循例參加，藉通情愫。歐人之沿襲宗教儀式，亦猶是耳。所可怪者，我中國既無歐人此種特別之習慣，乃以彼邦過去之事實作爲新知，竟有多人提出討論。此則由於留學外國之學生，見彼國社會之進化，而誤聽教士之言，一切歸功於宗教，遂欲以基督教勸導國人。而一部分之沿襲舊思想者，則承前說而稍變之，以孔子爲我國之基督，遂欲組織孔教，奔走呼號，視為今日重要問題。

自兄弟觀之，宗教之原始，不外因吾人精神作用而構成。吾人精神上之作用，普通分為三種，一曰知識，二曰意志，三曰感情。最早之宗教，常兼此三作用而有之。蓋以吾人當未開化時代，腦力簡單，視吾人一身與世界萬物，均為一種不可思議之事。生自何來？死將何往？創造之者何人？管理之者何術？凡此種種，皆當時之人所提出之問題，以求解答者也，於是有宗教家勉強解答之。如基督教推本於上帝，印度舊教則歸之梵天，我國神話則歸之盤古。其他各種現象，亦皆以神道為唯一之理由。此知識作用之附麗於宗教者也。且吾人生而有生存之欲望，由此欲望而發生一種利己之心。其初以為非損人不能利己，故恃強凌弱，掠奪攫取之事，所在多有，其後經驗稍多，知利人之不可少，於是有宗教家提倡利他主義，此意志作用之附麗於宗教者也。又如跳舞、唱歌，雖野蠻人亦皆樂此不疲。而對於居室、雕刻、圖畫等事，雖石器時代之遺蹟，皆足以考見其愛美之思想。此皆人情之常，而宗教家利用之以為誘人信仰之方法。於是未開化人之美術，無一不與宗教相關聯。此又情感作用之附麗於宗教者也。天演之例，由渾而畫。當時精神作用至為混沌，遂結合而為宗教。又並無他種學術與之對，故宗教在社會上遂具有特別勢力焉。

迨後社會文化日漸進步，科學發達，學者遂舉古人所謂不可思議者，皆一一解釋之以科學。日星之現象，地球之緣起，動植物之分布，人種之差別，皆得以理化、博物、人種、古物諸科學證明之。而宗教家所謂吾人為上帝所創造者，從生物進化論觀之，吾人最初之始祖，實為一種極小之動物，後始日漸進化為人耳。此知識作用離宗教而獨立之證也。宗教家對於人群之規則，以爲神之所定，可以永遠不變。然希臘詭辯家，因巡遊各地之故，知各民族之所謂道德往往互相牴觸，已懷疑於一成不變之原則。近世學者據生理學、心理學、社會學之公例，以應用於倫理，則知具體之道德不能不隨時隨地而變遷；而道德之原理則可由種種不同之具體者而歸納以得之；而宗教家之演繹法，全不適用，此意志作用離宗教而獨立之證也。

知識、意志兩作用，既皆脫離宗教以外，於是宗教所最有密切關係者，唯有情感作用，即所謂美感。凡宗教之建築，多擇山水最勝之處，吾國人所謂天下名山僧占多，即其例也。其間恆有古木名花，傳播於詩人之筆，是皆利用自然之美以感人者。其建築也，恆有峻秀之塔，崇閎幽邃之殿堂，飾以精緻之造像，瑰麗之壁畫，構成黯淡之光線，佐以微妙之音樂。讚美者必有著名之歌詞，演說者必有雄辯之素養，凡此種種，皆爲美術作用，故能引人入勝。苟舉以上種種設施而摒棄之，恐無能爲役矣。然而美術之進化史，實亦有脫離宗教之趨勢。例如吾國南北朝著名之建築則伽藍耳，其雕刻則造像耳，圖畫則佛像及地獄變相之屬爲多；文學之一部分，亦與佛教爲緣。而唐以後詩文，遂多以風情人情世事爲對象；宋元以後之圖畫，多寫山水花鳥等自然之美。周以前之鼎彝，皆用諸祭祀。漢唐之吉金，宋元以來之名瓷，則專供把玩，野蠻時代之跳舞，專以娛神，而今則以之自娛。歐洲中古時代留遺之建築，其最著者率爲教堂。其雕刻圖畫之資料，多取諸新舊約；其音樂，則附麗於讚美歌；其演劇，亦排演耶穌故事，與我國舊劇「目蓮救母」相類。及文藝復興以後，各種美術，漸離宗教而尚人文。至於今日，宏麗之建築，多爲學校、劇院、博物院。而新設之教堂，有美學上價值者，幾無可指數。其他美術，亦多取資於自然現象及社會狀態。於是以美育論，已有與宗教分合之兩派。以此兩派相較，美育之附麗於宗教者，常受宗教之累，失其陶養之作用，而轉以激刺感情。蓋無論何等宗教，無不有擴張己教、攻擊異教之條件。回教之謨罕默德，左手持《可蘭經》，而右手持劍，不從其教者殺之。基督教與回教衝突，而有十字軍之戰，幾及百年。基督教中又有新舊教之戰，亦亙數十年之久。至佛教之圓通，非他教所能及。而學佛者苟有拘牽教義之成見，則崇拜舍利受持經懺之陋習，雖通人亦肯爲之。甚至爲護法起見，不惜於共和時代，附和帝制。宗教之爲累，一至於此，皆激刺感情之作用爲之也。

鑑激刺感情之弊，而專尚陶養感情之術，則莫如捨宗教而易以純粹之美育。純粹之美育，所以陶養吾人之感情，使有高尚純潔之習慣，而使人我之見、利己損人之思念，以漸消沮者也。蓋以美爲普遍性，絕無人我差別之見能參入其中。食物之入我口者，不能兼果他人之腹；衣服之在我身者，不能兼供他人之溫，以其非普遍性也。美則不然；即如北京左近之西山，我遊之，人亦遊之；我無損於人，人亦無損於我也。隔千里兮共明月，我與人均不得而私之。中央公園之花石，農事試驗場之水木，人人得而賞之。埃及之金字塔，希臘之神祠，羅馬之劇場，瞻望賞嘆者若干人，且歷若千年，而價值如故。各國之博物院，無不公開者，即私人收藏之珍品，亦時供同志之賞覽。各地方之音樂會、演劇場，均以容多數人爲快。所謂獨樂樂不如與人樂樂，與寡樂樂不如與衆樂樂，以齊宣王之惛，尚能承認之。美之爲普遍性可知矣。且美之批評，雖間亦因人而異，然不曰是於我爲美，而曰是爲美，是亦以普遍性爲標準之一證也。

美以普遍性之故，不復有人我之關係，遂亦不能有利害之關係。馬牛，人之所利用者，而戴嵩所畫之牛，韓幹所畫之馬，絕無對之而作服乘之想者。獅虎，人之所畏也，而盧溝橋之石獅，神虎橋之石虎，絕無對之而生搏噬之恐者。植物之花，所以成實也，而吾人賞花，絕非作果實可食之想。善歌之鳥，恆非食品，燦爛之蛇，多含毒液。而以審美之觀念對立，其價值自若。美色、人之所好也；對希臘之裸像，絕不敢作龍陽之想；對拉飛爾若魯濱司之裸體畫，絕不敢有周昉澹戲圖之想。蓋美之超絕實際也如是。且於普通之美以外，就特別之美而觀察之，則其義益顯。例如崇閎之美，有至大至剛兩種。至大者如吾人在大海中，唯見天水相連，茫無涯涘。又如夜中仰數恆星，知一星爲一世界，而不能得其止境，頓覺吾身之上雖微塵不足以喻，而不知何者爲所有。其至剛者，知疾風震霆，覆舟傾屋，洪水橫流，火山噴薄，雖拔山蓋世之氣力，亦無所施，而不知何者爲好勝。夫所謂大也，剛也，皆對待之名也。今既自以爲無大之可言，無剛之可恃，則且忽然超出乎對待境，而與前所謂至大至剛者合肸而爲一體，其愉快遂無限量。當斯時也，又豈尚有利害得喪之見能參入其間耶！其他美育中，如悲劇之美，以其能破除吾人貪戀幸福之思想。《小雅》之怨悱，屈子之離憂，均能特別感人。《西廂記》若終於崔、張團圓，則平淡無奇；唯如原本之終於草橋一夢，始足發人深省。《石頭記》若如《紅樓後夢》等，必使寶、黛成婚，則此書可以不作；原本之所以動人者，正以寶、黛之結果一死一亡，與吾人之所謂幸福全然相反也。又如滑稽之美，以不與事實相應爲條件。如人物之狀態，各部分互有比例，而滑稽畫中之人物，則故使一部分特別長大或特別短小。作詩則故爲不諧之聲調，用字則取資於同音異義者。方朔割肉以遺細君，不自責而反自誇。優旃諫漆城，不言其無益，而反謂漆城蕩蕩，寇來不得上，皆與實際不相容，故令人失笑耳。要之，美學之中，其大別爲都麗之美，崇閎之美（日本人譯言優美、壯美）。而附麗於崇閎之悲劇，附麗於都麗之滑稽，皆足以破人我之見，去利害得失之計較，則其所以陶養性靈，使之日進於高尚者，固已足矣。又何取乎侈言陰騭、攻擊異派之宗教，以激刺之心，而使之漸喪其純粹之美感爲耶。

一九一七年四月八日

美與藝

在北大畫法研究會演講

徐悲鴻

吾所謂藝者，乃盡人力使造物無遁形；吾所謂美者，乃以最敏之感覺支配，增減，創造一自然境界，憑藝傳出之。藝可不藉美而立（如寫風俗、寫像之逼眞者），美必不可離藝而存。藝僅足供人參考，而美方足令人耽玩也。今有人焉，做一美女浣紗於石畔之寫生，使彼浣紗人爲一貧女，則當現其數垂敗之屋，處距水不遠之地，濫槁斷瓦委於河邊，荊棘叢叢懸以槁葉，起於石隙石上，復置其所攜固陋之筐。眞景也，荒蔓凋零困美人於草萊，不足寄興，不足陶情，絕對爲一寫眞而一無畫外之趣存乎？其間，索然乏味也。然藝事已畢。倘有人焉易作是圖，不增減畫中人分毫之天然姿態，改其筐爲幽雅之式，野花參整，間入其衣；河畔青青，出沒以石，復綴苔痕。變荊榛爲佳木，屈伸具勢；濃蔭入地，掩其強半之破牆。水影亭亭，天光上下，若是者盡荊釵裙布，而神韻悠然。人之覽圖也，亦覺花齊草馥，而畫中人者，造世獨立矣。此盡藝而盡美者也。雖百世之下觀者，尤將色然喜，不禁而神往也。若夫天寒袖薄，日暮修竹，則間文韻，雖復畫聲，其趣不同，不在此例。

故準是理也，則海波瀰漫，間以白鷗；林木幽森，綴以黃雀；暮雲蒼靄，牧童挾牛羊以下來；蒹葭迷離，舟子航一葦而經過。武人騁駿馬之馳，落葉還摧以疾風；狡兔脫巨獒之嗅，行徑遂投於叢莽。舟橫古渡，塔沒斜陽；雄獅振吼於岩壁之間，美人衣素行濃蔭之下；均可猬突視覺，增加興會，而不必實有其事也。若夫光暗之未合，形象之乖準，筆不足以資分布，色未足以致調和，則藝尚未成，奚遑論美！不足道矣。

一九一八年四月十九日

徐悲鴻（一八九五—一九五三），江蘇宜興人，著名畫家、美術教育家。一九一七年任北京大學畫法研究會導師。

藝術上的「台灣經驗」

台灣藝術視象的回顧與討論　立緒文化講座

何懷碩

藝術的認知與藝術的自主性

藝術在一部分人心目中仰之彌高，也有人視爲消遣娛樂。但不能否認，藝術是一個時代，一個文化環境中一個族群的人的心思情感與生命情景的反映。

就美術來說可稱爲藝術的「視象」，在音樂則爲「音象」。幾十年前，台灣流行歌曲多爲日本歌的翻譯或模仿，充滿日本調。五〇年代美軍協防台灣之後，美式熱門音樂與流行歌曲在校園響起。兩個歷史階段台灣的「音象」都反映了文化的虛弱與出主入奴的無奈。台灣本土的歌樂都無法抵擋日化和美化的潮流。鄉土運動以後，像陳達老先生本土彈唱才從地底像考古一般被挖掘出來。美術方面也相同，大家忽然對本土藝術尋尋覓覓，空前重視。過去數十年的「視象」與「音象」，同樣反映了本土文化自主性甚爲貧乏的狀態。

但是，本土藝術是什麼？在本土藝術之外還有沒有什麼「更高層次」的藝術？本土藝術相對於「國際性」的藝術是不是較窄，較低的「地方性」的藝術？這都必須對藝術的本質有確切的認知。不過，這幾十年來世界的變遷太大了，對藝術的認知，也越來越困難。反傳統的藝術之外，還有反藝術的藝術。誰來告訴我們到底什麼是藝術呢？

我們不能不認識我們所處的二十世紀的情況，以明瞭今日我們困惑的處境之所由來。

二十世紀是一個非常荒謬的世紀。人類過去幾千年來在歷史上創造的許多價值，慢慢動搖，甚至被顛覆掉了。某些新文化就是反文化的。表面上世界是更進步了。但是從本質上看，其實不然。在器用與技術層面是進步，但在理想與價值問題上卻退化了。功利、貪婪、背德、暴力、弱肉強食、生態破壞、肉慾膨脹等，都是退化的。這種現象可說是越來越嚴重。這與文明的意義無疑是顛倒的。例如說，二十世紀非常發達的大眾傳播，其巨大力量已經變成一隻怪獸。新聞與傳播本來是要揭示眞相、提供眞知的，但是某些大眾傳播，卻常常在蠱惑大眾或散布某一種意識形態，甚至是欺瞞矇騙。所以新聞傳播有時候是反智的、愚民的。政治也是如此。政治本來是維護群體生活的秩序、公義與公平的力量。我們渴望政治能夠達成這樣的目標。但我們現在的政治反成爲社會混亂的泉源，正義、公理也更隱晦了。

藝術並沒例外。兩次世界大戰以後，西方興起了新的現代藝術運動，一直到今天，影響了全球。新藝術固然有不少新的創造，尤其是印象派、超現實主義、表現主義等等有了不起的成績與貢獻。但不少現代主義卻只是破壞，顛覆與虛無，而且越來越背離人類幾千年來對藝術的認定與期望，有很多是反藝術的。在這種西方主流的背景之下，今天我們要來談台灣的藝術，首先對於什麼是藝術？著實令人越來越迷惘。台灣文化自主性低，一向俯仰由人，西方現代藝術的反叛與顛覆的性格，深深地感染了我們的藝術界。所以，今天我們是處在一個空前困惑的時代。

在過去三十年中，我提出了許多觀念，固然得到很多鼓勵，也引起很多爭議。我一向不願意隨波逐流，不盲目追隨人多勢衆的「主流」。幾十年來，台灣藝術界對中國的傳統與西方的現代，許多見解各是其是。批判性的見解，常常顯得既不合「國情」，又不合「潮流」。但我相信，後來者回頭檢視這個世紀最後三十年台灣藝術界的思想，可能只有那不入主流而能超越時代迷思的獨特見解，才兼具過去那一段歷史眞相的詮釋以及創拓未來的啓蒙的意義。

我認爲，如果我們希望有自己的本土藝術，便得先擺脫西方現代主流思想的迷思，確立我們對藝術的本質與意義的認知。我們有了自己的藝術認知，才有可能有明確的方向與主張，也才能建立我們藝術的自主性，才能擺脫對別人的依附。所以，藝術的認知是藝術自主性的基礎。

藝術的認知儘管這樣紛紜混淆，藝術的定義儘管如此詭譎多變，莫衷一是，各種學說又是如何差異，藝術理論又如何南轅北轍，我認爲構成藝術有三個不可動搖的基本要素，應該是創作者與評論者必須把握的。那便是：創造藝術的人，環境與文化和他的時代。玆略述之：

一、**創造藝術的人**。藝術是人創造的。不管多麼保守或激進，古典或現代，藝術都是人所創作、表現出來的，所以第一要素便是充分展現創作者自己的特質。

二、**環境與文化**。包括地理的空間與藝術家賴以成長的文化環境。尤其是其傳統、宗教、歷史、語言等文化環境。

三、**時代**。即藝術家所處的時代。不同的時代有不同的時代特色與文化內容，必影響到藝術的內涵與表現；時代的精神必或隱或顯地表現在藝術家的創造之中。

藝術家獨特的個人，文化傳統與時代精神這三個要素，是任何藝術構成最重要的因素，也是決定藝術的意義、風格、價值與成就的條件。而這三要素也是探索藝術內蘊可把握的途徑，以及檢驗藝術作品是創造還是模仿，是獨立還是依附，是創新還是抄襲的依據。所以，這三個要素也是藝術批評的標尺。

如果我們對藝術有這個認知，我們便可能擺脫傳統的因襲的窠臼，同時也擺脫西方混亂虛無的困惑。要能建立自主性的藝術思想，我們才有可能擺脫依附強勢，呈現自我。

台灣藝術視象的觀察

以此三項標準來檢視幾十年來台灣的視覺藝術的發展，依我的觀察，台灣長久以來，因地理、歷史的特殊因素，始終無法主宰自己。在藝術心靈的舞台上，就是自己沒當自己的主角，常常為他人作替身。近代以來，台灣畫壇大約可分三個階段來討論。

第一階段。台灣畫壇是日本風的法國近代油畫以及日本繪畫（粗略而言，日本本土繪畫有膠彩畫、南畫與浮世繪）爲主流。油畫是以印象派爲主的人體、靜物、風景。日本人學自法國，我們則跟隨日本。並與日本一樣把近代西方強勢主流當「世界性」來膜拜追隨。因爲缺乏反省，久之已視爲當然；所以我們長久以來是自我迷失而不自覺。

台灣的日本畫以膠彩爲主，直接移入。但我們沒有像日本藝術家把傳自中土的繪畫本土化，創造了有日本民族特色的日本畫那樣創造了台灣風格。所以與油畫一樣，雖然大師輩出，但很少表現了台灣的時空、文化傳統與人的特殊性，沒能鮮明地呈現台灣本土心靈的脈息。

第二階段，美術界的主流是大中原風的「國畫」。光復以後，結束日據時代。接著是國民政府遷台，在心態上是大中國的。對於台灣本土藝術有意無意地忽略、漠視、壓抑，台灣藝壇的新權威由大陸遷台的中原畫家所取代，所謂「國畫」成爲主流。不少本土畫家也歸入這個主流。台灣的歷史似乎是從一個潮流到另一個潮流，不斷變換。而主宰藝術潮流的動力，不是本土藝術家，甚至不是本土文化的力量，而是政治權勢。這是最值得探討的現象。

中原畫家以所謂「渡海三家」最權威。當然還有分別在不同政治局勢中管領風騷的一波波外省畫家，在台灣藝壇居主流地位數十年之久。他們的作品大概可分爲：中原傳統形式的因襲；中國文人畫意境的繼承；大陸名山大川的歌頌。雲海、飛瀑、美人、高士、花鳥、走獸等等，從題材到技法，大都是缺少創意的沿襲舊套。與自清末任伯年、吳昌碩到民國初年的齊白石、黃賓虹、林風眠等革新先驅的業績相較，台灣這個階段的「國畫」在五〇年代以降基本是倒退復古。但因為島內政治宰制下的特殊文化環境，倒退復古雖然是時代的倒流，竟反成主流。這個影響直到今日尚餘波盪漾。更因為中原畫家傳統習尚是各立門戶，各有許多繼承衣缽的門生，所以台灣的「中國畫壇」，宗派分明，相當範式化，阻礙了個性的發揮。

若就前述藝術內涵的三要素來衡量，台灣的「國畫」在時代精神、地域文化與個人的獨創性三方面皆大為欠缺。與前一階段同樣，並不能充分表現出台灣的時代、社會與有敏銳感應力的藝術家個人的特色。

第三階段是鄉土意識抬頭以後，到「台灣人出頭天」，即中美斷交後到總統全民直選以來。

台灣本土文化過去長期被壓抑、被忽視的時代宣告結束。台灣有了完全的民主選舉，戒嚴也已撤除，本來民主的文化應該得到很好的發展。這是中國幾千年來好不容易才得到的（大陸與香港都還不可能有）台灣最光榮的歷史契機。但是，這幾年來，我們看到台灣的民主不但沒有健康的發展，而且遭到扭曲，民主的果實為某些黨派所吞食。這實在可惜。在藝術發展方面，今天台灣主權在民，本土意識抬頭，久處「邊陲」的台灣藝術界正好完全擺脫「中心」強勢文化的制約或依附，往自己應然的方向自由發展，充分體現台灣藝術自己獨特的精神，充分表現台灣藝術家在這個獨特的時代，在台灣的文化與環境之中獨特的創造。

但是，早在五、六〇年代台灣藝術已逐漸出現了一個美國化的風潮。領頭的主要是

「五月畫會」及許多嚮慕西方現代主義的畫家個人和畫會。他們雖然有厭惡僵化的「國畫」，亟思異軍突起，取而代之的志向，但他們嚮往的是「世界性」的西方現代主義。以爲匯入那個潮流，便有「國際性」。事實上，這個革命性的新方向，仍然是走依附強勢文化的老路，仍然缺乏文化上自主性的自覺。以爲強勢即中心，中心即先進，先進即偉大的「世界性」，這也是一種「西瓜倚大邊」的心態。不能不說這還是以「邊陲」仰望「中心」的自卑情結的反映。當然，這個普遍的自卑情結近代中國由來已久，至今仍難以完全擺脫，我們並不在特別苛責這一部分人。另一方面，由於這一群藝術青年不在台灣土生土長，而且自大陸來台灣時不算太久，也不能苛求他們在文化意識上沒能融入台灣本土文化。但是，很明顯地，五、六〇年代以來的「現代畫」運動，是一個「寄生」於台灣本土，虛懸於空中的運動，所以永難紮根於本土。從「五月」、「東方」畫會大部分畫家後來長年離開台灣，居留西方，可以雄辯地說明了其「寄生」的性格，與台灣本土藝術的發展缺乏血緣之親。

西方現代主義及其後的後現代主義，現在在台灣幾乎可以同步，台灣畫壇表面上是「國際化」了。似乎很少有人擔憂：這是不是「自我的消亡」？傳統的現代化既然牛步遲遲，外來的本土化又戛戛其難哉，我們有自主性的現代本土藝術的期望何時得以實現？

「本土藝術家」兩型

綜觀近百年來台灣美術三個階段的變遷，由日本畫風、中原畫風到美國畫風的效尤，可以很明顯地發現台灣藝術主流的衍變，是一種依附形態；其所依附的對象，是強勢文化；其強勢的選擇與認定，則與不同時期政權的特質有密切關係。向權勢靠攏，是台灣藝術「主流」意識變遷的內在原因。由此可以體會到台灣泛政治文化的特性，以及如何誤導台灣本土藝術發展的方向。從日本帝展榮譽的渴望，從畫家爭奪成爲皇親國戚、夫人太子老師的地位，到美國國務院邀請的榮耀，以及期望得到西方藝術獎的夢想等事實，都可以隱隱看到實世功利的動機壓倒了藝術創造自主性的心靈的追求。我們只見到日本式的西洋畫，見到傳統中原的文人畫，後來又見到西洋的現代主義與後現代主義。在台灣主流繪畫中，沒有或者很難見到二十世紀特殊時空中台灣的人心靈中的感受與嚮往，痛苦與快樂。

因此，台灣從日據時代一直到今天，眞正的台灣藝術在哪裡？什麼是台灣應有的，屬於自己的時空背景下的藝術心靈發展出來的風格？什麼是更眞實的本土藝術家？

我認爲本土藝術家有兩種，一種是**出生籍貫上**的本土，另一種是**藝術心靈上**的本土。我覺得台灣有過兩位最優秀的前輩畫家最有資格稱爲本土畫家，一位是洪瑞麟，一位是余承堯。洪瑞麟畫台灣的礦工，他原來自己做了二、三十年的礦工，在地底眞正流過血和汗。他深知台灣這些人，他們的生活、他們的姿態，他們的悲哀與痛苦。他以這個時空中的人爲對象，很眞誠的表達了他的人生體驗。很多別的畫家，比如說畫裸女，色彩、技巧非常好。但是那種畫，巴黎有紐約也有，哪裡都有。而那種「國際性」的畫法也很難畫出我們自己的風格。畫風景，用印象派的畫法，把觀音山當作法國或者日本的山去畫，實在難以稱爲眞正的本土畫家。洪瑞麟的畫表現了包括他在內的，昔日本土社會人生的艱苦與堅忍。他爲受苦者造象，不爲富人的客廳作裝飾。另一位畫家是余承堯。他的畫表現了一位大陸來台，厭棄政商生涯（他原爲一位將軍，與主帥不合而去；後曾經商，不成，又棄商退隱）而在繪畫中寄託終生的奇士獨特的造詣。他的畫表達了鄉愁、夢憶與幻想；他有文人畫的傳承，又拋棄文人畫的陳腔濫調，自創新技法；在繪畫的結構與筆墨色彩上獨樹一幟。他表達了時代、文化背景和他自己的個性。

洪瑞麟與余承堯的畫在技巧上不一定超過其他名家，但是他們不依附一時風靡畫壇的「主流」，他們有自己的藝術認知與信念，表達了時空環境與眞實的人生感應，他們的畫，假如在另一時空，另一人的筆下斷不可能出現。所以他們是台灣本土畫家的典範。

創造藝術上的「台灣經驗」

解嚴以來，台灣藝術發展再次受到政治的影響，那就是統獨之爭對藝術的衝擊。許多人不能將文化與政治權力區隔開。統獨意識形態的分歧攪亂了文化淵源的認同與文化前景的展望，這是很遺憾的。其實，政治風雲的詭譎只是短暫的現實，文化傳統才有千秋的生命。不論統獨，台灣的藝術如果不能獨立於西方現代與後現代主義之外，找到自己的方向，台灣永遠不能擺脫崇拜強勢文化、自甘爲追隨者的處境。

如果不能認識到台灣的本土藝術自來濃厚的依附性格，便不能尋回自己的自信與自愛，便不可能有獨立的主體精神。

本土藝術永遠是最可貴的。我覺得還應該更確切地說：天下一切有創造性、獨特性的眞正藝術，都屬本土藝術。最優秀的本土藝術，都是某個族群裡的天才藝術家，秉承了他的民族文化傳統的精華，在他生存的時代環境裡，以他個人的獨特的風格，表達了對宇宙人生深刻的體驗，表現了他所感受的悲哀與喜悅、痛苦與希望，而且在藝術上達到最高的成就，爲全人類所共鳴。這種本土藝術，將被公認爲世界性的成就，所以也就是世界性藝術的本義。

至於台灣這個「族群」，即使有一天獨立成一個國家，他的文化淵源何來？當然是中華民族的歷史文化。如果因爲一時的政治意識扭曲我們的認知，而在文化上自斷淵源，便將成爲無源之水，無根之木。我們的文化主體性不免殘缺羸弱而終將枯槁。

台灣承續了中華文化，這是數十年來「台灣經驗」非常可貴的一部分。台灣的文化當然不止是原來的中華文化，而是經過台灣的歷史、地理以及在此生活的人長期發展、塑造過的台灣式的中華文化。正如香港與新加坡的華人，不同於大陸的華人，但一樣是有共同淵源的華人一樣。台灣承續中華文化，當以發展創造了自由民主的新中華文化爲光榮。台灣不應爲中華傳統抱殘守缺，更不應做西方文化的跟班，台灣藝術應成爲有台灣特色的中華文化的新典範。

我想台灣的藝術的新生命，必以認識自己的淵源，廣泛吸收世界其他文化，建立本土文化的自主性爲起點。台灣藝術可以獨立於西方強勢文化與大陸有中國特色的「社會主義」文化之外，成爲東方一個獨特的風格——它反映了台灣獨特的時代、地域與人的獨特創造。台灣的本土藝術在民主自由的環境中應好好珍惜，把傳統的現代化，把外來的本土化。當未來的台灣本土藝術展現了他的自主性與獨特性的時候，便無法抹殺其世界性藝術成就的地位。看看東歐與南美小國的文學家舉世尊崇，他們原來正是「本土藝術家」，因創造傑出的成果而成爲世界性的大師。我們應在這些啓示之下，充滿自信。台灣的藝術家當以創造藝術上獨立不倚的台灣經驗爲榮。

何懷碩（一九四一——），廣東人，畫家、美學家、教授。著有《苦澀的美感》、《創造的狂狷》、《孤獨的滋味》、《大師的心靈》等文集，並有《何懷碩畫集》等繪畫創作集。

中國歷代知識分子的美學修養

立緒文化講座

蔣勳

「知識分子」是個滿新的詞，中國古代並沒有這個名稱，我們可能用「士」來代表讀書人。今天我想由歷史上，慢慢談一談究竟一個知識分子應該具備怎樣的美學修養。春秋戰國時，士已經成爲一種獨特的身分階層，也就是說，當社會的結構發展到一定的程度時，會有一群專門以讀書、思考生命的價値、思考生活的導向的人出現，主導著龐大的文化。

春秋時代的禮樂之教

這時的儒家系統中，提出「六藝」：禮、樂、射、御、書、數，六種不同的學科來訓練讀書人。其中「樂」的部分是與美學修養最相關的，春秋戰國諸子的書中，幾乎都強調樂教。孔子甚至常以樂教去判斷一個學生在整體思維、生命性情中達到的狀況，於是樂教在整個士的美學修養中，扮演了一個重角的角色。它本身是非常感性的教育，我們可以看到「琴」這樣的東西成爲中國讀書人非常重要，甚至是必備的東西，這和今天一個音樂家面對樂器的感覺是不一樣的，中國的琴，不完全是一種樂器，而是一種生命情懷。因爲當喜悅、鬱悶的時候，會藉著琴做一種生命情懷的抒發。兪伯牙和鍾子期「摔琴謝知音」的故事中，兪伯牙的琴，是生命中要與另一個人溝通、對話的。更極端的例子，是晉朝陶淵明的素琴，這張琴上一根絃也沒有的。這時，琴變成一種哲學，琴的演奏過程變成生命中自我彈奏的另一種形式。甚至傳說，一個最好的琴家彈琴時，不能有人偷聽，否則絃就會斷。這也讓我們意識到，生命中最美的東西，常常是跟自己對話的，不是表演的。因爲只要有對象，藝術就會有趨附性、會做作。中國知識分子的美學修養，其實最大的一部分是講個人內在孤獨時刻的狀態，因爲只有在面對自己的時刻是個審美的我、美學意義的我、眞正的我。

《史記》中的美學形式

到了漢朝，我很自然地想到了司馬遷這個知識分子，他留下了一部影響極大的《史記》。我們看到書中有許多知識分子的典範，例如〈屈原賈生列傳〉中的屈原，是個很美的形象，他投江時，成爲了生命的美學形式，而這樣的美學形式幾乎變成這個族群很多的知識分子，在讀到這一段歷史時有巨大的感動。這種感動在於我們有沒有一個最內在、最美的自我，絕不受外在的侮辱、干擾。寧爲玉碎，不爲瓦全。其實，司馬遷一直在創造一種生命的美學形式，我們同樣看到另一個創造出來的人格典範——楚霸王項羽，他在楚漢相爭時，是個失敗者，可是司馬遷把他翻案成美學上的英雄。他在唱「力拔山兮氣蓋世」時，完全是眞性情的流露。我們無法解釋爲什麼歷史上〈霸王別姬〉一直被演出，只能說，司馬遷給了我們一個啓發，讓我們從現實的挫折中找回生命的完全。另外，荊軻也是《史記》中絕不會被忘記的人，他在出發前唱「風蕭蕭兮易水寒」，歌聲變成了生命的極致，而荊軻同時也成爲一種美的典範。荊軻並沒有成功，也沒有改變歷史上任何事，可是他改變了生命本身的態度，達到了一種自我完成。

《史記》爲我們留下了最早的知識分子美學典範，可是這些人都是現實中的失敗者，三個失敗者，三個美學典範。這樣看來，是不是中國有美學修養的知識分子，都變成了失敗的典範？這樣是不是有一點阿Q式的悲哀？《史記》留下了讓人震動的東西，可是成功與美學又常是對立的，不過知識分子常會將這兩種對立統一起來。

東漢開國皇帝光武帝劉秀，是少數沒有殺功臣的開國君王。中國知識分子爲了避免「狡兔死，走狗烹」，會「功成身退」，就像東漢最有趣的知識分子——嚴光。劉秀當皇帝時，大封功臣，嚴光就自己跑到南方富春江一帶去釣魚，直到晚年時他們才相見，這是我比較喜歡的故事，其中知識分子事功的完成，與美學的修養並存。他完成了美，但沒有背負《史記》的悲壯。

三曹與魏晉南北朝的美學修養

東漢結束，到了三國，出現了三個有趣的人物：曹操、曹丕、曹植，他們是精彩的政治人物，也是精彩的美學人物。曹操的詩寫得極好，是文武雙全的人物。曹丕懂得政治上的手腕，篡奪帝位，文學上《典論・論文》卻寫得極好，而且建安七子是圍繞著他形成的。才高八斗的曹植，七步成詩，文筆也是極好。不過，曹操是功業與美學修養不對立的狀況，他的兩個兒子，卻又將二者分離。曹丕篡了帝位，可是對中國知識分子的美、性情、情懷有很大影響的是曹植。他在那個禮教極嚴的時代，愛上了嫂嫂，寫出了〈洛神賦〉，這大概是第一次中國知識分子的男性這麼直接地去形容一個女性的美，我常很感謝這篇文章，它使中國及受壓抑的男性，有一個愛情幻想的對象，中國有很多文人，常一遍一遍地抄寫〈洛神賦〉，或者畫洛神賦圖。曹植與曹丕比起來，似乎又變成現實中的失敗者，可是他完成了生命情懷中的東西。

魏晉南北朝時，士人的生命情懷，可以在《世說新語》中看得淸楚，書法、繪畫、文學在這個時期成爲知識分子必備的修養。當時的世族，也就是王導、謝安家族是很以他們的修養、內涵驕傲的。王導家族簡直囊括當時的中國書法史。王右軍王羲之是這個時代很重要的典範，他在〈蘭亭集序〉中，正面地歌頌了生命中的美。他的價値，不在於有沒有當官，而在生命本身的完成。他還有許多故事，如「袒腹東床」、「東床快婿」是大家耳熟能詳的。我們看到有一個時代是這樣重視眞性情的。性情剛好相對於「禮教」，禮教是外在，而禮教和性情一定要取得一個平衡，當禮教成爲一個知識分子唯一的依靠時，就會虛僞、作假。可是若只有性情，完全沒有禮教，也很危險，就像下面要說的「竹林七賢」，他們生命中有非常高的悲劇性，七賢中美學修養最高的，應該是嵇康。中國音樂上最美的一首曲子〈廣陵散〉就是他作的，他太標榜美學修養上的性情，所以與許多禮教對立。除了嵇康外，阮籍也非常重性情，他的一生，都在反禮教。我們看到，禮教有時和性情是對立的。這時美學修養被拿來對抗那些作假的虛僞，因爲美學中有一個必備的東西：眞性情。陶淵明也是一個追求眞性情的人，他的〈歸去來辭〉和〈桃花源記〉都是我極喜歡的，兩篇都在說心靈的淨土，而〈桃花源記〉中，淨土是被漁人發現的，所有知識分子都找不到它，這是一個有趣的寓言，對那個時代被政治扭曲的知識分子，做了很大的警告。

唐朝知識分子「對立的統一」

接下來我想跟大家談一個中國知識分子美學修養中理性與感性的平衡，我最感動的時代，就是唐宋。當時的知識分子是士大夫，讀書是爲了做官，可是他們的美學修養一點也不遜色。其中很重要的角色是領袖，知識分子的美學修養健不健康，和領袖有極大的關係。譬如唐太宗本身書法寫得極好，又非常喜歡王羲之的字。再如武則天，她絕對是中國女性知識分子的代言人。她能篡位和她的知識有關。絕不只是因爲手段陰險毒辣。她的文筆、書法、文學修養都極好，所謂知識分子的美學修養，她絕對有。

我想藉唐宋的知識分子來說明，美學修養恰好是使我們的生命由狹窄的現實擴大到生命情懷的東西，只有在美學的領域中，敵人間可以相互讚美。武則天篡位時，駱賓王寫〈討武曌檄〉討伐，武則天對這篇文章是一句一句地讚美，她爲其中的美，以及文章背後動人的生命情懷而讚美。這時她以自己是個帝王來思考，應該有包容的氣量，而不是以她自身來思考。這種氣度是美學，只有美學可以讓人寬容、讓敵人不再是敵人。現實功名利祿的鬥爭終有一天會過去，人可不可能在另外一個世界有和諧的對話。美是一種統一，更是一種對立的統一。她爲整個唐代歷史樹立了一個精神，到了玄宗，這是一個眞正的美學時代的來臨。

玄宗時的李白是一個反體制的知識分子，他拒絕了所有的教育制度，崇拜游俠，可是他的詩震動朝野，宰相賀知章說他是「謫仙人」，玄宗看了他的詩，馬上封他爲翰林學士。這時，玄宗愛上了當時還是壽王妃的楊玉環，五十年後，白居易寫了〈長恨歌〉，來記錄這一段故事。讀著讀著，我們其實很容易忘了這個人是皇帝。〈長恨歌〉中最感人的是他恢復了人的本性，好像一切帝王的功業，都比不上一點「在天願作比翼鳥，在地願爲連理枝」的深情、「君王掩面救不得」的眷戀。只有在美學中，現實世界中一切的高低、貴賤、貧富都會變得平等，變成人對人的態度。知識分子的美學修養，其實就是人的本性的對待關係，只是我們常因爲禮教而忘了這種本性。白居易最精彩的作品還有〈琵琶行〉，他在江邊爲朋友送行，聽一個琵琶女彈琵琶有感，他說「同是天涯淪落人，相逢何必曾相識」，聽到了這樣的樂曲，他突然覺得這個身分、教育和他不對等的琵琶女，其實是在這個生命裡面共同分享喜悅、分擔憂傷的人，他把她視為一個對等的人，所以聽到最後會「江州司馬青衫濕」。這是非常純粹、深情的人性對話，這種東西在唐宋的知識分子中一直有，卻一點也沒有被低俗化。

第一流的宋代知識分子

宋朝有很多帝王的書畫都極漂亮，詩也寫得極好，他們知識分子的角色比唐朝還明顯。因為他們本身對美學的重視與修養，使宋朝出現了中國歷史上第一流的知識分子。范仲淹、歐陽修、王安石、蘇東坡都不是藝術家，都是為官的人，可是他們都有美學修養。范仲淹有一段時間是邊防司令，可是讀〈岳陽樓記〉時我們完全忘了他是做官的人，他寫對大自然的觀察，完全是詩人、畫家的身分。宋朝的知識子常常不覺得他是一個政治的管理者，而是一個情懷的釋放者。

唐宋知識分子美學修養和事功是合在一起的。王安石和蘇東坡是當時新舊黨爭的兩個代表人物，可是他們私下是可以在一起下棋作詩的好朋友。在人的世界裡，他們彼此欣賞，在政治的世界裡，他們對立分歧。我一直希望台灣有這樣的事，因為這才是知識分子的典範、人的典範。司馬光和王安石在政治上也是對立的，司馬光從官場上退下來，花了十九年，寫了本《資治通鑑》，為歷史留下一部書，這並不是「失意」，因為知識分子的終極關懷本來就不是做官。王安石死後，司馬光重新執政，他馬上召蘇東坡來寫王安石的祭文，他們不讓小人落井下石，要肯定王安石的作為。我們看到美學修養不只是寫詩，它其實是一個人性情上的恢復，性情上的包容、寬容、大器。

因爲新黨的關係，蘇東坡一直被下放，烏台詩獄時，對他是個考驗，當自己被否定時，蘇東坡反而找到了他的生命座標。他流放到黃州時，一天喝了酒，被別人推倒在地上，一瘸一瘸地回家，他卻寫信給朋友說「自喜漸不爲人知」，回家後寫下了「大江東去，浪淘盡，千古風流人物」，他忽然發覺，沒什麼好爭奪的，蘇東坡從那個時候救回了他自己，他最好的作品都是這時候寫出來的。此後，他的命運並沒有好轉，可是他卻越貶越高興，當懲罰不再是懲罰時，生命就可以海闊天空了。我們看到美學修養其實是一種生命情境。爲自己找回本性並不難，因爲它本來就存在，只是讀書讀得太多，把它扭曲、污染了，所以孔子說「爲學日益，爲道日損」，書要越讀越多，可是要把知識分子的驕傲拿掉，把謙卑完成，回到很自在的狀況。

理性與感性

下面，我很想用一首常和朋友聊的詩，談談中國知識分子美學修養中最完美的生命情操，也對今天理性與感性的平衡話題做一個結束。這是唐朝詩人張籍的〈節婦吟〉：「君知妾有夫，贈妾雙明珠」，你知道我有夫，可是你送了我一對明珠。一個難題出現了，這女子的第一反應很有趣，她說「感君纏綿意，繫在紅羅襦」，她非常感動，於是把明珠繫在紅裙子上，很珍惜、眷戀的感覺，這是一種情感的釋放。可是她又有點不安「妾家高樓連苑起，良人執戟明光裡」，她的家世很好，是有禮教的，丈夫是朝廷中有頭有臉的人物。這兩句的回答是理性的，不同於上兩句的感性。接著她要拒絕了，可是她拒絕得非常委婉，「知君用心如日月，誓擬與夫同生死」，她說，我知道你是個光明磊落的人，可是我與我的夫君也決心同共生死，所以結論是「還君明珠雙淚垂，恨不相逢未嫁時」，我把你送我的明珠還你吧，為什麼未婚時沒有碰到你？

人有現實中的緣分，也有不可解的緣分，雖是不可解，仍然很值得珍惜，可是理性與感性要能平衡，才可以有美學修養來處理生命中常常出現的兩難，這種兩難成為一種對知識分子美學修養的考驗，這美學修養是知識分子追求知識的起點，也同樣是終極關懷。我們共同希望，這個社會上的知識分子，能找回美學修養，它不僅是對音樂美術的喜愛，同時要把美學修養變成情感性的、對待人的態度，也就是一種關照與尊重，它同時具備了情感的敏銳度，和理性的節制，我覺得情感的豐沛是很重要的，如果沒有了情，理性只是乾枯的僵化教條而已，要知道什麼是愛、關心、牽掛、眷戀，然後理性發生作用，把情感處理得好，處理得當，生命才圓滿。

蔣勳（一九四七—），福建長樂人，學者、詩人、作家、畫家。著有藝術論述《美的沈思》、《徐悲鴻研究》等，詩集《少年中國》、《母親》、《多情應笑我》等，散文集《萍水相逢》、《大度・山》、《島嶼獨白》等，短篇小說集《因為孤獨的緣故》、《新傳說》等。

5

說民族

在北京慶祝俾斯麥誕辰一百週年紀念會上的演講

演講地點不詳

辜鴻銘

女士們先生們！

今天有幸參加這樣的盛會對我已是殊榮，又安敢奢望尊貴的東道主先生的盛請之譽，在慶祝這位偉大的德國人誕辰時對其發表評論呢？我自知，像我這樣的門外漢學者既無能力向你們講述這位偉大歷史人物的崇高品格，更無力描繪他一生的活動對歐洲秩序的重建所產生的決定性影響。可是，我將不再客套，按照尊敬的東道主的願望，對俾斯麥發表點自己的看法。我之所以這樣，是因爲當我在德國作爲一名年輕的留學生時，在柏林的大街上曾親睹了這位偉大的德意志帝國的首相，之後，我就成了他的崇拜者。正如拉丁詩人說的：Virgilium Tantum vidi!（我就這樣看見維吉爾了！）

女士們先生們，首先我要告訴你們的是，俾斯麥對我來說，他是純粹的、地道的、眞正的德意志精神的代表。然而什麼是德意志精神呢？不久以後我將出版一本書，在該書中我試圖描述一下中華民族的精神。今天，爲了紀念這位偉人，我也將嘗試向你們闡述一下我所理解的德意志精神。在俾斯麥所做的最偉大的演說，他畢生都一直在重複它，也是自從馬丁・路德在魏瑪（威瑪）皇家大廳裡發表的世界歷史性的演講之後、歐洲人民所聽到的最偉大的演講中，他說：「除了上帝，我們德國人無所畏懼。」如果我試圖找出一種貼切的表述來正確恰當地說明德意志精神，除了俾斯麥這句強有力的話，我再也找不到更好的表達了。

因此，德意志精神是一種畏懼上帝的精神，是一種除了上帝無所畏懼的精神。

然而，人們也許要問我：「上帝是什麼？畏懼上帝指的是什麼？」舊約中的希伯來人稱上帝爲公正，上帝爲法律。畏懼上帝就是擔心不公正和不合法。在我們中國，上帝指的是秩序。宋代大哲學家朱熹說：「天治理儀」。因此，如果我們說，德國人民敬畏上帝，我們這樣說指的是德意志人民是一個最擔心不公正和不合法以及無秩序和無紀律的民族。換言之，德意志民族是一個仇恨無秩序和無紀律的民族。俾斯麥的這句話所表達的也正是這個意思：「德意志人民除了上帝無所畏懼。」

因此，在我看來，由於德國人民具有這種精神，所以爲了維護歐洲國家的現代秩序和文化，他們所做的比歐洲任何別的民族都多。我只須提到的是，德意志民族是把重新建立純潔和寶貴的基督教道德本質的改革帶進歐洲的民族。自從法國大革命以來，歐洲國家的秩序和文化經常受到一種失去控制的極端主義的威脅。正是德意志民族把歐洲國家的秩序和文化從這種危險的威脅中挽救出來。換言之，在今日的歐洲，國家生活與家庭生活中所享有的道德與秩序，和其他的民族相比，歐洲各國人民更應該感謝德意志民族。

如上所述，德意志民族對創造和維持歐洲的道德和秩序比其他任何民族做的都多。因爲德意志民族是一個敬畏上帝的民族，是一個仇視所有非法、非道德和非秩序的民族。然而人們也許要問：德意志民族是以何種手段成功地做了這一切而使其在各民族中獨樹一幟的呢？現在許多人，甚至也包括一些德國人認爲，德意志民族成功地做了這一切靠的是德國的武力，靠的是德國的軍國主義。我不贊同這種觀點。我更傾向於認爲，德意志民族所做的這一切靠的並不是德國的軍國主義力量，並不是德國強大的武裝，就我的能力判斷，德意志民族並不是一個好鬥好戰的民族。我想說的是，德意志民族並不是爲自己而愛好戰爭，就像英國人愛好「體育」一樣。德意志民族只是在爲了建立世界道德與秩序而沒有別的手段時才參加戰爭。因爲除了上帝他們無所畏懼。

我再說一遍，德意志民族成功地做了這一切並不是訴諸軍國主義，並不是武力，並不是粗暴，並不是物質力量。那麼，德意志民族運用的究竟是怎樣的一種方法來達到創造和取得這一切的呢？我說，這種手段是：德意志的眞誠、德意志的義務感、德意志的忠實和德意志的勇敢。正是因爲如此，德意志民族才做出和取得了對世界的傑出貢獻。

因此，如果我們想正確和準確地總結德意志之精神，我們不但要說，德意志民族是一個除了上帝無所畏懼的民族，而且我們還要補充說，德國人民是一個與生俱來帶有這四種德意志本質的民族：**眞誠**、**義務感**、**忠實和勇毅**。我說，這就是德意志精神。從這個意義上我還認爲，俾斯麥作爲偉大的領袖是最純正、眞誠和名副其實的代表，是德意志精神的標誌。因此，爲了紀念這位偉大的、名副其實的眞誠的德意志人而舉行的誕辰慶祝會，女士們先生們，我們要永誌這四種德意志精神的本質：德意志之眞誠，德意志之義務感，德意志之忠實和德意志之勇毅。勇毅者萬歲！女士們先生們，請您把杯子舉起來，爲了紀念這位偉大的領袖，乾杯！

一九一五年四月一日

辜鴻銘（一八五七—一九二八），出生於馬來亞檳榔嶼，文化思想家。一九一五年受聘為北京大學英文門教授。

無聲的中國

在香港青年會講

魯　迅

以我這樣沒有什麼可聽的無聊的講演，又在這樣大雨的時候，竟還有許多來聽的諸君，我首先應當聲明我的鄭重的感謝。

我現在所講的題目是：「無聲的中國」。

現在，浙江、陝西，都在打仗，那裡的人民哭著呢還是笑著呢，我們不知道。香港似乎很太平，住在這裡的中國人，舒服呢還是不舒服呢，別人也不知道。

發表自己的思想、感情給大家知道的是要用文章的，然而拿文章來達意，現在一般的中國人還做不到。這也怪不得我們；因爲那文字，先就是我們的祖先留傳給我們的可怕的遺產。人們費了多年的工夫，還是難於運用。因爲難，許多人便不理它了，甚至於連自己的姓也寫不清是張還是章，或者簡直不會寫，或者說道：Chang。雖然能說話，而只有幾個人聽到，遠處的人們便不知道，結果也等於無聲。又因爲難，有些人便當作寶貝，像玩把戲似的，之乎者也，只有幾個人懂——其實是不知道可眞懂，而大多數的人們卻不懂得，結果也等於無聲。

文明人和野蠻人的分別，其一，是文明人有文字，能夠把他們的思想、感情，藉此傳給大衆，傳給將來。中國雖然有文字，現在卻已經和大家不相干，用的是難懂的古文，講的是陳舊的古意思，所有的聲音，都是過去的，都就是只等於零的。所以，大家不能互相了解，正像一大盤散沙。

將文章當作古董，已不能使人認識，使人懂得爲好，也許是有趣的事罷。但是，結果怎樣呢？是我們已經不能將我們想說的話說出來，我們受了損害，受了侮辱，總是不能說出些應說的話。拿最近的事情來說，如中日戰爭、拳匪事件、民元革命這些大事件，一直到現在，我們可有一部像樣的著作？民國以來，也還是誰也不作聲。反而在外國，倒常有說起中國的，但那都不是中國人自己的聲音，是別人的聲音。

這不能說話的毛病，在明朝是還沒有這樣厲害的，他們還比較地能夠說些要說的話。待到滿洲人以異族侵入中國，講歷史的，尤其是講宋末的事情的人被殺害了，講時事的自然也被殺害了。所以，到乾隆年間，人民大家便更不敢用文章來說話了。所謂讀書人，便只好躲起來讀經，校刊古書，做些古時的文章，和當時毫無關係的文章。有些新意，也還是不行的；不是學韓，便是學蘇。韓愈蘇軾他們，用他們自己的文章來說當時要說的話，那當然可以的。我們卻並非唐宋時人；怎麼做和我們毫無關係的時候的文章呢。即使做得像，也是唐宋時代的聲音，韓愈蘇軾的聲音，而不是我們現代的聲音，然而直到現在，中國人卻還做著這樣的舊戲法。人是有的，沒有聲音，寂寞得很——人會沒有聲音的麼？

沒有，可以說：是死了。倘要說得客氣一點，那就是：已經啞了。

要恢復這多年無聲的中國，是不容易的，正如命令一個死掉的人道：「你活過來！」我雖然並不懂得宗教，但我以為正如想出現一個宗教上之所謂「奇蹟」一樣。

首先來嘗試這工作的是「五四運動」前一年胡適之先生所提倡的「文學革命」。「革命」這兩個字，在這裡不知道可害怕，有些地方是一聽到就害怕的。但這和文學兩字連起來的「革命」，卻沒有法國革命的「革命」那麼可怕，不過是革新，改換一個字，就很平和了，我們就稱為「文學革新」罷，中國文字上，這樣的花樣是很多的。那大意也並不可怕，不過說：我們不必再去費盡心機，學說古代的死人的話，要說現代的活人的話；不要將文章看作古董，要做容易懂得的白話的文章。然而，單是文學革新是不夠的。因為腐敗思想，能用古文做，也能用白話做。所以後來就有人提倡思想革新。思想革新的結果，是發生社會革新運動。這一運動的發生，自然一面就發生反動，於是便釀成戰鬥……

但是，在中國，剛剛提起文學革新，就有反動了。不過白話文卻漸漸風行起來，不大受阻礙。這是怎麼一回事呢？就因為當時又有錢玄同先生提倡廢止漢字，用羅馬字母來替代。這本也不過是一種文字革新，很平常的，但被不喜歡改革的中國人聽見，就大不得了了，於是便放過了比較平和的文學革命，而竭力來罵錢玄同。白話乘了這一個機會，雖然減去了許多敵人，反而沒有阻礙，能夠流行了。

中國人的性情是總喜歡調和，折中的。譬如你說，這屋子太暗，須在這裡開一個窗，大家一定不允許的。但如果你主張拆掉屋頂，他們就會來調和，願意開窗了。沒有更激烈的主張，他們總連平和的改革也不肯行。那時白話文之得以通行，就因爲有廢掉中國字而用羅馬字母的議論的緣故。

其實，文言和白話的優劣的討論，本該早已過去了，但中國是總不肯早早解決的，到現在還有許多無謂的議論。例如，有的說：古文各省人都能懂，白話就各處不同，反而不能互相了解了。殊不知這只要教育普及和交通發達就好，那時就人人都能懂較爲易解的白話文；至於古文，何嘗各省人都能懂，便是一省裡，也沒有許多人懂得的。有的說：如果都用白話文，人們便不能看古書，中國的文化就滅亡了。其實呢，現在的人們大可以不必看古書，即使古書裡眞有好東西，也可以用白話來譯出的，用不著那麼心驚膽戰。他們又有人說，外國尚且譯中國書，足見其好，我們自己倒不看麼？殊不知埃及的古書，外國人也譯，非洲黑人的神話，外國人也譯，他們別有用意，即使譯出，也算不了怎樣光榮的事的。

近來還有一種說法，是思想革新緊要，文字改革倒在其次，所以不如用淺顯的文言來作新思想的文章，可以少招一重反對。這話似乎也有理。然而我們知道，連他長指甲都不肯剪去的人，是絕不肯剪去他的辮子的。

因爲我們說著古代的話，說著大家不明白、不聽見的話，已經弄得像一盤散沙，痛癢不相關了。我們要活過來，首先就須由青年們不再說孔子孟子和韓愈柳宗元們的話。時代不同，情形也兩樣，孔子時代的香港不這樣，孔子口調的「香港論」是無從做起的，「吁嗟闊哉香港也」，不過是笑話。

我們要說現代的，自己的話；用活著的白話，將自己的思想，感情直白地說出來。但是，這也要受前輩先生非笑的。他們說白話文卑鄙，沒有價值；他們說年輕人作品幼稚，貽笑大方。我們中國能做文言的有多少呢，其餘的都只能說白話，難道這許多中國人，就都是卑鄙，沒有價值的麼？至於幼稚，尤其沒有什麼可羞，正如孩子對於老人，毫沒有什麼可羞一樣。幼稚是會生長，會成熟的，只要不衰老腐敗，就好。倘說待到純熟了才可以動手，那是雖是村婦也不至於這樣蠢。她的孩子學走路，即使跌倒了，她絕不至於叫孩子從此躺在床上，待到學會了走法再下地面來的。

青年們先可以將中國變成了一個有聲的中國。大膽地說話，勇敢地進行，忘掉了一切利害，推開了古人，將自己的眞心話發表出來——眞，自然是不容易的。譬如態度，就不容易眞，講演時候就不是我的眞態度，因爲我對朋友，孩子說話時候的態度是不這樣的——但總可以說些較眞的話，發些較眞的聲音。只有眞的聲音，才能感動中國的人和世界的人；必須有了眞的聲音，才能和世界的人同在世界上生活。

我們試想現在沒有聲音的民族是哪幾種民族。我們可聽到埃及人的聲音？可聽到安南、朝鮮的聲音？印度除了泰戈爾，別的聲音可還有？

我們此後實在只有兩條路：一是抱著古文而死掉，一是捨掉古文而生存。

一九二七年二月十六日

「少年中國」的「少年運動」

李大釗

演講地點不詳

我們的理想，是在創造一個「少年中國」①。「少年中國」能不能創造成立，全看我們的「少年運動」如何。

我們「少年中國」的理想，不是死板的模型，是自由的創造；不是鑄定的偶像，是活動的生活。我想我們「少年中國」的少年，人人理想中必定都有一個他自己所欲創造而且正創造的「少年中國」。你理想中的「少年中國」，和我理想中的「少年中國」不必相同；我理想中的「少年中國」，又和他理想中的「少年中國」未必一致。可是我們的同志，我們的朋友，畢竟都在攜手同行，沿著那一線清新的曙光，向光明方面走。那光明裡一定有我們的「少年中國」在。我們各個不同的「少年中國」的理想，一定都集中在那光明裡成一個結晶，那就是我們共同創造的「少年中國」。彷彿像一部潔白未曾寫過的歷史空頁，我們大家你寫一頁，我寫一頁，才完成了這一部「少年中國」史。

我現在只說我自己理想中的「少年中國」。

我所理想的「少年中國」，是由物質和精神兩面改造而成的「少年中國」，是靈肉一致的「少年中國」。

爲創造我們理想的「少年中國」，我很希望這一班與我們理想相同的少年好友，大家都把自己的少年精神拿出來，努力去做我們的「少年運動」。我們「少年運動」的第一步，就是要做兩種的文化運動：一個是精神改造的運動，一個是物質改造的運動。

精神改造的運動，就是本著人道主義的精神，宣傳「互助」、「博愛」的道理，改造現代墮落的人心，使人人都把「人」的面目拿出來對他的同胞；把那占據的衝動，變爲創造的衝動；把那殘殺的生活，變爲友愛的生活；把那侵奪的習慣，改爲同勞的習慣；把那私營的心理，變爲公善的心理。這個精神的改造，實在是要與物質的改造一致進行，而在物質的改造開始的時期，更是要緊。因爲人類在馬克斯所謂「前史」的期間，習染惡性很深，物質的改造雖然成功，人心內部的惡，若不剔除淨盡，他在新社會新生活裡依然還要復萌，這改造的社會組織，終於受他的害，保持不住。

物質改造的運動，就是本著勤工主義的精神，創造一種「勞工神聖」的組織，改造現代游惰本性、掠奪主義的經濟制度，把那勞工的生活，從這種制度下解放出來，使人人都須工作，做工的人都能吃飯。因爲經濟組織沒有改變，精神的改造很難成功。在從前的經濟組織裡，何嘗沒有人講過「博愛」、「互助」的道理，不過這表面構造（就是一切文化的構造）的力量，到底比不上基礎構造（就是經濟構造）的力量大。你只管講你的道理，他時時從根本上破壞你的道理，使你永遠不能實現。

「少年中國」的少年好友呵！我們的一生生涯，是向「少年中國」進行的一條長路程。我們爲達到這條路程的終點，應該把這兩種文化運動，當作車的兩輪，鳥的雙翼，用全生涯的努力鼓舞著向前進行，向前飛躍。

「少年中國」的少年好友呵！我們要做這兩種文化運動，不該常常飄泊在這都市上，在工作社會以外做一種文化的遊民；應該投身到山林裡村落裡去，在那綠野煙雨中，一鋤一犁的做那些辛苦勞農的伴侶。吸煙休息的時候，田間籬下的場所，都有我們開發他們，慰安他們的機會。須知「勞工神聖」的話，斷斷不配那一點不做手足勞動的人講的。中國今日的情形，都市和村落完全打成兩極，幾乎是兩個世界一樣。都市上所發生的問題，所傳播的文化，村落裡的人，毫不發生一點關係；村落裡的生活，都市上的人，大概也是漠不關心，或者全不知道他是什麼狀況。這全是交通阻塞的緣故。交通阻塞的意義，有兩個解釋：一是物質的交通阻塞，用郵電舟車可以救濟的；一是文化的交通阻塞，非用一種文化的交通機關不能救濟的。在文化較高的國家，一般勞農客受文化的質量多，只要物質的交通沒有阻塞，出版物可以傳遞，文化的傳播，就能達到這個地方；而在文化較低的國家，全仗自覺少年的宣傳運動，在這個地方，文化的交通機關，就是在山林裡村落裡與那些勞農共同勞動自覺的少年。只要山林裡村落裡有了我們的足跡，那精神改造的種子，因爲得了潔美的自然，深厚的土壤，自然可以發育起來。那些天天和自然界相接的農民，自然都成了人道主義的信徒。不但在共同勞作的生活裡可以感化傳播於無形，就是在都市上產生的文化利器——出版物類——也必隨著少年的足跡，盡量輸入到山林裡村落裡去。

我們應該學那閒暇的時候就來都市裡著書，農忙的時候就在田間工作的陶士泰（托爾斯泰）先生，文化的空氣才能與山林裡村落裡的樹影炊煙連成一氣，那些靜沈沈的老村落才能變成活潑的新村落。新村落的大聯合，就是我們的「少年中國」。

我們「少年中國」的少年好友呵！我們既然是二十世紀的少年，就該把眼光放得遠些，不要受腐敗家庭的束縛，不要受狹隘愛國心的拘牽。我們的新生活，小到完成我的個性，大到企圖世界的幸福。我們的家庭範圍，已經擴充到全世界了，其餘都是進化軌道上的遺跡，都該打破。我們拿世界的生活做家庭的生活，我們應該承認愛人的運動比愛國的運動更重。我們的「少年中國」觀，絕不是要把中國這個國家，做少年的舞台，去在列國競爭場裡爭個勝負；乃是要把中國這個地域，當作世界的一部分，由我們居住這個地域的少年朋友們下手改造，以盡我們對於世界改造一部分的責任。我們「少年運動」的範圍，絕不止於中國：有時與其他亞細亞的少年握手，做亞細亞少年的共同運動；有時與世界的少年握手，做世界少年的共同運動，也都是我們「少年中國主義」份內的事。

總結幾句話，就是：

我所希望的「少年中國」的「少年運動」，是物心兩面改造的運動，是靈肉一致改造的運動，是打破知識階級的運動，是加入勞工團體的運動，是以村落為基礎建立小組織的運動，是以世界為家庭擴充聯合的運動。

少年中國的少年呵！少年中國的運動，就是世界改造的運動，少年中國的少年，都應該是世界的少年。

一九一九年九月十五日

註釋

①編註：少年中國學會發起於五四運動前的一九一八年六月三十日，成立於五四運動後一九一九年七月一日。到一九二五年全中國政治情勢發生根本變化時自然消失，是五四成立最早、人數最多且有抱負的新思想團體。

李大釗（一八八九—一九二七），河北樂亭人，中國最早的馬克斯主義者之一。一九一七年任北京大學圖書館主任、政治學教授。

五四運動紀念

在上海光華大學的演講

胡　適

五四運動之背景

中國加入歐戰時，全國國民，皆抱負極大希望，以爲從此以後，對外賠款，可以停付——至少可以停付五年；治外法權，可以廢止；關稅主權，可以收回。當時，日本人已先中國數年，加入戰爭，派遣軍艦，專與東方的德國勢力爲難；接收青島，續辦膠濟路，所有德國人在華的勢力，居然落到他們手中去了。彼時中國人尚不如何著急，因爲日本政府曾有表示，望此次接收，不過暫時之事，將來「終究歸還中國」；不料到了第二年——一九一五年，日本非獨不把山東方面的權利，交還中國，抑且變本加厲，增制許多條件，向中國下「哀的美敦書」，強迫中國承認，中國無法，只能於五月九日簽字承認。於是中日二國的感情，愈弄愈壞，壞到不可收拾了。

中國正式加入歐戰，是一九一七年。前此之時，雖有華工協助協約國與德國開釁；但未經中國政府正式表示。到了一九一七年，中國政府，公然向德絕交，向德開戰。翌年十一月十一日，德國終於失敗了，一種代表軍國主義和武力侵略主義的勢力，終於被比較民治化的勢力屈服了，歐戰遂此告終。全世界人皆大慶祝此雙十一節，中國自亦受其影響。五月十七那一天，所有北京城內的學校，一律停課，數萬學生，結隊遊行，教育部且發起提燈大會，四五萬學生，手執紅燈，高呼口號，不可謂非中國教育界第一創舉。影響所及，遂為以後的「五四運動」下一種子；故雖謂五四運動，直接發源於此次五六萬人的轟轟烈烈的大遊行，亦無不可。非獨此也，教育部且於天安門一帶，建築臨時講台；公開演講。事後北大停課三天，要求教育部把此臨時講台，借給北大師生，繼續演講三天。演講時間，每人限以五分鐘，其實，每人亦只能講五分鐘，因為彼時風吹劇烈，不到五分鐘，講員的喉嚨，已發啞聲，雖欲繼續，亦無能為力了。因此，各人的演詞，非常簡括，卻又非常精彩。此後在《新青年》雜誌上所發表的如蔡元培的〈勞工神聖〉和我的〈非攻〉等篇，皆為彼時演詞之代表。但有人要問，我們為什麼要如此做呢？原來彼時北京政府，「安福俱樂部」初自日本借到外債六萬萬元，一時揚武耀威，非常得意。我們見之，雖有非議，亦無法可想，彼時既有教育部首先出來舉行公開演講，我們亦落得藉此機會，把我們的意見，稍微發洩發洩。後來，我因母喪離開北京，故未得親自參加這個大運動的後半劇。

一九一九年一月十八日，交戰諸國開和平會議於法國Versailles（凡爾賽）宮中，中國人參加者，有政府的代表，有各政黨的代表，又有用私人名義去參加者，以為美國威爾遜總統的十四點，必可實行，中國必能在和會之中，占據許多利益；至少，山東問題，必能從和會中得著滿意的解決。然而威爾遜畢竟是一個學者的理想家，在政治上玩把戲，哪裡敵得過英國的路易．喬治（David Lloyd George，勞合．喬治）及法國的克列孟梭（Clemenceau，克里蒙梭）這一班人呢？學者遇著「老虎」，學者唯有失敗而已！

五四運動之發生

四月二十八日，國際聯盟條文，正式成立，尚覺有點希望。過了二天，到了四月三十日那一天，和會消息傳出，關於山東方面的權利，皆付與日本，歸日本處理。消息一到，前此滿腔熱望，完全失望了！全國憤怒，莫能遏制，於是到了五月四日那一天，學生界發起北京全體學生大會，開會以後，到處遊行（外傳北京學生會曾向東交民巷各公使館表示態度說不確）。後來，奔到趙家樓胡同曹宅（曹汝霖），撞破牆壁，突圍而進，適遇章宗祥在那裡躲避不及，打個半死，後腦受著重傷；當場即被捉去，學生二三十人，各校皆有，各校校長暨城內紳縉名流，皆負責擔保。後來消息傳到歐洲，歐洲代表團，亦大受感動，同時更用恐嚇手段，打電報給我國出席總代表陸徵祥，如果他糊裡糊塗的在山東問題條文中簽了字，他的祖宗墳墓，一概將被掘；外交團迫於恐嚇，自不敢輕意簽字了。於是在五月十四日那一天，中國代表團，又在和會內重新提出「山東問題」。要求公平辦法，始終沒有得著好的結果，而中國代表亦始終沒有簽字，所以然者，實因當時留歐中國學生界，亦有相當的運動，包圍中國公使館不許中國官員擅自簽字之故。可是這樣一來，當時辦教育的人，就棘手了，好在他們亦不欲在這種腐敗的政府下供職，於是教育部中幾個清明的職員及北大校長蔡先生等人，相繼辭職。那時，政府正痛惡那一班人，他們既欲辭職，亦不挽留。然而當時的學生界怎能任這一班領袖人物，輕易引退呢？於是大家主張挽留。爲欲營救被捕的學生，爲欲挽留被免的師長，同時又要繼續偉大的政治運動，故自五月二十日起，北京學校，一律罷課，到處演講，諸如前門大街等熱鬧地方，皆變成學生的臨時講場了；對於城內交通，不無影響，於是北京軍警，大捕學生。但軍警捕捉學生愈著力，學生的氣焰，愈加熱烈，影響所及，全國學生，相率罷課。天津的學生界，於五月二十三日起，宣布罷課；濟南的學生界，於二十四日宣布罷課；上海的學生界，於二十六日宣布罷課；南京的學生界，於二十七日宣布罷課；後來連到軍閥的中心勢力所在的保定學生界，亦於二十八日決議罷課；向者爲北京學生界的愛國運動，今其勢力，已風動全國學生界，而變成全中國的學生運動了。同時北京被捕的學生，亦益發增多，城內的拘留所，皆拘滿了，一時無法，就把北大第三院，改成臨時拘留所，凡遇著公開講演的學生，軍警輒把槍一揮，成群的送入北大第三院內，院之四周，堅築營盤，昏夜看守。後來第三院的房子內住不下了，又把第二院一併改爲臨時拘留所。斯時杜威博士適到北京，我領他去參觀就地的大監獄，使他大受感動。後來，忽有一天，到了六月三號那一天，院外的營盤，忽然自動撤消了，看守的軍警，各自搬場了，一時不知其故，後來才明白上海學生界，即在六月三號那一天，運動商界，一律罷市三天，並要求政府罷免曹、陸、章三人的職務。政府見來勢洶險，無法抵抗，終於屈服下來；自動撤消營盤，自動召回軍警，即是政府被人民屈服的證據，而曹、陸、章三人，亦於同日被政府罷免掉了。為此五月四日到六月三日幾近一月中間的故事，最後的勝利，終於歸屬學生界了。

五四運動之影響

如今且約略考究五四運動的影響，它的影響，計有二方面：一為直接的影響，一為間接的影響。直接的影響，能使全國人民，注意山東問題，一面禁止代表簽字；一面抵制日貨，抵制日貨的結果，許多日本商人，先後破產，實予以重大打擊，故日本野心家，亦漸生戒懼之心了；再加上其他友國的幫助，故於一九二一年「華盛頓會議」中，當中國代表重新提出山東問題時，中國著實占點便宜。其結果，日本終於把山東方面的權利，「終究交還中國」了。

至於間接的影響，那就不能一樣一樣的細說了！

第一，五四運動引起全國學生注意社會及政策的事業。以前的學生，不管閒事，只顧讀書，政治之好壞，皆與他們無涉。從此運動以後，學生漸知干預政治，漸漸發生政治的興趣了。

第二，為此運動，學生界的出版物，突然增加。各處學生皆有組織，各個組織皆有一種出版物，申述他們的意見。單說民國八年一年之內，我個人所收到的學生式的豆腐乾報，約有四百餘份之多，其他可無論了。最奇怪的，這許多報紙，皆用白話文章發表意見，把數年前的新文學運動，無形推廣許多。從前我們提倡新文學運動，各處皆有反對，到了此時，全國學生界，亦顧不到這些反對，姑且用它一用再講，爲此「用它一用」的觀念的結果，新文學的勢力，就深深占入學生界的頭腦中去了，此爲五四運動給予新文學的影響。

第三，五四運動更予平民教育以莫大影響。學生注意政事，就因他們能夠讀書，能夠看報之故。欲使平民注意政事，當亦使他能夠讀書，能夠看報；欲使平民能夠讀書，能夠看報，唯一的方法，就在於教育他們。於是各學校中，皆創立一個或數個平民學堂，招收附近平民，利用晚間光陰，由各學生義務教授；其結果，平民教育的前途，爲之增色不少。

第四，勞工運動亦隨五四運動之後，到處發生。當時的學生界，深信學生一界，勢力有限，不能做成大事，欲有偉大的成就，非聯合勞工各界，共同奮鬥不可。但散漫的勞工，不能發生何種勢力，欲借重之，非加以組織不可，於是首先與京漢路北段長辛店的工人商議，勸其組織工會；一致奮鬥。一處倡之，百處和之。到了今日，各處城市，皆有工會組織，推原求本，當歸於九年以前的五四運動。

第五，婦女的地位亦因五四運動之故，增高不少。五四運動之前，國內無有男女同學之學校，那時，婦女的地位，非常低微。五四運動之後，國內論壇，對於婦女問題，漸生興趣，各種怪論，亦漸漸發生了；習而久之，怪者不怪，婦女運動，非獨見於報章雜誌，抑且見諸實事之上了！中國的婦女，從此遂跨到解放的一條路上去了。

第六，彼時的政黨，皆知吸收青年分子，共同工作。例如進步的黨人，特爲青年學生，在他們的機關報上，闢立副刊，請學生們自由發表意見。北京《晨報》的副刊，上海《民國日報》之「覺悟」，即其實例。有的機關，前時雖有副刊，唯其主要職務，不外捧捧戲子，抬抬妓女，此外之事，概非所問；五四以後，他們的內容，完全改變了；諸如馬克斯、蕭伯納、克魯泡特金等名詞，皆在他們的副刊上，占著首席地位了。

其在國民黨方面，此種傾向，益覺顯著。論日報，則有《民國日報》的各種副刊；論周報，則有《星期評論》；論月刊，則有《建設》雜誌等等；其影響於青年學生界者，實非微事。非獨此也，他們並於民國十三年中國國民黨改組之際，正式承認吸收少年分子，參加工作，此種表示，亦因受著五四運動的影響之故，就中尤以孫中山先生最能體驗五四運動的眞意義。彼於一九二〇年正月九日那一天，寫信給海外黨部，囑以籌金五十萬，創辦一個最大的與最新式的印刷機關，其理由，則爲：

> 自北京大學學生發生五四運動以來，一般愛國青年，無不以望新思想為將來革新事業之預備；於是蓬蓬勃勃，發抒言論，國內各界輿論，一致同倡，各種新出版物，為熱心青年所舉辦者，紛紛之偽政府，猶且不敢攖其鋒。此種新文化運動，在我國今日，誠思想界空前之大變動，推原其故，不過由於出版界之一二覺悟者，從事提倡，遂至輿論放大異彩，學潮瀰漫，全國人皆激發天良，誓死為愛國之運動。倘能繼長增高，其將來收效之偉大且久遠者，可無疑也。吾黨欲收革命之成功，必有賴於思想之變化，兵法攻心，語曰革心，皆此之故；故此種新文化

運動，實為最有價值之事。

——孫中山先生〈致海外國民黨同志書〉

孫先生看出五四運動中的學生，因教育的影響，激於義憤，可以不顧一切而爲國家犧牲；深信思想革命，在一切革命中，最關緊急；故擬創辦一個最大的與最新式的印刷機關，盡量做思想上的宣傳工夫；即在他自身的工作上，亦可看出這一點來。民國八年以前，孫先生奔走各處，專心政治運動，對於著作上的工作，尙付闕如，只有《民權初步》及《實業計劃》二部分的著作，於民國八年以前做成；民國八年以後，他的革命方向，大大轉變了，集中心力，專事著作，他的偉大著作，皆於此時告成。這是什麼緣故呢？就因爲他認定思想革命的勢力，高過一切，革命如欲成功，非先從思想方面入手不可，此種傾向，亦就因爲受著五四運動的影響的結果。

五四運動爲一種事實上的表現，證明歷史上的一大原則，亦可名之曰歷史上的一個公式。什麼公式呢？

凡在變態的社會與國家內，政治太腐敗了，而無代表民意機關存在著；那末，干涉政治的責任，必定落在青年學生上了。

這是一個最正確的公式，古今中外，莫能例外。試觀中國的歷史，東漢末年，宦官跋扈，政治腐敗，朝廷上又無代表民意的機關，於是有大學學生三萬人，危言正論，不避豪強；其結果，終於造成黨錮之禍，牽連被捕死徙廢禁的，不下六七百人。又如北宋末年，金人南犯，欽宗引用奸人，罷免李鋼以謝金人，政治腐敗，達於極點，於是有太學生陳東及都人數萬，到闕下請復用李綱，欽宗不得已，只好允許了。又如清末「戊戌政變」，主動的人，即是青年學生；革命起義，同盟會中人，又皆爲年輕的學生；此爲中國歷史上的證據。又觀西洋歷史，中古時代，政治腐化，至於極點，創議改革者，即爲少年學生；一八四八年，爲全歐革命的一年，主動的人皆爲一班少年學生，到處抛擲炸彈，開放手槍，有被執著，非遭死戮，即被充軍，然其結果，仍不能壓倒熱烈的青年運動，亦唯此種熱烈青年運動，革命事業，才有成功之一日。是以西洋的歷史，又足證明上面所說的一個公式。

反轉來講，如果在常態的社會與國家內，國家政治，非常清明，有各種代表民意的機關存在著；那末，青年學生，就無須干預政治了，政治的責任，就要落在一班中年人的身上去了。試觀英美二國的青年，他們所以發生興趣，只是足球、籃球、棍球等等，比賽時候，各人興高采烈，狂呼歌曲；再不然，他們就去尋找幾個女朋友，往外面去跳舞，去看戲，享盡少年幸福。若有人和他們談起政治問題，他們必定不生興趣，他們所做的，只是少年人的事。他們之所以能夠安心讀書，安心過少年幸福者，就因爲他們的政治，非常清明，他們的政治，有中年的人去負責之故。故自反面立論，又足證實上面所講的歷史上的公式。

自從五四運動以來，中國的青年，對於社會和政治，總算不曾放棄責任，總是熱熱烈烈的與惡化的掙扎；直到近來，因為有些地方，過分一點，當局認為不滿，因而喪掉生命的，屢觀不鮮。青年人的犧牲，實在太大了！他們非獨犧牲學業，犧牲精神，犧牲少年的幸福，連到他們自己的生命，一併犧牲在內了；而尤以二十五歲以下的青年學生，犧牲最大。例如前幾天報上揭載武漢地方，有二百餘共〔產〕黨員，同時受戮，查其年齡，幾皆在二十五歲以下，且大多數為青年女子。照人道講來，他們應該處處受社會的保障，他們的意志，尚未成熟，他們的行動，自己不負責任，故在外國，偶遇少年犯罪，法官另外優待，減刑一等，以示寬惠。中國的青年，如此犧牲，實在犧牲太大了！為此之故，所以中國國民黨在第四次全體會議中所議決的中央宣傳部宣傳大綱內有一段，即有禁止青年學生干預政治的表示。意謂年輕學生，身體尚未發育完全，學問尚無根柢，意志尚未成熟，干預政治，每易走入歧途，故以脫離政治運動為妙。

一九二八年五月四日

胡適（一八九一——一九六二），安徽績溪人，現代民主思想文化的創導者，歷史學家、文學家、哲學家。一九一七年任北京大學教授，一九四六年任北京大學校長，一九五八年起任台灣中央研究院院長，並有《胡適全集》行世。

五四運動的精神是什麼？

在中國公學第二次演講上的講演

陳獨秀

如若有人問五四運動的精神是什麼？大概的答詞必然是愛國救國。我以爲五四運動的發生，是受了日本和本國政府的兩種壓逼而成的，自然不能說不是愛國運動。但是我們的愛國運動，遠史不必說，即以近代而論，前清末年，也曾發生過愛國運動，而且上海有愛國學社和愛國女學校。十年前就有標榜愛國主義的根據運動。何以社會上對於五四運動無論是讚美、反對或不滿足，都有一種新的和前者愛國運動不同的感想呢？他們所以感想不同的緣故，是五四運動的精神，的確比前此愛國運動有不同的地方。這不同的地方，就是五四運動特有的精神。這種精神就是：㈠**直接行動**；㈡**犧牲精神**。直接行動，就是人民對於社會國家的黑暗，由人民直接行動，加以制裁，不訴諸法律，不利用特殊勢力，不依賴代表。因爲法律是強權的護持，特殊勢力是民權的仇敵，代議員是欺騙者，絕不能代表公衆的意見。清末革命的時候，人人都以爲從此安寧了，不料袁世凱秉政結果，反而不好。袁世凱死的時候，人人又以爲從此可以安寧了，不料現在的段祺瑞、徐世昌執政，國事更加不好。這個時候，中國人因爲對於各方面的失望，大有坐以待斃的現象。自從德國大敗俄國革命以後，世界上的人思想多一變。於是，中國人也受了兩個教訓：一是無論南北，凡軍閥都不應當存在；一是人民有直接行動的希望。五四運動遂應運而生。一般工商界所以信仰學生，所以對於五四運動有新的和前次愛國運動不同的感想，就是因爲學生運動是直接行動，不是依賴特殊勢力和代議員的卑劣運動呵！中國人最大的病根，是人人都想用很小的努力犧牲，得很大的效果。這病不改，中國永遠沒有希望。社會上對於五四運動，與以前的愛國運動的感想不同，也是因爲有無犧牲的精神的緣故。然而我以爲五四運動的結果，還不甚好。爲什麼呢？因爲犧牲小而結果大，不是一種好現象。在青年的精神上說起來，必定要犧牲大而結果小，才是好現象。此時學生犧牲的精神，若不如去年，而希望的效果，卻還要比去年的大，那更不是好的現象了。以上這兩種精神，就是五四運動重要的精神。我希望諸君努力發揮這兩種精神，不但特殊勢力和代議員不是好東西，就是工商界也不可依賴。不但工商界不可依賴，就是學界的分子好朋友，都不可依賴。最後只有自己可靠，只好依賴自己！

一九四〇年四月二十二日

陳獨秀（一八七九—一九四二），安徽懷寧人，中國共產黨創始人和早期領導人之一。一九一六年起任北京大學教授。

造成偉大民族底條件

對北京大學學生講

許地山

有一天，我到天橋去，看那班「活廣告」在那裡誇讚自己的貨色。最感動我底是有一家剃刀鋪底徒弟在嚷著「你瞧，你瞧，這是眞鋼！常言道：要買眞鋼一條線，不買廢鐵一大片」。眞鋼一條線強過廢鐵一大片，這話使我聯想到民族底問題。民族底偉大與渺小是在質，而不在量。人多，若都像廢鐵，打也打不得，鑄也鑄不得，不成材，不成器，那有什麼用呢？反之，人少，哪怕個個像一線底鋼絲，分有分底用處，合有合的用處。但是眞鋼和廢鐵在本質上本來沒有多少區別，眞鋼若不磨礪鍛鍊也可以變爲廢鐵。廢鐵若經過改造也可以變爲眞鋼。若是連一點也煉不出來，那只可稱爲銹，連名叫廢鐵也有點夠不上。一個民族底存在，也像鐵一樣，不怕銹，只怕銹到底。銹到底的民族是沒有希望底。可是要怎樣才能使一個民族底鐵不銹，或者進一步說，怎能使它永遠有用，永遠犀利呢？民族底存在，也像「逆水行舟，不進則退」，退到極點，便是滅亡。所以這是個民族生存底問題。

民族，可以分爲兩種，就是自然民族與文化民族。自然民族是「不識不知，順帝之則」底。這種民族像蘊藏在礦床裡底自然鐵，無所謂成鋼，也無所謂生銹。若不與外界接觸，也許可以永遠保存著原形。文化民族是離開礦床底鐵，和族外有不斷的交通。在這種情形底下，可以走向兩條極端的道路。若是能夠依民族自己的生活理想與經驗來保持他底生命，又能採取他民族底長處來改進他底生活，那就是有作爲，能向上的。這樣的民族底特點是自覺的，自給的，自衛的。若不這樣，一與他民族接觸，便把自己的一切毀滅掉，忘掉自己，輕侮自己，結果便會走到滅亡底命運。我們知道自古到今，可以夠得上稱爲文化民族底有十個。

第一，**蘇摩亞甲民族**（Sumerian Akkadian）。在民族文化發展底最高點是從西紀前三二〇〇年到一八〇〇年。

第二，**埃及民族**（Egyptian）。發展底頂點是從西紀前二八〇〇年到一二〇〇年。

第三，**赫代亞述民族**（Hitthite-Assyrian）。起自小亞細亞中部，最後造成大利烏王（Darius）底伊蘭帝國。發展底頂點是從西紀前一八〇〇年到八〇〇年。

第四，**中華民族**。發展底頂點是從周到漢，就是西紀前一一二六年到西紀二二〇年。

第五，**印度民族**。發展的時代也和中華民族差不多，但是降落得早一點。

第六，**希拉**（希臘）**羅馬民族**。這兩民族文化是一線相連底，所以可以當作一個文化集團看。發展底頂點是從西紀前約一二〇〇年起於愛琴海岸直到羅馬帝國底末運，西紀二九五年。

第七，**猶太天方民族**。這民族底文化從西紀前六〇〇年起於猶太直到回教建立以後幾百年間。

第八，**摩耶民族**（Maya，馬雅）。發生於美洲中部，時間或者在西紀前六〇〇年，到新大陸被發現後，西班牙人把這民族和文化一起毀滅掉。

第九，**西歐民族**。包括日耳曼、高盧、盎格魯撒遜諸民族。發展底頂點從西紀九〇〇年直到現在。

第十，**史拉夫**（斯拉夫）**民族**。這民族底文化以俄羅斯爲主，產生於歐戰後，時間離現在太近，還不能定出發展底傾向來。

我們看這十個文化民族，有些已經消滅，有些正在衰落，有些在苟延殘喘，有些還可以勉強支持，有些正在發生。在這十個民族以外，當然還有文化民族，像日本民族、斯干地那維安（斯堪地納維亞）民族、北美民族等都是。但嚴格地說起來，維新以前底日本文化不過是中華文化底附庸，維新後又是屬於西歐的。所以大和的文化或者還在孕育的時期罷。同樣，北美和北歐底民族也是承受西歐底統系，還沒有建立爲特殊的文化，美利堅雖然也在創造新文化底行程上走，但時間仍是太短，未能如史拉夫民族那麼積極和顯明。此地並不是要討論誰是文化民族和誰不是，只是要指出所舉底民族文化發榮時期好像都在一千幾百年間，他們底興衰好像都有一定的條件。若合乎興盛底條件，那民族便可以保存，不然，便漸次趨到衰滅。所以一種文化能被維持得愈久長，傳播愈廣遠就夠得上稱爲偉大。偉大的和優越的文化存在於偉大的民族中間。所謂偉大是能夠包容一切美善的事物底意思，所謂優越是凡事有進步，不落後底意思。包容底範圍有廣狹，進步底程度有遲速，在這裡，文化民族間底優劣就顯出來了。進步得慢，包容得狹，還可以維持，怕底不能夠容而且事事停頓。停頓就是退步，就容易被高文化底民族，甚至於野蠻民族所征服。然則要怎樣才能使文化不停頓呢？不停頓的文化是造成偉大民族的要素。所以我們可以換一句話來問，要具什麼條件才能造成偉大的民族？現在且分列在下面。

凡偉大的民族必擁有永久性底典籍和藝術

典籍與藝術是連續文化底線。線有脆韌，這兩樣也有久暫。所謂永久性是說在一個民族裡，從他的世界觀與人生觀所產生底典範多寓「恆久之至道，不刊之鴻教」（《文心雕龍．宗經》）；藝術作品無論在什麼時代都能「奮至德之光，動四氣之和，以著萬物之理」，乃至能使人間「耳目聰明，血氣和平，移風易俗，天下皆寧」（《禮記．樂記》）。典籍和藝術雖然本身含有永久性，也得依賴民族自己底信仰，了解，和愛護才能留存。古往今來，多少民族丟了寶貴的文化產品，都由於不知愛惜，輕易捨棄。我們知道一個民族底禮教和風俗是從自有的典籍和藝術底田地發育而成底。外來的理想和信仰只可當作輔成的材料，切不可輕易地捨己隨人。民族滅亡底一個內因，是先捨棄自己的典籍和藝術，由此，自己的禮俗也隨著喪失。這樣一代一代自行摧殘，民族的特性與特色也逐漸消滅，至終連自己底生存也陷入危險的境地，所以永久性是相對的，一個民族當先有民族意識然後能保持他底文化的遺產。

凡偉大的民族必不斷地有重要的發明與發現

學者每說「需要是發明之母」，但是人間也有很需要而發明不出來底事實。好像汽力和電力，飛天和遁地底器具，在各民族間不能說沒需要。汽力和電力所以代身體的勞力，既然會用牛馬，便知人有尋求代勞事物底需要，但人間有了很久的生活經驗，卻不會很早地夢想到利用它們。飛天和遁地底玄想早已存在，卻要到晚近才實現。可見在需要之外，應當還有別的條件。我權且說這是「求知欲」與「求全欲」。人對於宇宙間底物與則當先有欲知底意志；由知而後求透徹的理解，由理解而後求完全的利用。要如此發明與發現才可以辦到。凡能利用物與則去創物，既創成又能時刻改進，到完美地步都是求知與求全底欲望所驅使底。中華民族底發明與發現能力並不微弱，只是短少了求全底欲望，因此對於所創底物，所說底物，每每為盲目的自滿自足。乃至凡有所說，都是推磨式的，轉來轉去，還是回到原來那一點有進前往深追究底人。一樣物品或一條道理被知道以後，再也沒有進前往深追究底人。血液循環底原理在中國早已被發現，但「運行血氣」底看法於醫學上和解剖學上沒有多少貢獻。木鳶飛天和飛車行空底事情，自古有其說，最多只能被認為世界最初會放風箏底民族，我們卻沒有發展到飛機底製造。木牛流馬沒有發展到鐵軌車，火藥沒用來開山疏河，種種等等，並非不需要，乃因想不到。想不到便是求知與求全底欲望不具備底結果。想不到便是不能繼續地發明與發現底原因。

然則，要怎樣才能想得到呢？現代的發現與發明，我想是多用手的緣故。人之所以為人，能用手是主要的條件之一。由手與腦聯絡便產生實際的知識。古代文明與現代文明底區分，只是偏重腦與偏重手底關係。古人以手作為賤役，所以說勞力者是役於人底。他們所注重底是思想，偏重於為人間立法立道，使人有文有禮，故此哲學文學藝術都有相當的成就。現代人不以手作勞動為賤役，他們一面用手，一面用心，心手相應底結果便產出純正的科學。不用手去著實做，只用腦來空想，絕不會產生近代的科學。沒有科學，發明與發現也就難有了。我們可以說舊文化是屬於勞心不勞力底有閒者所產，而新文化是屬心手俱勞底勞動者底。而在兩者當中，偶一不愼便會落到一個也不忙，也不閒，庸庸碌碌，混混沌沌底窠臼裡。在這樣的境地裡，人做什麼他便跟著做什麼；人說什麼他便隨著說什麼。我們沒有好名稱送給這樣的民族文化，只可說是「嘴唇文化」、「傀儡文化」或「鸚鵡禪的文化」。有這樣文化底民族，雖然可以享受別人所創底事物，歸到根柢，他便會萎靡不振，乃至於滅亡，豈但弱小而已！

凡偉大的民族必具有充足的能力足以自衛衛人

一個偉大的民族是強健的，威武的。為維持正義與和平當具有充足的能力。民族底能力最淺顯而具體的是武備，所以說：「兵者，國之大事，死生之地，存亡之道，不可不察也。」（《孫子・始計》）偉大民族底武備並不是率禽獸食人或損人肥己底設施。吳起說兵底名有五種：「一曰義兵，二曰強兵，三曰剛兵，四曰暴兵，五曰逆兵。禁暴救亂曰義；恃衆以伐曰強；因怒興師曰剛；棄禮貪利曰暴；國亂人疲，舉事動衆曰逆。」（《吳子・

圖國》）戰爭是人類還沒離禽獸生活底行動，但在距離大同時代這樣道阻且長的情形底下，人不能不戒備，所以兵是不可少的。禁暴救亂是偉大民族底義務。他不能容忍人類受任何非理的摧殘，無論族內族外，對於剛強暴逆諸兵，不恤捨棄自己去救護。要達到這個地步，民族自己的修養是不可缺乏底。他要先能了解自己，教訓自己，使自己底立腳處穩固，明白自己所負底責任，知道排難解紛並不是由於恚怒和貪欲，乃是爲正義上的利人利己。我們可以借佛家底教訓來說明自護護他底意義。「若自護者，即是護他；若護他者，便成自護。云何自護即是護他？自能修習。多修習故，有所證悟。由斯自護，即是護他。云何護他便成自護？不惱不恚，無怨害心，常起慈悲，愍念於物。是名護他變成自護。」（《有部毗奈耶下十八》）能具有這種精神才配有武備。兵可以爲義戰而備，但不一定要戰，能夠按兵不動，用道理來折服人，乃是最高的理想。孫子說：「百戰百勝，非善之善者也；不戰而屈人之兵，善之善者也。」（〈謀攻〉）這話可以重新地解說。我們生在這有武力才能講道義底時代，更當建立較高的理想，但要能夠自護才可以進前做。如果自己失掉衛護自己底能力那就完了。摩耶民族底文化被人毀滅，未必是因爲當時底歐洲人底道德高尚或理想優越，主要原因還是自衛底能力低微罷了。

凡偉大的民族須有多量的生活必需品

物質生活是生物絕對的需要。所以天產底豐歛，與民族生產力底強弱，也是決定民族命運底權衡。我們可以說凡偉大的民族都是自給的，不但自給，並且可以供給別人。反過來說，如果事事物物仰給於人，那民族就像籠中鳥，池裡魚，連生命都受統制，還配講什麼偉大？假如天賜底土地不十分肥沃，能進取底民族必要用心手去創造，不達到補天開物底功效不肯罷休。就拿糧食來說罷，「民以食爲天」，沒得糧食是變亂和戰爭底一個根源。若是糧食不足，老向外族求來，那是最危險不過底事。正當的辦法是盡地力，盡天工，盡人事。能使土地生產量增加是盡地力。能發現和改善無用的植物使它們成爲農作物是盡天工。能在工廠裡用方法使一塊黏土在很短的期間變成像麵粉一樣可以吃得底東西是盡人事。中華古代底社會政策在物質生活方面最主要的是足食主義。「國無九年之蓄曰不足；無六年之蓄曰急；無三年之蓄曰國非其國也。」（《禮記．王制》）無三年之蓄即不能成國，何況連一日之蓄都沒有呢？在理想上，應有九年之蓄，然後可以將生產品去供給別人，不然，便會陷入困難的境地，民族底發展力也就減少了。

凡偉大的民族必有生活向上底正當理想，不耽於物質的享受

物質生活雖然重要，但不能無節制地享受。沈湎於物質享受底民族是不會有高尙的理想底。一衣一食，只求其充足和有益，愛惜物力，守護性情，深思遠慮，才能體會他和宇宙的關係。人類底命運是被限定的，但在這被限定底範圍裡當有向上底意志。所謂向上是求全知全能底意向，能否得到且不管它，只是人應當努力去追求。爲有利於人群，而不教自己或他人墮落與頹廢底物質享受是可以有底。我們也可說偉大的民族沒有無益的嗜好，時時能以天地之心爲心。古人所謂「明明德，止至善」，便是這個意思。我信人可以做到

與天同體，與地合德底地步，那只會享受不樂思維底民族對於這事卻不配夢想。

凡偉大的民族必能保持人生底康樂

人生底目的在人人能夠得到安居樂業。人對於他底事業有興趣才會進步。強迫的勞作或為衣食而生活是民族還沒達到偉大的境地以前所有底事情。所謂康樂並不是感官的愉快，乃是性情底滿足，由勤勞而感到生活底興趣。能這樣才是真幸福。在這樣的社會裡，雖然免不了情感上與理智上的痛苦，而體質上的缺陷卻很少見。到這境地人們底情感豐富，理智清晰，生無貪求，死無怨懟，他們沒有像池邊底鷺鷥或街旁底瘦狗那樣底生活。

以上六條便是造成偉大民族底條件。現存的民族能夠全備這些條件底，恐怕還沒有。可是這理想已經存在各文化民族底意識裡，所以應有具備底一天。我們也不能落後，應當常存著像《禮記・雜記》中所記底「三患」和「五恥」底心，使我們底文化不致失墜。更應當從精神上與體質上求健全，並且要用犀利的眼，警覺的心去提防克服別人所給底障礙。如果你覺得受人欺負而一時沒力量做什麼，便大聲疾呼要「臥薪嘗膽」，你得提防敵人也會在你所臥底薪上放火，在所嘗底膽裡下毒藥。所以要達到偉大底地步，先得時刻警醒，不要把精力閒用掉，那就有希望了。

冰森對我說這稿曾有筆記稿寄到報館去，因為詳略失當，錯漏多有，要我自己重寫出來。寫完之後，自己也覺得沒有新的見解，慚愧得很，請讀者當隨感錄看吧。

一九三五年

許地山（一八九三—一九四一），廣東揭陽人，現代著名作家、學者。一九二七年起任燕京大學教授，並在北京大學兼職。

希特勒與魏忠賢

世界筆會大會演講詞

林語堂

吾人今日乃處於一個恐怖世界中。世人常問：此次世界危機，禍首爲誰？設若大會同人經過一番考慮後，大家以爲吾人應尸其咎，則我知希特勒和莫索利尼（墨索里尼）必將大爲高興。至少我個人不願獨裁者這樣稱心如意。不多幾天以前，希特勒柬邀諸君，請諸君負戰爭的責任：依他在德國國會所說，戰爭的恐怖乃由民主報界的戰爭鼓吹家所造成。吾輩既爲輿論公意的吶喊者，則無論記者與否，均在被邀之列。只是至少我個人卻只好謝絕所請。實則只有二位作家是危局的罪人。其一是 Cardinla's Mistress 的記者（即莫索利尼），另一是*Mein kampf*的作者，只是這二位既已唾棄民主政體，自視並不屬於民主報界的一分子，則希莫二氏顯未請他們自己負此罪責。這二位之中，一位是寫次等言情小說的，另一位是偷天換日歪曲事實的作家；他們二位既也從事著作，則我覺得我們筆會大會縱然指斥他們，不認他們爲我們的同行，亦無怎樣不當。

所謂著作界也者，我意即一般天資聰穎的饒舌者，他們對國家的主要貢獻，不是好處，便是討人嫌怨。地無論中西，凡心口如一言所欲言的作家，政府總認爲討厭；愈敢言所欲言，貢獻雖大，然亦愈能惹人厭惡。我願湯姆斯・曼（托瑪斯・曼）自知在希特勒眼中看來是何等可厭，如世無湯姆斯・曼其人，在希特勒自較方便。只是吾人別記如世無湯姆斯・曼其人，在希特勒自較方便。只是吾人別忘如世無希特勒其人，則在湯姆斯・曼可較爲方便。眞是，希特勒方便不方便與吾輩何干？世界應該改善得使湯姆斯・曼那種人覺得安樂，不應弄得與希特勒之流以方便。文明與野蠻之別就在於此。

我素主張著作家應該統治國家，而不該遭人厭惡。一個理想的國家裡著作家同時也該是統治者。這個理想曾一度實現過於古代的中國。如果著作家較能影響政治，世人對他們的意見較能尊重，我深信世界必較爲安樂。如果我們把英法德間之糾紛交與Priestlev, André Maurois, Thomas Mann，一般人之手，我敢說沒有一個問題不能在三天之內得到公平合理的解決。不幸這世界並不如此。這世界應由我們來管理，然而事實上卻並不然，則著作家只有居於反對黨的地位了。著作界應該永久是個反對黨。站在永久反對黨的立場上，他們愈使執政者看來覺得不順眼，則他們對國家與世界的貢獻也便愈大。

只是以做政府的眼中釘爲己任，不論從前與現在，總是件危險別致的職業。中國古時文人的處境，正復與今日之著作家相同。我敢說天上之事，古今如同一轍。看看目前歐洲的情形，我愈覺我們的處境與中國古代的文人無異。中國古時，國王措施失當，儒者有奏諫之責。古時中國且亦設員，專司檢查，只是此非報章之檢查，因爲那時我們尚沒有報章，他們卻是審查帝王的，他們的職司是當著皇上的面前指陳他或朝廷措施的不當。他無法律的保障，卻仍得這麼做。他們有倫理上的言論自由，而沒有法律上的言論自由。如果御使名副其實，克盡厥職，他公開的非難往往能激起相當政潮。只是皇上認為他可惡之至，眞覺不耐煩時，自得罰他的俸，割他的頭，使他不再多嘴。這便是我們那時情形。我有一時曾以為西方的著作家，因為有憲法上之保障，情形總比較好，但現在曉得就在歐洲一個所謂文化之邦裡，你們也並沒有什麼保障，因為你們有「異己犯監獄」。可見我們今日乃是同舟的人。

然則我們的對策是什麼呢？德國詩人海涅曾說：「我死時，勿葬以筆，但葬我以劍。」蒙丹的象牙之塔亦為諸君所熟知。吾人咸知一個作者不是戰士，便是頭腦冷靜的觀察家。這二者之間我們每人必得有所取捨。只是戰士的作者與象牙之塔裡的觀察家的作者，其間欲加區別，亦非易事。當今人類文化危急存亡之秋，欲使文明進步，其工作正與新式砲隊之運用無異；在新式的砲台，有人專司射擊，另有人專司瞭望，於轟擊之中，觀察工作之重要，正不亞於砲手。視察哨得目光銳利，心不旁鶩，須於槍林彈雨，砲聲連天之中，保守鎮靜。我想這便是作家對於今日與未來世界唯一的職責。時至今日，思想藝術文學，處處遭受統制，作家莫大之責任便是守上他思想信仰之自由。

換言之，作家對世界的職責也即是對自己的職責。職責云何？即處此愛國狂時代中看事較人清楚，論事比人近情，遇必要時反抗這變態的愛國狂潮，綜而言之，保持自己之個性是已。在獨裁國中，如個性為所淹沒了，唯救自己，始能救世界。正如中國道家所說，只要守眞抱一，則禍患莫能侵。今日無論左派與右派，莫不受單軌思想之威脅，有失去獨特個性之危險。不論左翼作家，或是右翼作家，若已喪自己，更何能謀主義之勝利。

此處不妨引幾句孔子的話。我們須知作家之要務，首在明瞭何者曰「義」。

孔子曰：「君子喻於義，小人喻於利。」孔子對於「和」字的見解，亦頗可喜。「君子和而不同，小人同而不和。」孔子的話，往往似非而是，頗堪回味，看去似覺矛盾，實則含有至理。譬如他說：「君子群而不黨，小人黨而不群。」這話說得再切當沒有了。故愚意凡是君子，便當胸襟曠達，不染政治臭味，超然於黨爭之外。

今日之世界，正義掃地，國際情勢漆黑。文化既遭摧殘，吾人正如臨懸崖，大禍迫在眉睫，我們的時代是個冷酷的時代。吾人對於個人尊嚴之重視，人道觀念、思想自由之尊重，以視十八世紀法蘭西百科全書之編纂者，似有遜色，狄德羅與達．郎貝耳輩，即深以我們為其文化後裔為恥，亦不為過。歐陸沈淪至此，可稱空前。前途嫉恨流血迫害不平之事，必至層出不窮。將來史家必秉筆直書道：「不要臉當於一九三〇至一九三九時代之人推為巨擘。」由此可見吾人之職責，端在誠實無畏，保持個性，以維護人類之自由，防衛個人思想信仰之權利，愼勿為所侵奪。

法西斯政府蔑視人類自由，剝奪人民權利，凡此種種，我想絕不能永久。何則？不近人情故也。有人曾問我獨裁之不能久持，其故安在。我說我們只是猴子的後裔。那人問道這話怎講，我便道：牛與獨裁者可以相處無事，只是猴子與獨裁者這就兩樣了。人類既自猴子演化而來，而並非牛的後裔，則我相信我們不會長此隱忍獨裁者政制的胡作胡為，不久總得與它決裂的。因為隱忍不是猴子的天性，亦非人類的天性。

我們試看中國的歷史，歐洲有暴君，但以視我們暴君則似尚有遜色。即以希特勒而論，以與我們十六世紀的魏忠賢相較，亦得退避三舍：魏忠賢為亞洲最著名的太監，實亦即古今中外最著名的太監，蓋太監為東方的特產。不知怎麼，太監往往亦即善於擅政獨裁。在太監執政之上，文人儒者之被迫害，仗勢者胡作非為，其恐怖黑暗，正復與今日之歐洲無異。在德國，納粹詩人納粹總長之流，以希氏喻耶穌；在中國，則有一位儒者曾倡議這位大璫與孔子應同有尊敬。「德齊堯舜。大賢大智……」對魏氏的頌文，便是這麼一套。唯有這麼歌功頌德，才能保住差使。而舉國的官吏，便全是這樣的人，因為反對他的全給殘殺了。於是興造生祠，塑魏氏之像，以便人民士子之瞻仰崇拜。魏氏之義兒義孫甚多，呼魏氏為「乾爸」，稱他的戀人（客氏），即皇帝之乳母，曰「乾媽」。皇上過時，例呼「萬歲」，當魏氏過時，則官吏跪呼「九千歲」！而魏氏視若無睹，逕自昂昂然過去，絕不回禮。只是他雖聲勢顯赫，畢竟仍免不了人民的腹誹。其情形與今日之德國，如同一轍。我們調侃魏氏之黨羽，綽號他們為「五虎五豹十子四十孫」。這豈非是猴性的表演？因為人性畢竟愛好議論，故魏氏政權終於滅亡了。他後來迫得只好自殺，於是他便自殺了；自殺乃是獨裁暴君最該做的事，中國看魏氏滅亡，而中國至今還是中國。因此，我們不必過分沮喪。

一九三九年五月九日

6

說大學

西學門徑功用

在北京通藝學堂的演講詞

嚴　復

昔英人赫胥黎著書名《化中人位論》，大意謂：人與獼猴爲同類，而人所以能爲人者，在能言語。蓋能言而後能積智，能積智者，前代閱歷，傳之後來，繼長增高，風氣日上，故由初民而野蠻，由野蠻而開化也。此即教學二事之起點。當未有文字時，只用口傳。故中文舊訓以十口相傳爲「古」，而各國最古之書，多係韻語，以其易於傳記也。孔子言：「言之無文，行之不遠。」有文無文，亦謂其成章可傳誦否耳。究之語言文字之事，皆根心而生。揚雄言：「言，心聲也；書，心畫也。」最爲諦當。英儒培根亦云：「世間無物爲大，人爲大；人中無物爲大，心爲大。」故人生之事，以煉心積智爲第一要義。煉心精、積智多者爲學者，否則常民與野蠻而已。顧知煉心矣，心有二用：一屬於**情**，一屬於**理**。情如詩詞之類，最顯者中國之《離騷》。理，幾載道談理之文皆是。然而理，又分兩門：有記事者，有析理者。而究之記事之文，亦用此以爲求理之資，所謂由博反約、博文約禮皆此意也。

大抵學以窮理，常分三際。一曰**考訂**，聚列同類事物而各著其實。二曰**貫通**，類異觀同，道通爲一。考訂或謂之觀察，或謂之演驗，二者皆考訂之事而異名者。蓋即物窮理，有非人力所能變換者，如日星之行，風俗代變之類；有可以人力駕馭移易者，如爐火樹畜之類是也。考訂既詳，乃會通之以求其所以然之理，於是大法公例生焉。此大《易》所謂聖人有以見天下之會通以行其典禮，此之典禮，即西人之大法公例也。中西古學，其中窮理之家，其事或善或否，大致僅此兩層。故所得之大法公例，往往多誤，於是近世格致家乃救之以第三層，謂之**試驗**。試驗愈周，理意靠實矣，此其大要也。

吾人爲學窮理，志求登峰造極，第一要知讀無字之書。培根言：「凡其事其物爲兩間之所有者，其理即爲學者之所宜窮。所以無大小，無貴賤，無穢淨，知窮其理，皆資妙道。」此佛所謂牆壁瓦礫，皆說無上乘法也。赫胥黎言：「能觀物觀心者，讀大地原本書；徒向書冊記載中求者，爲讀第二手書矣。」讀第二手書者，不獨因人作計，終當後人；且人心見解不同，常常有誤，而我信之，從而誤矣，此格物家所最忌者。而政治道德家，因不自用心而爲古人所蒙，經顛倒拂亂而後悟者，不知凡幾。諸公若問中西二學之不同，即此而是。又若問西人後出新理，何以如此之多，亦即此而是也。而於格物窮理之用，其塗術不過二端：一曰**內導**；一曰**外導**。此二者不是學人所獨用，乃人人自有生之初所同用者，用之，而後智識日闢者也。內導者，合異事而觀其同，而得其公例。粗而言之，今有一小兒，不知火之燙人也，今日見燭，手觸之而爛；明日又見爐，足踐之而又爛；至於第三次，無論何地，見此炎炎而光、烘烘而熱者，即知其能傷人而不敢觸。且苟欲傷人，且舉以觸之。此用內導之最淺者，其所得公例，便是火能燙人一語。其所以舉火傷物者，即是外導術。蓋外導術，於意中皆有一例。次一案，二一斷，火能燙人是例，吾所持者是火是案，故必燙人是斷。合例、案、斷三者，於名學中成一聯珠，及以傷人而人果傷，則試驗印證之事矣。故曰印證愈多，理愈堅確也。名學析之至細如此，然人日用之而不知。須知格致所用之術，質而言之，不過如此。特其事尤精，因有推究精微之用，如化學、力學，如天、地、人、動、植諸學多內導。至於名、數諸學，則多外導。學至外導，則可據已然已知以推未然未知者，此民智最深時也。

諸公在此考求學問，須知學問之事，其用皆二：一、**專門之用**；二、**公家之用**。何謂專門之用？如算學則以核數，三角則以測量，化學則以製造，電學則以爲電工，植物學則以栽種之類，此其用已大矣。然而雖大而未大也，公家之用最大。公家之用者，舉以煉心制事是也。故爲學之道，第一步則須爲玄學。玄者懸也，謂其不落遙際，理該衆事者也。玄學一名、二數，自九章至微積，方維皆麗焉。人不事玄學，則無由審必然之理，而擬於無所可擬。然其事過於潔淨精微，故專事此學，則心德偏而智不完，於是，則繼之以玄著學，有所附矣，而不囿於方隅。玄著學，一力，力即氣也。水、火、音、光、電磁諸學，皆力之變也。二質，質學即化學也。力質學明，然後知因果之相待。無無因之果，無無果之因，一也；因同則果同，果巨則因巨，二也。而一切謬悠如風水、星命、無祥之說，舉不足以惑之矣。然玄著學明因果矣，而多近果近因，如汽動則機行，氣輕則風至是也，而無悠久繁變之事，而心德之能，猶未備也，故必受之以著學。著學者用前數者之公理大例而用之，以考專門之物者也。如天學，如地學，如人學，如動植之學。非天學無以眞知宇之大，非地學無以眞知宙之長。二學者精，其人心猶病卑狹鄙陋者，蓋亦罕矣！至於人學，其蕃變猶明，而於人事至近。夫如是，其於學庶幾備矣。然而尚未盡也。必事生理之學，其統名曰拜歐勞介，而分之則體用學、官骸學是也。又心事心理之學，生、心二理明，而後終之以群學。群學之目，如政治，如刑名，如理財，如史學，皆治事者所當有事者也。凡此云云，皆煉心之事。至如農學、兵學、御舟、機器、醫藥、礦務，則專門之至溢者，隨有遭遇而爲之可耳。夫唯人心最貴，故有志之士，所以治之者不可不詳。而人道始於一身，次於一家，終於一國。故最要莫急於奉生，教育子孫次之。而人生有群，又必知所以保國善群之事。學而至此，殆庶幾矣。諸君子力富而志卓，有心力者任自爲之，什略識塗徑，聊爲老馬之導，非曰能之也。

一八九八年九月十八日

嚴復（一八五四—一九二一），福建侯官人，近代啓蒙思想家、翻譯家。一九一二年出任北京大學校長。

整頓北京大學的經過

在南京北大同學聚餐會上的演說詞

蔡元培

今天北大同人會集於此，替我祝壽，得與諸先生、諸同學相見，我心甚爲愉快，但實覺得不敢當。剛才聽得主席王同學報告，及前教授石先生等致詞，均屬極懇摯的勉勵和奬譽之言，眞叫我於感激之餘，慚愧得了不得。我今年實在還未到七十歲的足數日子，記得蘧伯玉有句話：「行年五十，當知四十九年之非。」我今年就算七十，那麼今是昨非之感，恐怕不過是六十九年的種種錯誤罷了。自今以後，極願至其餘年，加倍努力於黨國及教育文化事業，以爲報答，並希冀藉此稍贖過愆。

今日在座者，皆北大有關係之人，請略說當年北大情形。北大在民元以前叫作京師大學堂，包有師範館、仁學館、譯學館等部分，我當時也曾任譯學館教員，是爲我服務北大之始。爾後我因赴德國留學，遂與北大脫離。至民五冬，我在法國，接教育部電促回國，任北大校長。我回來，初到上海，有人勸我不必就職，說北大腐敗極了，進去若不能整頓，反於自己的聲名有礙。這當然出於愛我的意思。但也有少數人就說，既然知道北大腐敗，更應進去整頓，就是失敗，也算盡了心。這也是我不入地獄誰入地獄的意思。我到底服從後說而進北京。

自入北大以後，乃計議整頓北大的辦法：第一，我擬辦的是**設立研究所，為教授、留校畢業與高年級學生的研究機關**。我在譯學館的時候，就曉得北京學生的習慣，他們平日對於學問上並沒有什麼興會，只求年限滿後，可以得到一張畢業文憑。教員自己也是不講進修的。尤其是北大的學生，從京師大學堂老爺式學生嬗繼下來，他們的目的不但在畢業，而尤在畢業以後的出路，所以專門研究學術的教員，他們不見得歡迎；若使一位政府有地位的人來兼課，雖然時常請假，他們還是攀附得很，因爲畢業後有闊老師做靠山。這種科舉時代遺留下來的劣根性，是於求學上很有妨礙的。所以我到校後第一次演說，就說明「大學生當以研究學術爲天職，不當以大學爲升官發財之階梯」。然而這類習慣費了多少年打破工夫，終不免留下遺跡。

第二件事就是所謂**開放女禁**。其實中國大學無所謂女禁，像英國牛津等校似的。民九，有女學生要求進校，以考期已過，姑錄爲旁聽生。及暑假招考，就正式招收女生。有人問我：「兼收女生是否創制新法？」我說：「教育部的大學令，並沒有專收男生的條文；從前女生不抗議，所以不招女生，現在女生來要求，而程度又夠得上大學，就沒有拒絕的理由。」這是我國大學男女同學的開始。稍後，孔德學校也有女學生，於是各中、小學逐漸招收她們了。我一向是主張男女平等的。可惜今天到會的女同學，只有趙、譚、曹三位，仍覺得比男同學少得多。

第三件我提倡的事，就是**變更文體，兼用白話，但不攻擊文言**。我本來不贊成董仲舒罷黜百家，獨尊孔子一類的主張，因爲學術上的派別也和政治上的派別一樣，是相對的，不是永遠不相容的。在北大當時，胡適之、陳仲甫、錢玄同、劉半農諸君，暨沈氏兄弟，積極的提倡白話文學；劉師培、黃季剛諸君，極端維護文言。我卻相信，爲應用起見，白話文必要盛行，我也常常做白話文，替白話文鼓吹；然而，我曾聲明，作美術文，用文言未嘗不好。例如我們寫字，爲應用起見，自然要寫行楷，若如江艮庭的篆隸寫藥方，當然不可；若是爲人寫斗方或屏承做裝飾品，即寫篆隸章草，有何妨害。可是文言、白話的分別適用，到如今依然沒有各得其當。

以上係我在北大時舉辦的或提倡的幾件較大的事情。其他如**注意美育，提倡軍訓，培養學生對於國家及人類的正確觀念**，都是沒有放鬆。只可惜上述這些理想，總沒有完全實現。可見個人或少數人的力量，終是有限。綜計我居北大校長名義，自民六至民十五，共十年有半，而實際辦事，不過五年有半，所成就者僅僅如是。一經回憶，對於知我罪我，不勝慚悚！

今天在座的，年齡皆少於我，未來服務於國家社會的機會正多，發展無量。況且以諸位的年齡，合計不知幾千百倍於本人，而預料諸位將來達於七十歲的時候，對於國家社會的貢獻，更不知將幾千百倍於本人；所以今天諸位先生與同學以祝我的，我謹以還祝諸位健康。

一九三六年二月十六日

留別北大學生的演說

北京大學二十二週年紀念日演講

劉半農

今天是北京大學第二十二週年的紀念日。承校長蔡先生的好意，因爲我不日就要往歐洲去了，招我來演說，使我能與諸位同學，有個談話的機會，我很感謝。

我到本校擔任教科，已有三年了。因爲我自己，限於境遇，沒有能受到正確的、完備的教育，稍微有一點知識，也是不成篇段，沒有系統的，所以自從到校以來，時時慚愧，時時自問有許多辜負諸位同學的地方。所以我第一句話，就是要請諸位同學，承受我這很誠懇的道歉。

就我三年來的觀察，知道諸位同學，大都是覺醒的青年，若依著這三年來的進行率進行，我敢說，將來東亞大陸的文化發展，完全寄附在諸位身上。所以我對於諸位，不必再說什麼，只希望諸位本著自己已有覺悟，向前猛進。

如今略說我此番出去留學的趣旨，以供諸位的參考。

我們都知道人類工作的交易，是造成世界的元素；所以我們生長於世界之中，個個人都應當做一份的工。這做工，就是人類的天賦職任。

神聖的工作，是生產工作。我們因爲自己意志的選擇，或別種原因，不能做生產的工作，而做這非生產的工作，在良心上已有一份的抱歉，在社會中已可算得是一個「寄生蟲」。所以我們於這有缺憾之中，要做到無缺憾的地步，其先決問題，就是要做「益蟲」，不要做「害蟲」。那就是說，應當做有益於生產的工作者的工，做一般生產的工作者所需要而不能兼顧的工。

而且非但要做，還要盡力去做，要把我們一生的精力完全放進去做。不然，我們若然自問——

我們有什麼特權可以不耕而食？

我們有什麼特權可以不織而衣？豈不要受良心的裁判麼？

這便叫做「職任」。

因其是職任，所以我們一切個人的野心或希冀，都應該消滅。吳稚暉先生所說「麵筋學生」一類的野心，我們誠然可以自分沒有；便是希望做「學者」做「著作家」的高等野心，也盡可以不必預先存著。因爲這只可以從反面說過來。若然我們的工做得好，社會就給我這一點特別酬勞；不能說，我們因爲要這個特別酬勞才去做工（我們應得的酬勞，就是我們天天享用的，已很豐厚）。若然如此，我們一旦不要了，就可以不做，那還叫得什麼責任？

如此說，可見我此番出去留學，不過是爲希望能盡職起見，爲希望我的工作做得圓滿起見，所取的一種相當的手續，並不是把留學當作充滿個人欲望的一種工具。

我願意常常想到我自己的這一番話，所以我把它供獻於諸位。

還有一層，我也引為附帶責任的，就是我覺得本校的圖書館太不完備，打算到了歐洲，把有關文化的書籍，盡力代為採購；還有許多有關東亞古代文明的書或史料，流傳到歐洲去的，也打算設法抄錄或照相，隨時寄回，以供諸位同學的研究。圖書館是大學的命脈；圖書館裡有一萬本好書，效用亦許可以抵下三五個好教授。所以這件事，雖然不容易辦，但我盡力去辦。

結尾的話是我是中國人，自然要希望中國發達，要希望我回來時，中國已不是今天這樣的中國。但是我對於中國的希望，不是一般的去國者，對於「祖國」的希望，以為應當如何練兵，如何造艦。我是——

希望中國的民族，不要落到人類的水平線下去；

希望世界的文化史上，不要把中國除名。

怎麼樣才可以做到這一步——還要歸結到我們的職任。

一九二〇年

劉半農（一八九一——一九三四），江蘇江陰人，文學家、語言學家。一九二五年任北京大學教授。

北京大學二十三週年紀念日演說詞

蔣夢麟

今日是我們北京大學第二十三週年的生辰；我們來到此地慶祝，可算是家庭中的慶祝，一堂都是自家人，也沒有請外賓，全由本校的教職員及同學們自由發表意見，關於校務的進行，好著實的來改良。大慶祝當在二年後本校二十五週年紀念時來舉行。關於二十三年來本校的經過情形，已在今日的北大日刊上揭載——如校歌，國立北京大學略史，現行組織，圖書館，儀器室，學科課程，現時體育的組織，學生的生活和活動，出版品及修正旁聽生的章程；所以在今天開會時，也無須我再來報告了。

我想關於慶祝，約略可分爲二種：

㈠來慶祝我們過去的成績。

㈡來慶祝我們將來的希望。

如果要說今天來慶祝我們過去的成績，現在的成績，可以說是沒有，這是很覺慚愧的！我們今天所當慶祝者，是在將來的希望。因爲盛名之下，其實難符，所以今天開會慶祝的目的，只好在將來的希望上了！

關於將來的希望，我以爲有三件重要的事，很應當注意的，由這三件上著力，我們大家一起的做去，等十年或二十年後，再開會時，我們就許可以慶祝過去的成績了。這三件就是：

㈠**當輸入西洋的文化，用全力去注意它**——這話雖是老生常談，不過現在我們是要去實行。從前張之洞說：「中學爲體，西學爲用」，總要體用兼備才對。現在我們卻要把這句話反過來說了，當以「西學爲體，中學爲用」。這是我一個朋友說的話，眞是有理。因爲我們的國學須經過一番整理的工夫才行；整理國學，非用西洋的科學方法不可。所以第一步還是先要研究西學。況且現在應用的學問，大半須從西洋得來。以本校而論，想著實的來輸入西方文化，先要改良圖書館，多買西籍，希望諸位同學，熟悉英、德、法……文，能直接看書，不至於有不懂和誤解的地方。我們既都是自家人，也不妨老實的說：要是外國文太不好，無源之水，將來一定是要乾涸的；能諳習了外國文，能多讀外國的書籍，那麼「寶藏興焉」；無奈我們學校的諸同學，外國文的程度，雖然也有好的，但多數同學的外國文程度總有些兒不夠！

㈡**當整理國學**——要是隨隨便便的，拿起中國的什麼書籍來看，是沒有什麼用處的！我們如果有了學問，應當去做乾嘉時代一般學者的工夫，以科學方法去研究的結果，來把國學整理一番，將來好出一部北大的「國學叢書」。現在商務印書館，雖說出了一部「四部叢書」，其中善本雖不少，但未經今人用科學方法整理過的。我們若能夠以科學方法研究出來的結果，出一部「國學叢書」，使將來一般的國民，領會了國學以科學方法來研究的好處。更能使將來的中學生或是一般的國民，拿起一部「國學叢書」來，便可以知個國學的大概，用不著再要拿許多書來讀才知道，這不是求學的經濟方法麼？

㈢**當注重自然科學**——這是很重要的；現在文化運動基礎不穩固，缺點就因為不注重自然科學。我們若想來使文化運動的基礎穩固，便不得不注重他。西洋文化的所以如此發達者，就是因為他們的根基，打在自然的科學上；而且現在我們首當明白的，要曉得在中國十年或十五年後，必有一種科學大運動發生，將來必定有科學大興的一日。所以無論是文科的，法科的，理科的諸同學們，凡關於天文地理……一類的自然科學上，都當著實的注意才好！在學校方面，要把經費節省下來，把理化的儀器室，特別的推廣；好請一般的同學們和教職員諸君切實的去研究磋磨，使有最新式最完全的試驗室來實現，且不特我們去研究西洋已發明的科學，且要來發明新原理；這樣的下去，庶幾乎方有穩固的根柢！等到四十週年或三十五週年時，有了顯著的好成績，也可以在世界上去講，就不至於竟是掛一塊招牌的了。等到那時候，我們當舉行一個公開的大慶祝，因為已經有了許多的成績在社會上了！不知我的話，諸君以為何如？

一九二一年一月

蔣夢麟（一八八六—一九六四），浙江餘姚人，教育家、思想家。一九一九年任北京大學教育系教授，一九三〇年任北京大學校長。

國立台灣大學第四次校慶演說詞

傅斯年

今天是本校第四次校慶。我到校還不滿十個月，最初不知道這個校慶的日子是如何定的，後來才打聽到這是民國三十四年接收前日本台北帝國大學的那一天。當時就想：拿這個日子作校慶對嗎？經過一番考慮，結論是：這個日子應該作我們的校慶。

日本時代辦這所大學的特殊目的，就是和其殖民政策配合，且成為南進政策的工具。我們接收以後，是純粹的辦大學——為辦大學而辦大學。如果問為什麼辦大學？我要說：辦大學為的是學術，是青年，是中國和世界的文化。這中間是專求眞理，不包括工具主義，亦不包括利用大學作為人擠人的工具，所以大學才有它的自尊性。由日本的台北帝大變為中國的國立台大，雖然物質上進步很少，但精神的改變，意義重大。台灣大學應該以尋求眞理為目的，以人類尊嚴為人格，以擴充知識、利用天然、增厚民生為工作的目標。所以本校在物質上雖然是二十多年了，在精神上卻只有四年，自然應該拿今天作我們的校慶。

各位教職員先生，隨時教導著這些勤學上進的青年，必然感覺著安慰的，我借這個機會向各位致最高之敬意！

各位同學，我們全校沒有一個共同集合的場所，我同你們共同談話的機會很少，所以今天藉此機會貢獻四個意見，分別是：敦品、力學、愛國、愛人，也可說這是我對大家的一點期許。

各位應該做到的第一件事，是**敦品**。敦品又可說爲「敦厚品行」。一個社會裡品行好的人多，社會自然健全。青年是領導下一時代的，他們的品行在下一個時代的影響必然很大。人與人相處，許多事情，毋寧責備自己；責備自己的第一件事情，是自己守不守信。這是個邪說橫流的時代，各種宣傳每每以騙人爲目的，宣傳者想用宣傳達到他的目的，但若一個人養成說謊的習慣，可就不得了。人與人之間，或團體與團體之間，因爲說謊不能放心，社會如果敗壞了，社會就不上軌道。在我們大學裡，這個觀念尤其重要，因爲不能立信，絕不能求眞理。外國有一句俗語，叫做：「Intellectual honesty」，可以翻譯作「知識的誠實」，就是說，一旦覺得我們做錯了，就要承認；譬如我們作實驗有毛病，自己不能欺騙自己說很完美，如果沒有這個精神，學問是不能進步的。所以立信是做人做學問的根本，也是組織社會國家一切的根本。

第二件是**力學**。各位想一想，在這個苦難的時候能有這樣一個環境，已經算很有福氣了，是萬萬不可辜負的。在我這樣年齡，一年就是一年，但在各位這樣年齡，一年有十年之用，將來一輩子的成功靠著在大學這幾年的努力所打下的基礎，這是萬萬不可因循苟且。這些年來，大學裡最壞的風氣，是把拿到大學畢業證書當作第一件重要的事，其實在大學裡得到學問是最重要的事，得到證書反而是很次要的事。假如一班三十個人畢業，三十年後，各人成就不同，然而成功或失敗，有不少地方靠他的學業而不是證書，各位現在或許不覺得現在在大學的時光如何寶貴，畢業後，在社會上做了幾年事，才會覺得，也許到那時候才覺得晚了。此外由學術的培養達到人格的培養，更是不可以忽略的。須知人格不是一個空洞的名詞，而是一個累積的東西，累積人格，需要學問和思想的成分很多。

第三件是**愛國**。這一點本來是大家的本能，但是到了重要關頭，更應該看得清楚。現在世界上的民族中，沒有一個文化像我們這樣久遠而中間不斷的，埃及文明比我們的文明久遠，但現在的埃及和古代的埃及並不是同一個民族。印度的文明同樣發達，但印度經過很多民族和文化的變化。現在世界上一脈相承的文明古國，只有中國了。我們不可以辜負我們這個文明先覺者的地位。還有，現在世界上的文明和政權，實在可以說操在白種人的手裡。在亞洲，印度人雖然黑面孔，但在言語上，種族上，仍是白種人，所以中國現在是非白種人的文化傳承者。我們這一百年來，受盡各種帝國主義的折磨，小的不必說，大的如英國帝國主義，日本帝國主義，帝俄和蘇聯的帝國主義，折磨至今，越來越兇險，前兩個已無力量，後一個卻越來越厲害。我們要看清我們的面孔，緬懷祖先、文化，在今天是絕不能屈服的，更加不能忘本。

第四件是**愛人**。愛國有時不夠，還須愛人。愛國有時失於空洞，雖然並不一定如此，至於愛人，卻是步步著實，天天可行的。青年人培植愛人的觀念是很容易的，在大街上看到受苦的人，我們要助他，在學校裡看到有困難的人，我們要幫他。從這一種行爲做起，便可以把愛人的觀念擴大。孟子說：「無惻隱之心非人也。」愛人的觀念本是建立在這個心理基礎上的。每天都有實行我們愛人的例子，每一件事都有實行我們愛的原則的機會。克服自私心與利害心，便可走上愛人的大路。只要立志走上這個人道的大路，無論一個人的資質怎麼樣，每個人都有做到林肯或國父孫中山先生的機會，至少學習到他們的精神。

以上所說的四件事，敦品、力學、愛國、愛人，或者有人覺得不過是老生常談，但老生常談有何不好？重點在於你能做到幾分。

在此要向大家說明一件更重要的事：要辦好一個大學，不是單靠校長的決心，便可以辦好；必須要大家齊心協力，才能辦得好。所謂的大家，包括全校教職員與學生，甚至工友在內。各位同學勤學好善，先生們感覺到鼓勵，自然學而不厭，悔人不倦，各位同學也得到啓發，大家一起邁向學術進步之路，自然成爲第一流的大學；相反的，大家若是馬馬糊糊的過日子，這個學校是絕對沒有希望。我們全校要有一個意志，就是——「使學校進步」。基於這個共同意志我希望全校團結合作、凝聚共識，學校當局可以做到的一定會去做，做不到的或不應該做的也理應向各位說明白。各位對學校決策有任何意見，或是各位在學校生活中有什麼難處，都可以隨時找我，心理上我們是一家人，應是無話不談、沒有隔閡的。唯有我們的學校一天比一天進步，而各位在學校裡的生活一天比一天更有意義，這樣才可以使得我們的大學成爲宇宙間的一個有意義的分子。

最後借用斯賓諾沙的一句格言：我們貢獻這個大學於宇宙的精神。

一九四九年十一月十七日

傅斯年（一八九六—一九五〇），五四運動時之學生先鋒。一九四五年短期代理北京大學校長，一九四八年至一九五〇年任國立台灣大學校長。

大學之源頭、理念與性格

本文完成於一九七〇年代，前後曾於香港中文大學、上海科學會堂等處演說

金耀基

現代大學之源頭與原義

大學的起源可以溯到中國的先秦，西方的希臘與羅馬，但現代大學之直接源頭則是歐洲中古世紀的大學。大學是中古的特殊產物，中古是宗教當陽稱尊的世紀，它對西方文化的影響向來是學術上纏訟不休的事，但沒有人否認大學是中古給後世最可稱美的文化遺產。

University 一字原無確指，與 community、college 二字通用，之後，則成爲一種特殊的基爾特（guild）之稱謂。與英文 university 一字最接近的中古稱謂是 studium generale，它是指「一個接納來自世界各地的學生的地方」，而非指「一個教授所有課程的地方」。而中古時 universitas 一字則指一群老師宿儒（masters）或一群學生所組合的學術性的基爾特而言。到了十五世紀，studium generale 與 universitas 二字變成同義，都變成英文 university 的前身了。

中古大學中以法國的巴黎大學，義大利的勃隆那（Bologna）爲最早，或稱爲中古大學之原型，兩者皆是十二世紀出現者，其他如英國的牛津、劍橋，義大利的薩里諾（Salerno），德國的海德堡、科隆等，都是中古大學的佼佼者。中古大學與宗教不能分，大學最早是寺院型態，十三世紀則是教堂型態，之後才成爲基爾特性格，並從宗教中逐漸解放出來。就今日的大學來說，牛津與劍橋可能是最保有中古大學的原趣的，至少牛劍是從中古一脈相傳下來，在七八百年無數的變遷中仍然保持了其古典性格的。

中古大學最值得一提的是它的世界精神，超國界的性格。十四世紀歐洲在學問上有其一統性，它有一共通的語言（拉丁），共同的宗教（基督教），教師和學生可以自由地雲遊四方，從勃隆那到巴黎，從巴黎到牛津，在同一的上帝的世界裡，甲大學的學者可以受到千里外他國乙大學學者的款待，論共通的書，談共通的問題，賓至如歸。中古大學的「世界精神」後來因拉丁語的死亡，宗教的分裂而解體，直到十九世紀末時才又漸漸得到復蘇，至二十世紀則又蔚爲風氣。現代大學的「超國界」性格的基礎則不在共同的語言或宗教，而在科學的思想，而在共認的知識性格，此所以現代大學之間常有學術會議、交換計劃等等。

大學的理想與性格

大學的理想和性格幾個世紀來已發生許多的變化。第一本給大學系統性地刻劃一個明確的圖像的重要專著也許是十九世紀（一八五二）的牛津學者紐曼（John H. Cardinal Newman）

的《大學的理念》（*The Idea of a University*）。紐曼認爲大學是一個提供博雅教育（liberal education），培育紳士的地方（雖然他也認爲大學可以訓練職業人才），他以爲大學之目的在「傳授」學問而不在「發展」知識。他說：「如果大學的目的在科學的與哲學的發明，那麼，我看不出爲什麼大學應該有學生。」紐曼之書爲論大學之經典。他心中大學所應培育之紳士乃指通達而有修養與識見之文化人，此一教育理想影響英國教育甚鉅，亦是十九世紀牛津、劍橋之教育嚮向。簡言之，紐曼之大學理想著重在對古典文化傳統之保持，教育之目的則在對一種特殊型態之人的「性格之模鑄」（character formation）。紐曼的大學之理念顯然是「教學的機構」，是培育「人才」的機構。這個理念也許是古典大學遺留給今日大學教育最重要的遺產。

十九世紀末時，大學的性格開始巨大的形變。這一改變始於德國。德國大學亦由中古一脈相傳而來，唯到了十九世紀末葉時，在洪博德（Von Humboldt）及阿爾托夫（Althoff）等人的革新下，柏林大學首先舊瓶裝新酒，徹底改制，擺脫中古的學術傳統，標舉大學的新理念。他們大學的新理念就是以大學爲「研究中心」，教師的首要任務是自由地從事於「創造性的學問」。每個學生則如 Helmholtz 所說，應該至少在日益增大的「知識金廟」上置放一塊磚石。這種大學的理念與紐曼所懷抱者迥然不同，因爲它所重者在「發展」知識而不在「傳授」知識。當然，大學仍把「教學」看作是重要的功能之一。德國這種大學的新理念逐漸影響到歐洲各國，並對美國大學發生根本性的沖激。中國現代教育家蔡元培之改革北京大學就是以德國大學爲模式的。在二十世紀初，德國確成爲世界大學的耶魯撒冷。

德國大學的新理念，在美國大學的先驅者佛蘭斯納（A. Flexner）的《大學》（*Universities*）一書中獲得系統性的闡揚。佛蘭斯納的《大學》一書成於一九三〇年，已被公認爲一部論大學的現代經典。他在該書第一篇就標舉出《現代大學的理念》（*The Idea of a Modern University*）。他特別強調「現代大學」，以別於早他七十幾年的紐曼之「大學」。佛蘭斯納肯定「研究」對大學之重要，肯定「發展」知識是大學重大功能之一，但他卻給「教學」以同樣重要的地位。他指出：「成功的研究中心都不能代替大學」；也即大學之目的不止在創發知識，也在培育人才。佛蘭斯納對大學有一整套的看法，他以爲大學必須是一「有機體」（organism）。他贊成大學應該探討「物理世界」、「社群世界」及「美藝世界」的種種知識，但他反對大學訓練「實務人才」，反對大學開設職業訓練（vocational tranining）之課程，他也反對無限的擴大以破壞它的有機性，他更極力反對大學成爲社會的「服務社」（service station）。他強調大學應該是「時代的表徵」，但他不以爲大學應該隨社會的風尚、喜惡而亂轉，他並不以爲大學應該是「象牙塔」，但他強調大學應嚴肅地批判地把持一些長永的價值意識。

論大學理念的書與文，不知凡幾，但德國哲人耶士培（Karl Jaspers）的《大學理念》（*The Idea of the University*）一書卻值得特別一提。耶士培此書成於希特勒統治崩解，德國大敗，德大學受創極深之際。他以哲人之智慧，籌思人類學術的路向，發揮大學之理念。耶士培以大學之使命只在忠誠於眞理之探尋。在他，大學乃是一師生聚合以追探眞理爲鵠的之社會而已。他認爲大學乃爲對知識有熱情之人而設。眞正的大學必須具有三個組成，一是學術之教學，二是科學與學術性的研究，三是創造性之文化生活。三者不可分，分則必歸於衰退。耶士培特別強調大學是一「知識性的社會」（intellectual community），也以此特別強調學術自由與容忍的重要。同時，他也肯定大學教育之目的在模鑄整全的人。這就是他所以主張在教學與研究之外，大學更應措意於創造性之文化情調。從理想上說，師生之間應該有蘇格拉底式的對話。耶士培重視大學之尊嚴與獨立性，以大學爲「國中之一國」，但他不以爲大學可遺世獨立，故他極力主張把「技術」（technology）引進大學，並以爲技術在大學應占一中心位置。（許多古典大學如牛津、劍橋都以技術不登大雅之堂，而長久以來均加以拒斥。但目前則已有變。就此點言，劍橋的艾雪培（E. Ashby）爵士可說是耶士培的同道，艾雪培且高唱出「技術人文主義」的理論）。耶士培相信組織的整全性，大學的整全性，他認爲了解事物現象之整全性是人之求知慾的鎖鑰。但知識之發展卻不能不靠分工，知識的深度尤不能不依賴學術的專精。事實上，學問上分爲院系可以追索到中古大學。耶士培不反對學術之專門化，但他強調知識應該有一整全的存在。大學應該是一有機的整體，在中古大學，這種整全性與有機性是存在的，但他以爲今日的大學都成爲一組無所關連的學科的聚合，並沒有整全的有機性。當然，我們不能回到中古，但現代不斷膨脹的知識與研究又應如何在大學中加以整合呢？關於這一點耶士培與佛蘭斯納一樣，都提出了很多的理念，很好的問題，但卻並沒有眞正有力的答案。

自二次大戰之後，大學教育在世界各地都有蓬勃的發展。而在美國尤其獲得快速與驚人的成長。在一八七六年前，美國只有書院（college），還談不上有眞正的大學，而此後在吉爾曼（Gilman）與艾略特（C. Eliot）等人的改革發展下，步德國大學的後塵，才一步步提高大學的水準。二次大戰以來，美國大學不但在量上言爲舉世之冠，在質上言，其一流學府，如哈佛、柏克萊、芝加哥、耶魯等較之歐洲任何大學亦毫不遜色且或更有過之。時至今日，論者幾莫不以美國爲當代大學之重鎭。美國大學之發展自與其國力交光互影，彼此影響著。講美國大學，當然需知其品流參差，但我們所應注意者則是那具有領導性地位的大學，看看她們的理念與性格。就我所知，對美國大學之發展有極深了解而能掌握其精神面貌的是前加州大學校長克爾（Clark Kerr）。克爾的《大學之功能》（*The Uses of the University*）一書，其論點與見解極多挑激性，是了解當代大學不可不讀之書。美國的先進大學，一方面承繼德國大學重研究之傳統，一方面也承繼英國大學重教學之傳統。我們可說，美國的研究院採德國模式，大學部則多少受英國影響。但當代的美國大學，如克爾所指出，早已越出了德英的模式，而發展出自我的性格。美國的大學狂熱地求新，求適應社會之變，求趕上時代，大學已經徹底地參與到社會中去。由於知識的爆炸及社會各業發展對知識之倚賴與需要，大學已成爲「知識工業」（knowledge industry）之重地。學術與市場已經結合，大學已自覺不自覺地成爲社會的「服務站」。象牙塔內與象牙塔外的界線越來越淡漠，甚至泯滅了。大學內部則學生可以多達五、六萬，甚至十萬以上；學術之專化更是驚人，如整個加州大學課程之多竟達一萬門之數，不但隔行如隔山，即使同行的人也是無法作有意義的交流。而教授之用心著力所在多係研究，教學則越來越被忽視。教授的忠誠對象已不是大學，毋寧是支持他研究的福特基金會，西屋公司，或華盛頓。一個教授所關心的不是隔壁他行的同事的評價，而是其他大學乃至其他國家的大學的同行的評價。大學越來越大，越來越複雜，它的成員已不限於傳統的教師，行政人員和學生，還包括許多「非教師」的教學人員（如研究教授），它的組織已不止限於學院（faculty）、書院（college），還包括無數的研究中心、出版社、交換計劃中心……他的活動已不止限於研究、教學，還包括對外的諮詢，與國外的合作（加州大學的研究計劃涉及五十幾個國家）等等。總之，在數量、組織、成員、活動各方面，今日美國的大學與以前的大學已大大不同。這種大學的理念及性格與紐曼的構想固然相去十萬八千里，與佛蘭斯納、耶士培的構想也迥然有別。克爾認爲紐曼心目中的大學只是一「鄉村」，佛蘭斯納心目中的大學也只是一「市鎮」，而當代的大學則是一五光十色的「城市」了。克爾對美國大學的巨變雖然認爲不是沒有問題，但他顯然是樂觀而正面地加以肯定的。他同意哥頓（D. S. Gordon）所說眞正的美國大學，還在未來。但他肯定今日的美國大學將成爲世界各大學的模型。克爾給今日美國大學一個新的稱呼，即 multiversity（勉譯爲「綜集大學」）。因爲它的性格已不是 university 一字所能表達了。克爾的 multiversity 一詞確是神來之筆，因爲它的確很象徵化地表顯了當代大學的性格。誠如他所說，今日大學不再是佛蘭斯納所說的「有機體」，不再具有統一性，而毋寧是一多元體，並具有高度的多樣性。他老老實實地說，multiversity 不是一個和諧合調的組織，它也不是一個「社會」（如耶士培所說的大學是一「知識性的社會」），而是許多個不同的社會，或者說是一個多種目的之多元性社會。在此，我們先不必對克爾的「綜集大學」的概念加以批評，但要指出，克爾的確很有力而生動地描繪了當代美國居領導地位之大學的性格與動向。事實上，他並沒有太誇張，美國這種大學的理念與性格確已越來越爲其他國家的大學有意或無意地視爲模型。

原刊於時報出版《大學之理念》

金耀基（一九三五—），浙江天台人，社會學者，台灣中央研究院院士，現任香港中文大學校長。著有《從傳統到現代》、《大學之理念》等。

大學理想之實踐

逢甲大學第六屆通識教育研習營

李家同

大學教育的目的究竟是什麼？這恐怕不是三言兩語所能講淸楚的，可是如果大學教育出了問題，大家一定會很快地就發現了。

最近我們大學界出了一件在我看來非常重大的事件，我甚至感覺到這是一件史無前例的大事。這就是東京大學的校長，正式向社會道歉，因爲日本最近醜聞不斷，很多社會上的知名人物都牽涉在內，而這些知名人物中，有不少的人出自東京大學。

東京大學是一所培養菁英的大學，我們可以說，「今日的東京，明日的日本」，日本戰後的經濟繁榮，東京大學的畢業生貢獻良多，他們在政治、經濟、科學、工程上的傑出表現，一向是東京大學引以爲傲的事，沒有想到的是日本政府傳醜聞，很多名人被關進了監獄，這些人中間有不少是東京大學的畢業生。

東京大學的校長向社會道歉，是一件道德勇氣的表現，值得讚揚。其實官員貪污不是只有日本才有，韓國總統級的貪污案例、法國外長、比利時國防部長、印度的國會議員等，近幾年來的貪污醜聞，令全世界的老百姓厭惡政客，而遺憾的是：這些貪婪的政客們大概都是大學生。

我們再看一個全世界人類都面臨的問題：資源消耗殆盡問題。我們人類由於生活水準的提高，每天消耗的寶貴資源越來越多，以目前的消耗速度來計算，四十四年以後，地球上將不再有一滴石油。地球上的石油全部都是經由數億年動物的遺體轉化而成的，如今卻以極快的速度從地球上消失掉。是誰造成這種問題的？我們當然應該歸罪於科學家，而科學家一定都是大學畢業的。

令世人擔心的環保問題，如果我們要追根究柢地問下去，我們不難發現，這些問題也都是受過大學教育的人。

最近台灣大學校園內發生了兇殺案，我不斷地聽到一個非常令人省思的問題：爲什麼受過良好高等教育的人會做這種事情？這恐怕是每一位大學校長最不喜歡回答的問題。

大學設立最終目的，雖然不一定有一個共識，但是大學必須彰顯某種程度的理想主義，則絕對是大家的共識。在這個利益掛帥的社會裡，總要有一些團體仍然充滿了理想主義的色彩，而大學也應該是固守理想主義的最後城堡。

理想中的大學，注意的應該是人格的陶冶，獨立思考能力的培養，智慧的養成。我們的學生應該熱中於「眞理的追求」，而不是實用技術。十九世紀中葉，英國的紐曼樞機主教所提倡的就是這種形式的博雅教育，他反對大學教育的過度學科分化，而認爲大學應該強調哲學以及人文素養，只有受過教育的學生才會熱愛眞理，進而追求眞理。

可是，這是社會上一般家長對大學的期盼嗎？恐怕正好相反，家人之所以肯支持孩子去念大學，絕不是希望孩子以後熱中於追求眞理，而是爲了使孩子將來能找到好的職業。大學生擁有較高的社會地位，較高的競爭力，難怪大學也就越來越強調職業的訓練了。也許，大家會問，世界上仍有完全不理會「實用」或「職業」的大學嗎？這種學校的確存在。

在美國，有極少數的大學，仍然完全不理會「職業」的訓練，這些大學被稱爲「古書學院」（Great Book Schools），因爲學生們不念任何新的玩意兒，而只念經典著作，這些經典名著當然都是古書，像亞里斯多德、蘇格拉底、柏拉圖這些西方哲學家的書，他們如果要念微積分，也會找出牛頓的原著來教。這些大學絕不教任何技術性的課，電腦科技就是一個例子，要學電腦的學生，必須到校外去學。

即使在美國，這種專門教學生念古書的學校也越來越少了。這些學校也不能吸引到最優秀的學生，多數學生來自美國極爲保守的家庭。

我認爲在我們目前的這種社會裡，高懸理想主義，忽視專業的重要性，是不切實際的。

我們辦大學的目的在於影響我們的社會，脫離社會絕非良策，任何一所好的大學必須符合社會的需要，社會如果需要一所專業教育非常好的大學，我們就應該辦好如此的大學。重要的是大學不應該是職業訓練所，如何使我們的同學不只接受專業教育，而同時也接受了富於人文精神的教育，乃是我們辦大學教育者的重大問題。

我在此提出四點建議，以供大家參考：

過分強調「實用」技術本身就不切實際

因爲技術雖屬實用，但技術有被淘汰的可能，近年來，高科技的成熟期都相當的短。如果在大學裡過分強調實用技術，而忽略了基礎學問的深植，同學們將來極容易被淘汰。

即使要使學生將來在求職上有競爭力，也不能只注意實用技術，而必須注意學生基礎學科上的修養，只有那些在基礎學科上有深厚基礎的同學，畢業以後才能經得起技術迅速改變的考驗。

事實上，如果要使我們的學生在職業上有競爭力，就必須眼光放遠，我們應該要保證他們不僅在畢業後能夠立刻找到工作，也能在數年後，仍能在工作上和新畢業的小伙子們競爭。換句換說，我們的學生必須要有自修的能力，而改行的能力乃完全建築在深厚的學術基礎上，沒有基礎學問，只有實用技術，自修是非常困難的。

太過專業，而無宏觀，將嚴重限制學生的事業發展

如果一所大學過分強調專業，同學們往往對本校以外的知識毫無觀念，這種情形對同學就業事實上極有害處。

以英文系爲例，英文系同學如果沒有一般性的常識，連翻譯的工作都不可能做，一所大學如果要培養一位能夠立即口譯的人才，就必須使這位同學不能只懂英文，而要有非常

廣博的知識，如此才能應對各種不同內容的翻譯。

學理工的同學也是如此，任何只知道工程或自然科學的同學，都會面臨很多管理上的困難。要想將產品行銷到海外去，就必須能熟悉世界各國的風土人情和文化。不僅如此，我國的製造業已經不可能以內銷爲主，而任何人要能負責管理一家國際化的公司，必須能掌握國際動態，對國際金融也有所了解。如果我們的理工科同學只受過理工科方面的專業教育，他們只能永遠做有關技術的工作，任何公司重大的決策，都沒有他們的份。

大學生必須關懷人類的重大問題

一所過分強調學科分化的大學，必定不會注意到人類的重大問題。

人類目前面臨很多嚴重的問題：貧窮問題、天然資源日漸減少的問題、環境污染的問題……等等。

人類中前百分之二十富有者控制了人類全部收入的百分之八十三，而最窮的百分之二十人類只有人類全部收入的百分之一．四。這最窮的十二億人類幾乎赤貧如洗，一無所有，平均每天只有一元美金可用。富有人類的年平均收入是一萬五千元美金，而最窮的人類只有二百五十元的年收入。

人類貧困問題固然嚴重，而人類可用資源的日漸消失才更加嚴重，我們的經濟鼓勵消費，消費主義也帶來了大量天然資源的流失。以石油爲例，以目前的速度來看，地球上的石油在四十四年內一定會全部消失，到那時刻，人類絕大多數的經濟活動恐怕都要停頓下來。以台灣而言，我們造大樓時需要砂石，砂石來自大自然，我們常以爲我們可以無限制地採取砂石，其實再過幾年，台灣就不可能再有砂石了。

人類另外一個嚴重的問題是環境污染問題。如果人類要減少二氧化碳，勢必又要減弱經濟活動。

如果中國大陸的老百姓都駕駛汽車，不僅石油將更快地消失，二氧化碳的大量產生也會使地球上空的臭氧層越來越薄。

這些人類的大問題都不是任何一種專業學問所能解決的，而必須要對人類的經濟、政治、科技等等都有了解的人才能研究這類大問題。而大學如果只接受了非常實用而窄小的專業教育，人類的這些日趨嚴重的大問題將永無解決的可能。

大學生的價值及道德觀，由全校的校風決定

我們大學教授最關心的，恐怕仍是我們同學的價值觀和道德觀，大學生如果過分的庸俗化，過分的功利化，將會對社會有極爲負面的影響。

但學生正確的價值觀和道德觀，都不是由一些倫理課程所能培養的，而必須來自整個學校的校風，如果大學校方表現得非常庸俗，毫無理想，同學們會有理想嗎？

最近，全世界的大學都爲財務問題煩惱，一旦財務情況不佳，學校就要對外募款，而因爲募款，學校有時不得不放棄一些原則，而這是各個大學最大的危機。對社會人士而言，大學是否仍代表社會良心，可能已是問題。如果大學不能在道德危機中表現明確的立場，我們如何能希望我們的學生有正確的價值觀和道德觀？

總而言之，我們大學教育者最應注意的是我們不能過度地重視實用性，也不能過度地學科分化，更不能只注意專業教育，以致大學淪落成了職業訓練所。

大學在專業教育上，絕對應該追求卓越，但大學教育的最終目的，不在於培養傑出的專業人才，而是在培養有宏觀、有人文素養而又關懷社會的菁英分子。要做到這一點，我們自己必須能使同學了解，即使只爲了他們自身的職業，他們也不能只吸收專業化的知識。

大學應該主動地關懷社會，關懷人類，大學也應該注意自身校風的養成，如果校方所作所爲毫無理想性，和一般社會團體無所不同，同學們也就不可能有正確的價值觀。

本人從事大學教育行政工作多年，必須在此坦白承認：要辦一所專業教育卓越的大學已屬不易，要辦好一所充滿理想主義色彩的大學，更屬不易。

一九九八年五月

李家同（一九三九—），安徽合肥人，教育家、作家，曾任靜宜大學、暨南大學校長。著有散文集《讓高牆倒下吧》、《陌生人》、《幕永不落下》等。

內容簡介

從十九世紀末到二十一世紀初，華文世界的各大學已培養出一代代知識廣博、思想獨立、深具歷史使命感的優秀學者，也激勵了一批批探索眞知、才華洋溢、爲國爲民的熱血青年勇往前行，在這之中，「大學演講」扮演著舉足輕重的角色。從嚴復到龍應台，百餘年來進行過無數場演講，包括魯迅〈娜拉走後怎樣〉、蔡元培〈男女平等的問題〉、〈以美育代宗教說〉、胡適〈五四運動紀念〉、陳映眞〈作爲一個作家……〉、龍應台〈在迷宮中仰望星斗〉等等，人類最高的理性和智慧在此嶄露無遺，更滋養了「大學」這棵古老大樹，使其青春煥發，生機盎然。

這本蒐羅百年來在兩岸三地各大學發表的精彩演講集，共分六輯：說知識、說史哲、說文學、說美學、說民族、說大學，計三十四家的四十一篇演講文字，不但爲青年的理想、學習及人生提出光明的指引，也大大提升其心靈和精神的視野，更展現了近代高等教育的百年願景。

校對

李鳳珠　台灣大學中文系畢業，資深校對。

責任編輯

馬興國　中興大學社會系畢業，資深編輯。

國家圖書館出版品預行編目(CIP) 資料

百年大學演講精華/ 嚴復, 辜鴻銘, 蔡元培, 秋瑾, 陳獨秀, 魯迅等作 -- 三版 -- 新北市：立緒文化, 民111.04

面； 公分. --（大學堂叢書）

ISBN 978-986-360-188-3（平裝）

1.言論集

078 111004013

百年大學演講精華（2022 年版）

出版——立緒文化事業有限公司（於中華民國 84 年元月由郝碧蓮、鍾惠民創辦）
作者——嚴復、辜鴻銘、蔡元培、秋瑾、陳獨秀、魯迅等

發行人——郝碧蓮
顧問——鍾惠民

地址——新北市新店區中央六街 62 號 1 樓
電話——(02) 2219-2173
傳真——(02) 2219-4998
E-mail Address —— service@ncp.com.tw
劃撥帳號——1839142-0 號 立緒文化事業有限公司帳戶
行政院新聞局局版臺業字第 6426 號

總經銷——大和書報圖書股份有限公司
電話——(02) 8990-2588
傳真——(02) 2290-1658
地址——新北市新莊區五工五路 2 號
排版——菩薩蠻數位文化有限公司
印刷——尖端數位印刷有限公司

法律顧問——敦旭法律事務所吳展旭律師

分類號碼——078
ISBN ——978-986-360-188-3
出版日期——中華民國 92 年 4 月～ 98 年 9 月初版 一～八刷（1 ～ 11,100）
中華民國 101 年 2 月～ 103 年 2 月二版 一～二刷（1 ～ 2,000）
中華民國 111 年 4 月三版 一刷（1 ～ 800）

定價◎ 380元（平裝）

年度好書在立緒

文化與抵抗

● 2004年聯合報讀書人最佳書獎

威瑪文化

● 2003年聯合報讀書人最佳書獎

在文學徬徨的年代

● 2002年中央日報十大好書獎

上癮五百年

● 2002年中央日報十大好書獎

遮蔽的伊斯蘭

● 2002年聯合報讀書人最佳書獎

● News98張大春泡新聞2002年好書推薦

弗洛依德傳

（弗洛依德傳共三冊）

● 2002年聯合報讀書人最佳書獎

以撒．柏林傳

● 2001年中央日報十大好書獎

宗教經驗之種種

● 2001年博客來網路書店年度十大選書

文化與帝國主義

● 2001年聯合報讀書人最佳書獎

鄉關何處

● 2000年聯合報讀書人最佳書獎

● 2000年中央日報十大好書獎

東方主義

● 1999年聯合報讀書人最佳書獎

航向愛爾蘭

● 1999年聯合報讀書人最佳書獎

● 1999年中央日報十大好書獎

深河(第二版)

● 1999年中國時報開卷十大好書獎

田野圖像

● 1999年聯合報讀書人最佳書獎

● 1999年中央日報十大好書獎

西方正典(全二冊)

● 1998年聯合報讀書人最佳書獎

神話的力量

● 1995年聯合報讀書人最佳書獎

大緒文化 閱讀卡

姓　名：

地　址：□□□

電　話：(　　)　　　　傳 眞：(　　)

E-mail：

您購買的書名：____________________

購書書店：__________市（縣）__________書店

■您習慣以何種方式購書？

□逛書店 □劃撥郵購 □電話訂購 □傳真訂購 □銷售人員推薦
□團體訂購 □網路訂購 □讀書會 □演講活動 □其他______

■您從何處得知本書消息？

□書店 □報章雜誌 □廣播節目 □電視節目 □銷售人員推薦
□師友介紹 □廣告信函 □書訊 □網路 □其他______

■您的基本資料：

性別：□男 □女　婚姻：□已婚 □未婚　年齡：民國______年次

職業：□製造業 □銷售業 □金融業 □資訊業 □學生
□大眾傳播 □自由業 □服務業 □軍警 □公 □教 □家管
□其他______

教育程度：□高中以下 □專科 □大學 □研究所及以上

建議事項：

愛戀智慧 閱讀大師

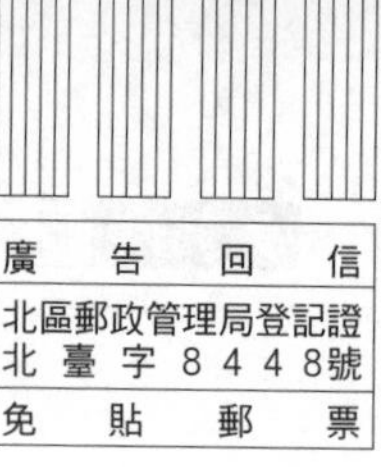

立緒文化事業有限公司 收

新北市 2 3 1

新店區中央六街62號一樓

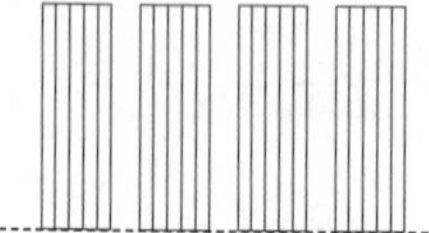

請沿虛線摺下裝訂，謝謝！

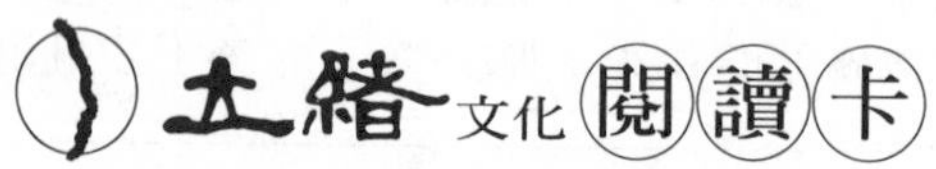

感謝您購買立緒文化的書籍

為提供讀者更好的服務，現在填妥各項資訊，寄回閱讀卡（免貼郵票），或者歡迎上網http://www.facebook.com/ncp231即可收到最新書訊及不定期優惠訊息。